ERFOLGREICH EINLADEN

GERTRUD MARIA GANDER

Erfolgreich einladen

REZEPTE UND ANLEITUNGEN
EINER ERFAHRENEN GASTGEBERIN

MIT FOTOGRAFIEN VON
CHRISTIAN GANDER

BENTELI VERLAG BERN

Für Judith und Esther

Danken möchte ich an dieser Stelle
Frau Dr. med. Anni Meier, Bern,
der Porzellanfabrik Langenthal AG, Langenthal,
und der Firma M. Steiger & Co. AG, Bern,
für das mir zu Fotozwecken freundlicherweise
zur Verfügung gestellte Porzellan.
G.M.G.

© 1986 Benteli Verlag, 3011 Bern
Redaktion und Gestaltung: Benteliteam
Satz und Druck: Benteli AG, 3018 Bern
Printed in Switzerland
ISBN 3-7165-0491-2

Fotos: Christian Gander sowie
Agrosuisse, Zürich (Seiten 89, 143 unten)
Bell AG, Basel (Seite 63)
Gisler & Gisler AG, Zürich (Seite 92)
Schweizerische Käseunion, Bern (Seite 144 unten)
Verband Schweizer Metzgermeister, Zürich (Seite 143 oben)

Illustrationen: Brigitta Felchlin-Burgunder und
Manuela Krebser, nach Ideen von Gertrud Maria Gander

INHALT

Kochbücher sind Trostbücher, sagt man oft, denn sie schenken eine gewisse Hoffnung auf Erfolg und jenes beruhigende Gefühl, dass noch jemand mitträgt an der Verantwortung für gutes Gelingen, dass man die Schritte zur erfolgreichen Gastgeberin nicht allein gehen muss.

Ich war noch jung und ohne Erfahrung, als die diplomatischen Verpflichtungen meines Mannes mich mitten hinein in die Aufgaben einer vielbeanspruchten Hauswirtin stellten. Leider hatte ich kein Buch zur Hand, das etwas aussagte über die Zubereitung grösserer Essensmengen, das mit riet, wie auf einem überstellten Herd trotzdem rationell gearbeitet werden kann, was Schritt für Schritt zu tun ist, wenn Hunderte von Cocktailbrötchen frisch und tadellos munden sollen. Kurz, ich fand kein Buch, das nicht auf ungezählten Voraussetzungen aufbaute, denen die Anfängerin doch so hilflos gegenübersteht. Dies alles bewog mich, meine nach und nach eroberten Erkenntnisse nicht für mich zu behalten, sondern sie fortlaufend aufzuzeichnen.

So entstand in den langen Jahren meiner Rolle als Gastgeberin, die sozusagen zu meinem Beruf wurde, dieser Ratgeber, der vom Einkaufen und Vorbereiten, vom Tischdecken und der Sitzordnung bis zum Auftragen des schwarzen Kaffees keine Anweisung und keine Handreichung verschweigt. Alles habe ich selber erprobt und getestet, denn ich habe — vor allem in den letzten vierzehn Jahren — für ungezählte Gruppen von acht, zehn, zwanzig, ja sechzig Eingeladenen gekocht und mindestens dreimal im Jahr hundert bis zweihundert Cocktailgäste empfangen.

Wenn ich auch anfangs aus der Not eine Tugend machte, wuchs — wohl mit zunehmendem Können — meine Begeisterung derart, dass ich darauf verzichtete, mit einem fremden Koch zusammenzuarbeiten. Meine Lust am Erfragen von neuen Rezepten, meine Einsicht auch, niemals Unerprobtes und Ausgefallenes zu servieren, wurden mit Anerkennung belohnt, einer Anerkennung, die ich allen wünsche, denen dieses Buch gewidmet ist.

Den Frauen vor allem, deren Ehemänner im diplomatischen Dienst und in der Öffentlichkeit stehen, den Frauen ferner, für die das gesellschaftliche Leben und eine damit verbundene Gastgeberinnenrolle Bestandteil der beruflichen Tätigkeit sind. Doch nicht zuletzt all denen, die gerne die Mühe eines gepflegten Empfanges auf sich nehmen, weil ihnen das Einladen eine Herzensangelegenheit ist.

Es mag zudem in einer Zeit der Stillosigkeit, des Zerfalls von Tradition und guter Sitte manch einer Halt finden an den festgefügten Formen einer Lebenshaltung, die nicht dem Prunk und der Oberflächlichkeit gleichzusetzen ist, sondern dem Bedürfnis nach Harmonie und der Freude am Schönen entspringt.

Gertrud Maria Gander

VOM GÄSTE-HABEN

Eingeladen zu werden, ist ein Vergnügen. Selbst einzuladen, verursacht mancher Gastgeberin insgeheim ein Gefühl der Unsicherheit. Warum wohl? Sie möchte ihr Haus oder ihre Wohnung im besten Licht zeigen, kochen wie ein Chef im Grandhotel und ihre Gäste mit Exquisitem verwöhnen. Dies gelingt der Anfängerin meistens nicht. Sie wird nervös, weil sie meint, nichts laufe richtig, obschon sie sich viel Mühe gegeben hat. Nach wiederholten derartigen Misserfolgen verliert sie oft den Mut und denkt, sie lerne es nie mehr.

Die folgenden Ratschläge mögen Sie davor bewahren, die Flinte vorzeitig ins Korn zu werfen. Doch es gibt eine Voraussetzung: Sie sollten gerne Menschen um sich haben, denn eine Gesellschaft bringt Ihnen ein Stück unbekannte Welt und anregenden Gesprächsstoff ins Haus. Ihre spontane Freude, Gäste empfangen zu dürfen, überträgt sich auf diese und ist Teil des Erfolges. Ihr entsprechendes Engagement ist von nicht zu unterschätzender Bedeutung.

Organisieren Sie Ihre Vorarbeit so, dass Sie am Tag selbst nicht noch Silber putzen, abstauben oder andere Hausarbeiten verrichten müssen, sondern sich Zeit nehmen können, um einen schönen Tisch herzurichten, Blumen einzustellen und etwas Gutes zu kochen.

Übernehmen Sie sich nicht beim Kochen. Wenn Sie sich anfänglich in Ihrer Gastgeberinnenrolle noch unsicher fühlen, kochen Sie, was Sie schon Ihrem Gemahl oder Ihrer Familie vorgesetzt haben und diese gerne gegessen haben. Denken Sie nicht, von Ihnen werde Unmögliches erwartet. Bleiben Sie Sie selbst. Auch die Eingeladenen — selbst Prominenz — sind Menschen, denen nicht immer alles gelingt. Und der Eindruck, ihretwegen sei der ganze Haushalt auf den Kopf gestellt worden, ist höchst unangenehm.

Erledigen Sie Ihre Kocharbeit möglichst vor der Ankunft der Gäste. Planen und organisieren Sie bis in jede Einzelheit alles gründlich. Wenn dann der erste Gast eintrifft, beginnen auch Sie den Anlass zu geniessen, weil Sie wissen, dass Sie alles bereit haben, um die Geladenen im Rahmen des Möglichen zu verwöhnen.

Stellen Sie Menüs zusammen, von denen Sie aus Erfahrung wissen, dass sich die einzelnen Gerichte nach der Zubereitung bis zum Zeitpunkt des Auftragens weder qualitativ noch optisch verändern.

Eine Einladung wird zum Erfolg, wenn sie nicht an einen starren Zeitplan gebunden ist. Denn Ihre Gäste merken sehr wohl, dass Sie sie nur deshalb zu Tisch drängen, weil Ihr Soufflé zusammenfallen könnte. Für alle eine peinliche Situation. Haben Sie sich einmal die nötige Routine in der Küche erworben, ist noch alle Zeit, sich an gewagteren Kreationen zu versuchen.

Kochen Sie Gerichte, die auch dann noch gut schmecken und aussehen, wenn sie eine Dreiviertelstunde später als geplant auf den Tisch kommen. Es ist ja denkbar, dass die Gäste Mühe hatten, Ihr Haus zu finden. Vielleicht haben sie auch die richtige Autobahnausfahrt verfehlt. Dies kostet ohne weiteres eine halbe Stunde.

Drängen Sie Ihren Gästen das Essen nicht auf. Es gibt nichts Unangenehmeres als eine übereifrige Gastgeberin, die ständig bemüht ist, zum Essen zu animieren.

Bemessen Sie die einzelnen Gerichte des Menüs nicht zu knapp, eher reichlich. Der Gast findet es angenehm, soviel essen und trinken zu können, wie er mag und will. Dies hält Ihre Gäste bei guter Laune, auch jene, die den kulinarischen Genüssen nicht sonderlich zugetan sind. Zudem können sie sich zwanglos an Ihren schön dekorierten Platten erfreuen.

Es ist nicht zu vermeiden, dass von einer solch üppigen Tafel meistens Reste übrigbleiben. Doch Ihre Gäste werden die grosszügige und gastfreundliche Einladung noch lange Zeit in bester Erinnerung behalten.

Sie werden schon bald feststellen, dass eine Einladung, die andern Leuten Freude bereitet, eine kreative Beschäftigung ist, die grosse Befriedigung verschafft. Dieses Bewusstsein wird Sie in Ihrer Tätigkeit als Gastgeberin immer wieder motivieren und zu neuen Taten anspornen.

Selbstverständlich ist eine stilvolle Einladung in einem gediegenen Heim mit ausgesuchten Speisen, die erst noch von gewandten Kellnern dargereicht werden, ein spezieller Genuss. Ich bin mir aber bewusst, dass es nicht überall so sein kann. Immerhin sollte es möglich sein, den Tisch mit einem frischgewaschenen Tischtuch zu decken und mit hübschen Blumen zu schmücken. Achten Sie auch darauf, die einzelnen Gänge in nicht zu unterschiedlichen Zeitabständen aufzutragen. Aus diesem Grunde empfehle ich Ihnen, von heiklen A-la-minute-Gerichten fürs erste Abstand zu nehmen.

Wenn Sie selber kochen, ist bei einem festlichen Abendessen eine Gästezahl von sechs bis acht Personen angezeigt. Haben Sie eine Küchenhilfe und einen Kellner angestellt, können Sie die Zahl der Eingeladenen erhöhen. So bilden zum Beispiel zehn Personen auch nach dem Essen eine gute Gesprächsgruppe. Mit zwei Kellnern kann die Zahl Ihrer Gäste ohne weiteres auf zwölf oder vierzehn Personen ansteigen. Voraussetzung ist dann allerdings, dass Sie nach dem Essen zwei Gruppen bilden können, weil sich in so grosser Runde schwerer ein Gespräch ergibt. Überwachen Sie Ihre Gäste diskret. Wenn Sie feststellen, dass sich Tischnachbarn bereits an der Tafel vorzüglich unterhalten, versuchen Sie nicht, sie beim schwarzen Kaffee gewaltsam zu trennen — es gäbe nur enttäuschte Gesichter. Bemühen Sie sich vielmehr um solche Geladene, die Mühe haben, aus sich herauszugehen und sich mitzuteilen. Vielleicht gelingt es Ihnen, sie zu einem Gespräch über ein Hobby oder Sachgebiet zu ermuntern.

DIE TISCHDEKORATION

Bei einem Tisch mit Holzplatte ist diese wenn immer möglich mit einer Moltondecke vor Platten- oder Tellerwärme zu schützen. Darüber kommt das Tischtuch zu liegen, das beim Bügeln zweimal längs gefaltet wurde, damit die drei Hauptbügelfalten parallel zu den Seitenlängenkanten eines rechteckigen oder ovalen Tisches verlaufen.

Sollten Sie Wert darauf legen, die spiegelnde, reich maserierte Tischfläche vor den Gästen nicht zu verbergen, empfiehlt es sich, Tischsets aufzulegen. Auch hier sind zur Schonung des Holzes die einzelnen Sets mit einem Molton zu versehen.

Wenn Sie ein in Farbe und Form neutrales, einfaches Porzellanservice besitzen, ist dies für Ihre Tischdekoration von Vorteil. Es kann nämlich mit verschiedenfarbenen Tischtüchern und dazupassenden Blumen kombiniert werden, ohne dass störende Farbkontraste auftreten. Vielleicht verfügen Sie mit der Zeit über ein zweites oder sogar drittes Service. Ein Dekorwechsel wird nämlich von Gästen, die Sie wiederholt einladen, nicht unbemerkt bleiben.

Sorgen Sie für Abwechslung, indem Sie die Suppe einmal in Suppentassen mit Deckel und ein anderes Mal aus einer Suppenterrine in Teller servieren.

Eine Gemüseplatte, auf der die verschiedenen Sorten farblich hübsch angeordnet sind, ist einzelnen Gemüseschüsseln aus optischen und praktischen Gründen vorzuziehen.

Bei der Blumendekoration ist darauf zu achten, dass die Arrangements niedrig sind, da sonst die Sicht über den Tisch hinweg beeinträchtigt wird. Bei einem Tisch, der als Buffet hergerichtet wird, braucht dies dagegen nicht zuzutreffen, da man sich stehend bedient. Dasselbe gilt für den Kerzenschmuck.

Gestalten Sie die Tischdekoration jedenfalls so, dass sie nicht erzwungen und überladen, sondern gediegen und unaufdringlich wirkt.

DAS TISCHDECKEN

Die Tafel ist normalerweise so im Raum aufgestellt, dass sie von allen Seiten zugänglich ist. Die Gedecke werden in gleichmässigen Abständen angeordnet. Der Zwischenraum muss genügend gross sein, damit die Platten ungehindert angeboten werden können und sich die Gäste am Tisch gegenseitig nicht berühren.

Der Markierungspunkt jedes Gedeckes kann ein sogenannter Platzteller sein, der den Durchmesser eines grossen, flachen Tellers hat und in der Regel versilbert oder aus Silber, Chromstahl oder Porzellan ist. Besitzt man keine Platzteller, kann auch ein zweiter Speiseteller des verwendeten Porzellanservices hingestellt werden. Dies bedingt allerdings, dass Ihr Service die doppelte Anzahl flache Speiseteller aufweist.

Beispiel 1: Hier wird zuerst Suppe, als Vorspeise ein warmes Fischgericht, dann der Hauptgang, anschliessend Käse und ein süsser Nachtisch serviert.

Beispiel 2: Bei diesem Gedeck wird zuerst eine kalte Vorspeise, dann eine Suppe, das Hauptgericht und ein süsser Nachtisch serviert. Die Anordnung der Gläser, Brot- und Salatteller wäre gleich wie im Beispiel 1.

Um die bereits erwähnte Ellbogenfreiheit der Gäste zu gewährleisten, sollte der Abstand von der Mitte eines Platztellers zum nächsten 70-75 cm betragen. Auf den mit einem Zierdeckchen versehenen Platzteller werden im Verlaufe der Mahlzeit Vorspeise-, Suppen-, Hauptgang- und Dessertteller gesetzt.

Links vom Platzteller befindet sich ein kleiner Brot- oder Salatteller oder beides zusammen (siehe Beispiel 1, Seite 11). Falls Sie zum Brot auch Butter anbieten, sollte sich diese bereits in Form eines kleinen, handabgezogenen Röllchens (siehe Skizzen) auf dem Brotteller befinden, bevor man sich zu Tisch setzt. Zum Verstreichen der Butter wird ein kleines Dessertmesser auf den Brotteller gelegt. Sollten Sie als Vorspeise einen gemischten Salat vorgesehen haben, servieren Sie diesen auf einem Vorspeisenteller. Dadurch entfällt das Hinstellen eines Salattellerchens.

Der Vollständigkeit halber sei noch erwähnt, dass die Gabeln links und das Messer und der Suppenlöffel rechts vom Teller zu liegen kommen (siehe Skizzen Seite 11). Wird Fisch serviert, befindet sich die Fischgabel links von der Hauptganggabel, das Fischmesser rechts vom Hauptgangmesser.

Die Bestecke für den Nachtisch liegen am Kopf des Platztellers. Wird Käse und Obst angeboten, ist die Reihenfolge unmittelbar an den Platzteller anschliessend: Obstgabel, Obst- und Käsemesser. Ist der Nachtisch eine Süssspeise, kommt an den Kopf des Gedecks zuerst die Dessertgabel, dann der Dessertlöffel. Bei diesen Zusatzbestecken müssen die Griffe der Messer und Löffel nach rechts, jene der Gabeln nach links gerichtet sein.

Wasser- und Weingläser stehen immer rechts vom Platzteller oberhalb des Bestecks, wobei das Wasserglas links vom Weinglas steht. Man kann sich merken, dass die kleineren Gläser immer mehr rechts stehen, die höheren und grösseren mehr links.

Das Vorhandensein von kleinen Aschenbechern auf dem Tisch zeigt an, dass zwischen den Gängen geraucht werden darf.

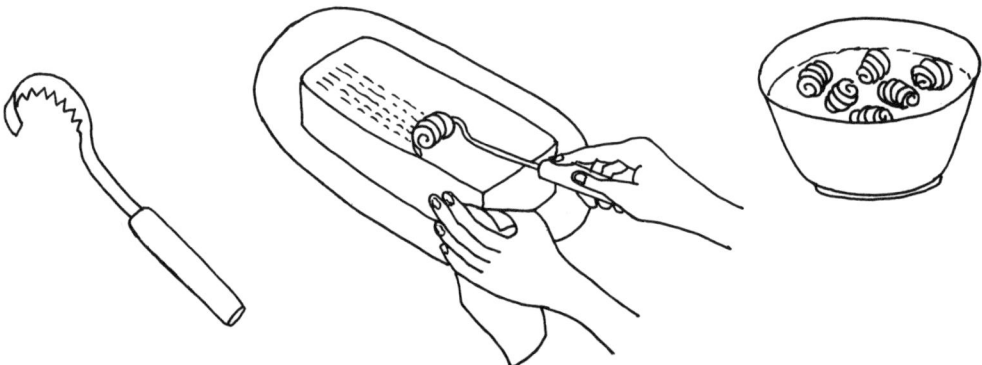

Um Butterröllchen herzustellen, benötigen Sie einen passenden Former, der in jedem guten Eisenwaren- oder Haushaltwarengeschäft gekauft werden kann.
Die Butter darf nicht zu kalt sein, sonst brechen die Röllchen gerne.
Mit dem Former, den Sie zuvor in warmes Wasser eingetaucht haben, fahren Sie mit leichtem Druck über die Butter, worauf sich von selbst Röllchen formen. Die fertigen Röllchen werden in einem Gefäss mit kaltem Wasser bis kurz vor Gebrauch zugedeckt im Kühlschrank aufbewahrt.

Blumen geben der Tafel einen festlichen Rahmen. Ein niedriges Blumenge-
steck in einer originellen Schale oder frische Schnittblumen in einer breiten, niedrigen Vase in der Mitte des Tisches sind immer geeignet. Falls Sie über Kerzenleuchter verfügen, kann der Blumenschmuck von diesen flankiert werden. Wenn die
Farbe der Kerzen mit derjenigen der Blumen harmoniert, wird die Wirkung noch
verstärkt. Besitzen Sie einen mehrarmigen, silbernen Kerzenleuchter, stellen Sie
dieses Paradestück in die Mitte der Tafel und arrangieren darum herum einen
Kranz kleiner Blumen.

Salz- und Pfeffergefässe müssen in genügender Anzahl so auf dem Tisch verteilt
werden, dass sie für jeden Gast leicht zugänglich sind.

Kunstvoll geformte statt nur hingelegte Servietten erhöhen die festliche Wirkung Ihrer Tafel.

DAS SERVIETTENFALTEN

Das Formen und Falten ist eine Kunst, die gelernt sein will, denn eine zerknit-
terte Serviette ist ebenso unfein wie ein zerknittertes Tischtuch.

Bereits beim Bügeln müssen die Servietten exakt gefaltet werden. Die Ecken
sollen deutlich und scharfkantig hervortreten, jede Falte und jeder Bruch muss
genau sitzen. Ungestärkte Servietten werden so geformt, dass sie dekorativ auf dem
Teller liegen, leicht gestärkte eignen sich besser für stehende Formen. Falls sie mit
einem Monogramm bestickt sind, soll dieses kleine Kunstwerk gut sichtbar sein.

Die folgenden Skizzen mögen Sie dazu anregen, Ihre Gäste mit immer neuen
Variationen in Staunen zu versetzen.

Die Serviette mit Monogramm

1. Variante

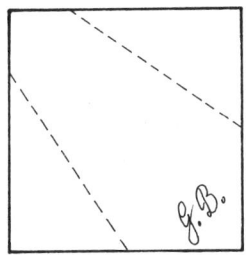

Die vierfach zusammengefaltete
Serviette wird entlang den
gestrichelten Linien umgelegt

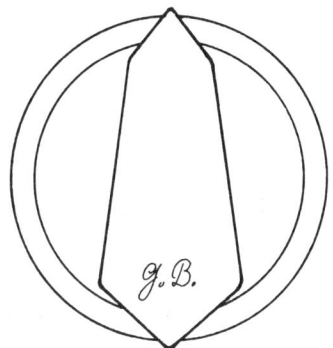

So wird sie auf dem Teller präsentiert

2. Variante

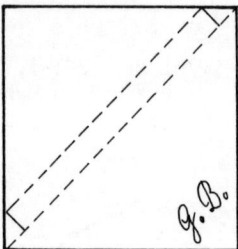

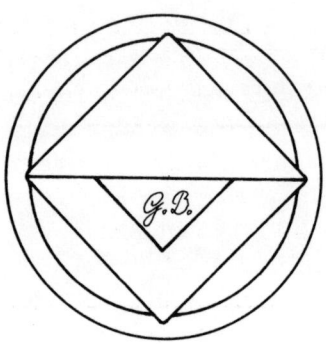

Die mit dem Monogramm bestickte
Seite der gefalteten Serviette
wird längs der gestrichelten Linie
diagonal hochgeschoben

Die Monogramm-Ecke ist nun etwas
eingerückt und dadurch betont

3. Variante

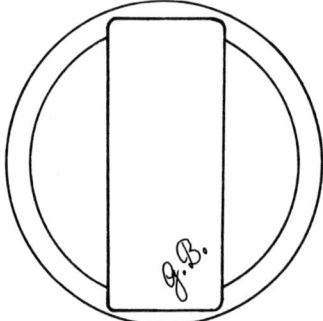

Der gestrichelten Linie entlang
umgeschlagen ...

... liegt die Serviette gediegen und
schlicht auf dem Teller

4. Variante

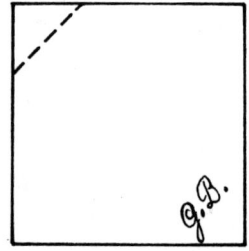

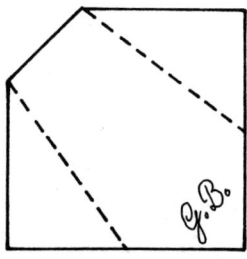

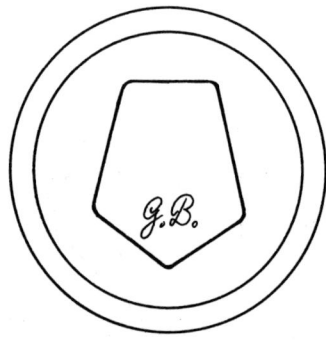

Die linke obere Ecke ...

... sowie die beiden
seitlichen Ecken entlang
den gestrichelten
Linien umschlagen

Auf dem Teller ergibt das eine
Pochette mit Monogramm

Die zu Stufen gefaltete Serviette

Die Serviette darf hier etwas grösser sein

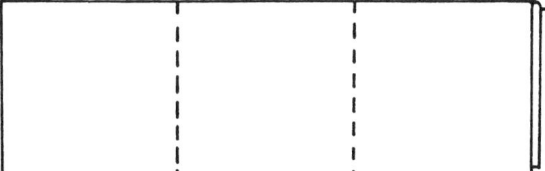

Die Serviette wurde beim Bügeln dreifach längs gefaltet, dann in drei Teile zusammengelegt

Aus den drei sich ergebenden Quadraten der dreifach gefalteten Serviette werden die Stufen wie folgt gelegt:

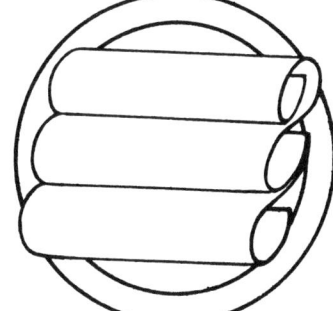

Die Tasche

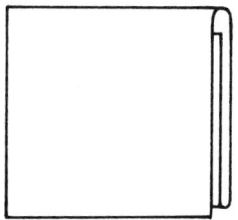

Längs, dann quer dreifach gefaltete Serviette

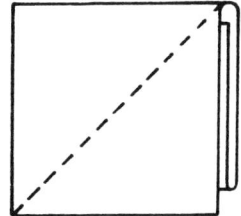

Die Ecke des obenliegenden Drittels der gestrichelten Linie entlang nach innen umlegen

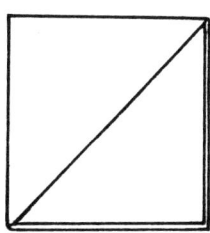

Dies ergibt eine schräge Tasche

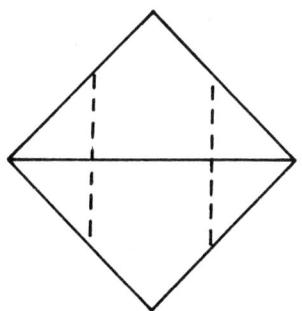

Serviette um ¼ drehen und längs der gestrichelten Linien umlegen

In die entstandene Tasche kann man ein Tischkärtchen stecken

Die Rolle

Die Serviette darf gross sein

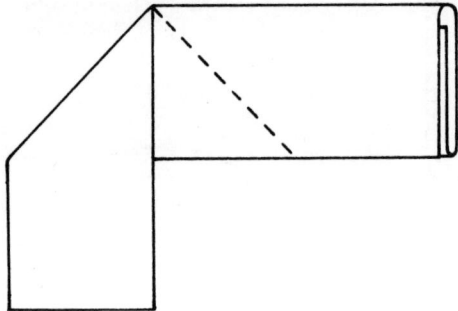

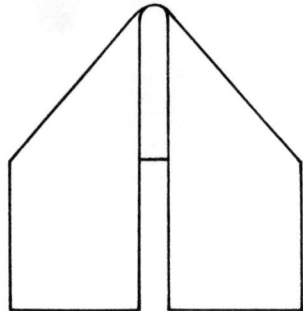

Die Serviette ist dreifach längs zusammengefaltet.
Von der Mitte aus gemäss gestrichelter Linie links
und rechts nach unten legen

Die nach unten gelegten Teile
bis zum «Anschlag» nach oben
aufrollen

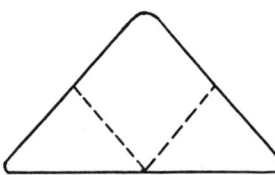

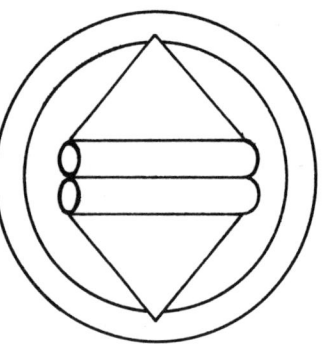

Die Serviette wenden, dann entlang den gestrichelten
Linien falten
So auf den Teller legen, dass die Rollen quer zu liegen kommen

Das vierblättrige Kleeblatt

Die Serviette muss quadratisch und gross sein

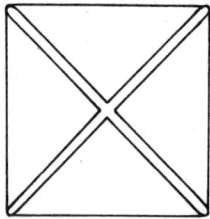

Die Serviette ausbreiten und alle vier Ecken gegen die
Mitte legen, so dass sie exakt zusammenstossen.
Nun die entstandenen Ecken wieder gegen die Mitte
einbiegen und diesen Vorgang nochmals wiederholen.
Dann die Serviette wenden, so dass die glatte Seite
obenauf liegt

Nochmals alle vier Ecken
nach der Mitte umlegen,
dabei die Ecken fest pressen

Mit zwei Fingern die Mitte festhalten
und mit der freien Hand die umgelegten
Ecken nach oben stülpen

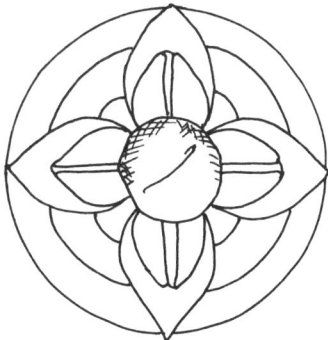

Zum Flachhalten dieses kleinen Kunstwerkes
kann in die Mitte ein Brötchen oder
ein kleines Geschenk gelegt werden

Die Bischofsmütze

Die Serviette sollte quadratisch und nicht zu gross sein

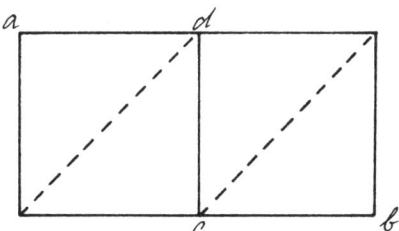

Serviette einmal falten, dann Ecke a
nach Punkt c und Ecke b nach Punkt d
schlagen

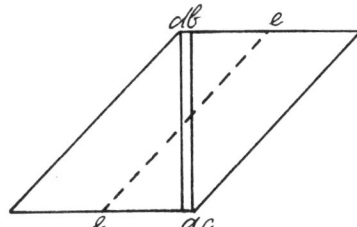

Die Serviette der gestrichelten Linie e
entlang nach rückwärts zusammenfalten und die beiden Spitzen ausfalten

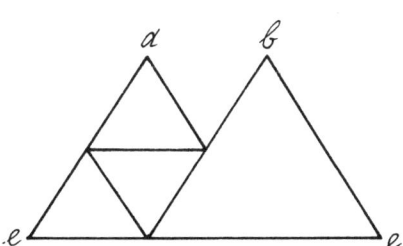

Nun die beiden Spitzen e ineinanderschieben, wodurch die Bischofsmütze entsteht

Die Säule

Die Serviette sollte quadratisch, nicht zu gross und leicht gestärkt sein

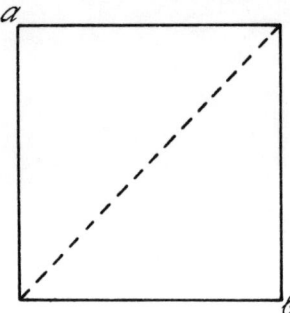

Ecke a gegen Ecke b schlagen

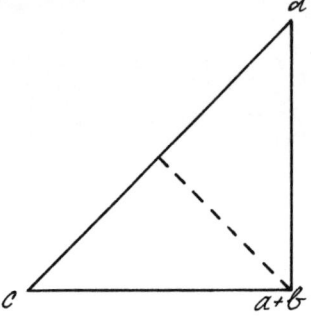

Ecke c gegen Ecke d umlegen; es entsteht
ein vierfaches Dreieck.
Serviette nach unten drehen

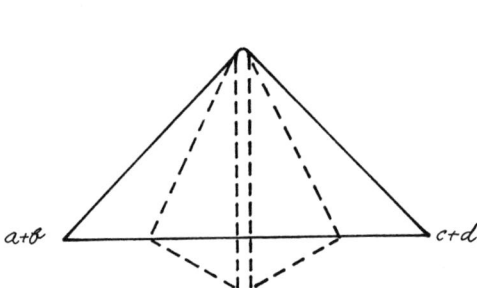

Ecken a+b und c+d gemäss gestrichelten
Linien gegen die Mitte hin falten und
gut zusammenpressen

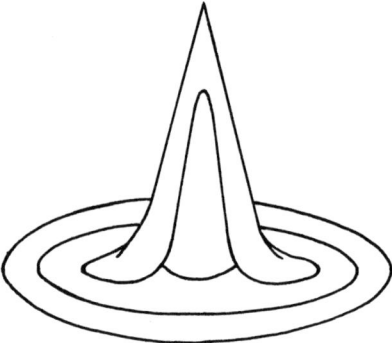

Die Serviette auf den Teller stellen, dabei die
untern Enden fest auseinanderbiegen,
damit die Säule Halt hat

Die Serviette sollte quadratisch und nicht zu gross sein

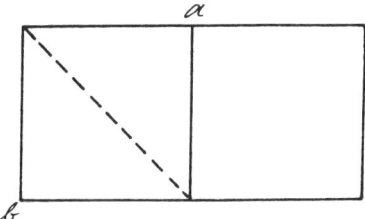

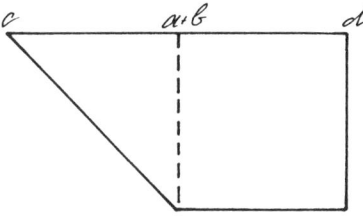

Die Serviette in der Mitte falten,
dann Ecke b der gestrichelten Linie
entlang gegen Punkt a umlegen

Ecke c längs der gestrichelten Linie
auf Ecke d umlegen

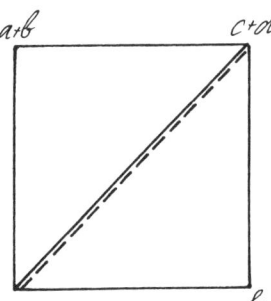

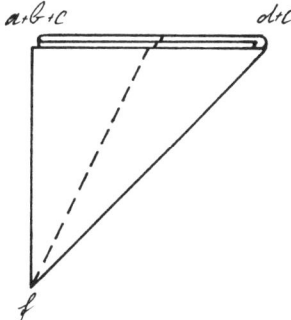

Ecke e auf Ecke a+b umlegen

a+b+e der gestrichelten Linie entlang
gegen d+c umlegen

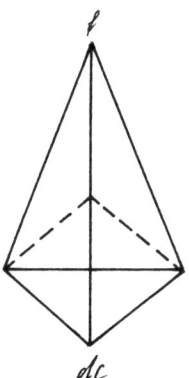

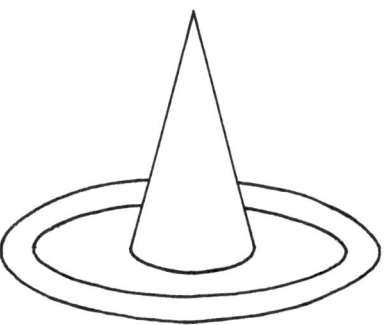

Spitze f nach oben richten, Spitze d aussen
nach oben biegen, Spitze c nach innen
einschlagen

Fertig ist der Bajazzo!

Die Lilie

Die Serviette darf nicht zu gross sein

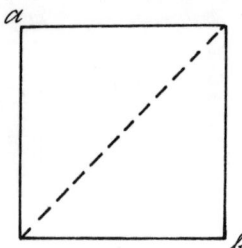

Ecke b auf Ecke a legen

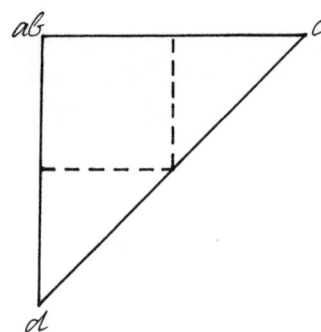

Ecken c und d auf Ecke a+b legen

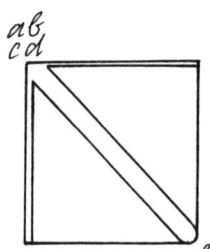

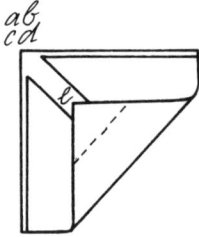

²⁄₃ gegen Ecke a+b+c+d hochklappen, dann e gemäss gestrichelter Linie nach unten klappen

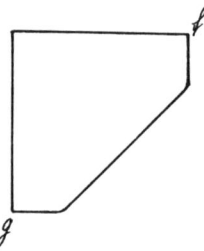

Diagonale waagrecht stellen, Serviette wenden

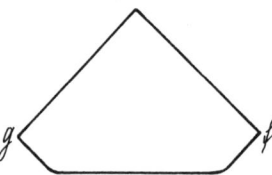

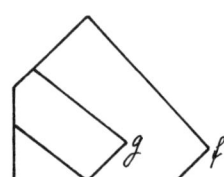

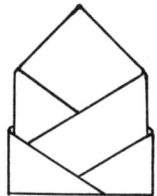

Ecken g und f nach vorne umlegen und ineinanderstecken. Serviette wenden

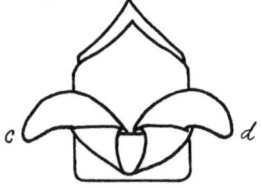

Ecken c und d nach links und rechts auseinanderbiegen. In die Vertiefung in der Mitte eine Kleinigkeit legen (kleine Schokolade, Bonbon, Blume)

DIE TISCHORDNUNG

Wenn immer möglich, wird bei einer sogenannten gemischten Einladung jeweils eine Dame zwischen zwei Herren plaziert.

Im allgemeinen sitzt der wichtigste oder der Ehrengast zur Rechten der Gastgeberin, der Rangnächste zu ihrer Linken. Zur Rechten des Hausherrn, der gegenüber seiner Frau sitzt, ist die Gattin des Hauptgastes und zu deren Rechten der dritte Herr in der Rangordnung plaziert. Zur Linken des Hausherrn sitzt die Gattin des zweithöchsten Gastes und zu deren linker Seite der «vierte Herr». In diesem Sinn werden die übrigen Geladenen plaziert. Dies ist möglich bei zehn, vierzehn, achtzehn Gedecken usw. Bei acht, zwölf oder sechzehn Gedecken wäre es bei dieser Anordnung nicht zu vermeiden, dass zwei Damen und zwei Herren nebeneinander zu sitzen kämen. Deshalb setzt sich hier der Gastgeber an die rechte Seite der Gattin des Hauptgeladenen, er überlässt ihr also seinen Platz.

Sind die Gäste zu einem formellen Essen gebeten, schätzen sie einen Sitzordnungsplan, den sie bei ihrem Eintreffen in der Eingangshalle einsehen können. Ist die Einladung gelockerter, so genügt es, ein Tischkärtchen mit dem Namen des Gastes auf die Serviette zu legen oder rechts vom oberen Tellerrand aufzustellen.

Eine weitere Aufmerksamkeit besteht darin, auf Menükarten die Reihenfolge der Speisen und der servierten Weine anzugeben. So kann sich der Gast zum vornherein auf diesen oder jenen Gang konzentrieren, und der Weinkenner wird sich freuen zu wissen, welche Weine kredenzt werden.

Sind mehrere Tische gedeckt, übernehmen Gastgeber und Gastgeberin verschiedene Vorsitze. Auch die übrigen Paare werden getrennt plaziert.

Bei intimen Essen mit Verwandten, Freunden und guten Bekannten wählen die Gäste ihre Plätze, ohne jede Bevorzugung, ganz zwanglos selber aus.

Doch aufschlussreicher als viele Worte sind die skizzierten Beispiele.

Beispiele für eine Sitzordnung bei gemischter Tafel

Beispiel 1

5. Dame	3. Herr	1. Dame	Gastgeber	2. Dame	4. Herr	6. Dame

6. Herr	4. Dame	2. Herr	Gastgeberin	1. Herr	3. Dame	5. Herr

Beispiel 2

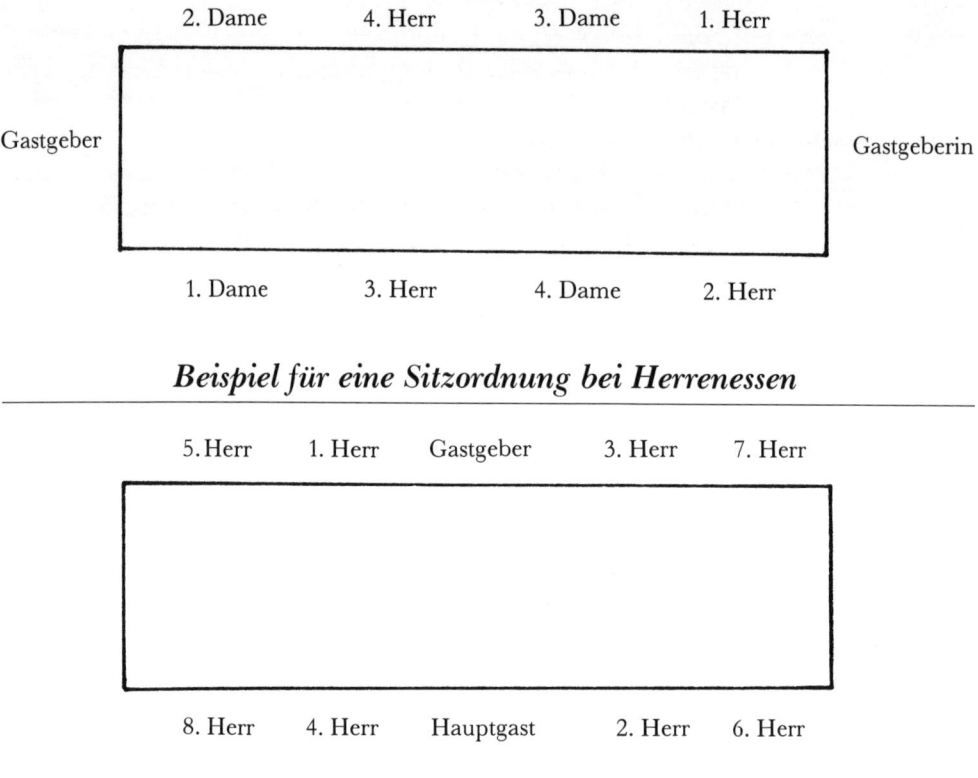

	2. Dame	4. Herr	3. Dame	1. Herr	
Gastgeber					Gastgeberin
	1. Dame	3. Herr	4. Dame	2. Herr	

Beispiel für eine Sitzordnung bei Herrenessen

	5. Herr	1. Herr	Gastgeber	3. Herr	7. Herr
	8. Herr	4. Herr	Hauptgast	2. Herr	6. Herr

DIE BEDIENUNG DER GÄSTE

Die Teller werden immer von rechts eingesetzt. Mit der linken Hand hält der Bedienende einen Stoss Teller und besorgt das Einsetzen von rechts mit der rechten Hand.

Die Gerichte werden von links angeboten, die Griffe des Vorlegebestecks sind gegen den Gast gerichtet. Die Platte wird dabei so niedrig gehalten, dass der Handrücken auf dem Tisch aufliegt und der Plattenrand denjenigen des Tellers fast berührt. Dies ermöglicht dem Gast, sich bequem zu bedienen, ohne Gefahr zu laufen, einen Flecken auf dem Tischtuch zu hinterlassen. Die Platten werden immer mit der linken Hand angeboten. Unter der Platte oder Schüssel befindet sich eine gefaltete Serviette, die das Abrutschen der Platte verhindert und die Hand vor der Plattenwärme schützt. Die rechte Hand wird allenfalls benützt, um die Platte im Gleichgewicht zu halten.

Bei einem formellen Essen wird die Platte mit dem Hauptgericht zuerst der Gastgeberin präsentiert, bevor die Dame des Hauptgastes und nach dieser die andern Damen bedient werden. Mit der Bedienung der Herren wird beim Hauptgast begonnen. Ist keine Hierarchie zu beachten, kann ein Gang so und der nächste andersherum angeboten werden, damit nicht immer dieselben Gäste als Letzte bedient werden. Wird das Essen von zwei Kellnern serviert, fangen beide gleichzeitig an, der eine bei der rechts, der andere bei der links vom Gastgeber sitzenden Dame. Die beiden Gastgeber werden zuletzt bedient. In der Regel beginnt man erst dann zu essen, wenn alle bedient sind.

Um ein vorzeitiges Erkalten der Speisen zu vermeiden, empfiehlt sich ein flüssiger Bedienungsrhythmus. Wenn Sie mehr als acht bis zehn Gäste eingeladen haben, ist daher ein zweiter Kellner sehr angenehm.

Das folgende Beispiel erläutert, wie sich die Bedienung gestaltet, wenn Ihr Menü aus einer kalten Vorspeise, Suppe, Hauptgang und Süssspeise besteht.

Der Teller mit der Vorspeise befindet sich schon auf dem Platzteller, wenn sich die Geladenen zur Tafel begeben. Das Wasserglas ist zu zwei Dritteln gefüllt, und auf dem Brottellerchen liegen ein Röllchen Butter und ein Stückchen frischer Toast oder ein kleines Brötchen. Nachdem sich die Tischrunde gesetzt hat, wird ein zur Vorspeise passender Weisswein serviert. Wenn jeder Gast mit der Vorspeise fertig ist, werden die Teller von rechts eingesammelt. Nun wird von links auf den Platzteller der angewärmte, knapp bis zum Rand der Tellervertiefung mit heisser Suppe gefüllte Teller eingesetzt. Wird die Suppe in Tassen serviert, dürfen diese höchstens zu zwei Dritteln gefüllt werden. Falls nötig werden weitere Brötchen angeboten. Der leere Suppenteller wird von rechts entfernt. Damit der Hauptgang schön heiss bleibt, werden die gewärmten Teller erst unmittelbar vor dem Servieren vor den Gast hingestellt. Sind die Platten gross genug, wird das Fleisch darauf schuppenartig dressiert und mit Kartöffelchen und Gemüsen farblich abgestimmt garniert. Diese Platte wird von links angeboten. Eine allfällige Sauce zum Fleisch wird in einer Sauciere von rechts vor den erstbedienten Gast gesetzt mit der Bitte, sie dann weiterzureichen. Salat wird, bereits auf Tellerchen arrangiert, von links serviert. Wenn die Tafelrunde mit dem Hauptgang bedient ist, wird der entsprechende Wein serviert.

Der Hauptgang wird immer zweimal angeboten. Liegt das Besteck des Gastes gekreuzt auf dem Teller, wird angezeigt, dass der Gast diese Speise nachgereicht wünscht, nebeneinandergelegtes Besteck deutet an, dass der Hauptgang für ihn abgeschlossen ist. Trotzdem sollten die Platten beim zweiten Herumreichen kurz auch diesen Gästen nochmals angeboten werden. Bei dieser Gelegenheit sei auch erwähnt, dass es ein Faux-pas ist, während des Essens oder nach abgeschlossenem Gang das Besteck an den Tellerrand anzulehnen (siehe Skizzen Seite 24).

Nach Beendigung des Hauptganges werden die Teller von rechts abgeräumt und ebenfalls von rechts die Teller für die Süssspeise hingelegt. Das am Kopfende des Gedeckes liegende Dessertbesteck wird verschoben, der Dessertlöffel rechts, die Dessertgabel links neben den Platzteller. Werden als Dessert Früchte aufgetragen, wird links, wo der Brotteller stand, eine Fingerschale mit lauwarmem Wasser hingestellt. Darin kann nach Belieben eine Scheibe Zitrone, eine kleine Blüte oder ein Zweiglein eines duftenden Kräutchens schwimmen. Beim Früchtedessert besteht das Dessertbesteck natürlich aus Früchtemesser und -gabel.

Wird die Tafel mit einem schwarzen Kaffee beendet, wird die Mokkatasse samt Untertasse von rechts auf die rechte Seite des Gastes gestellt. Der Mokkalöffel liegt parallel zu dem nach rechts gerichteten Tassenhenkel hinter der Tasse. Während der Kaffee von rechts eingegossen wird, werden Zucker und Milch oder Rahm auf einem kleinen Tablett von links gereicht. Zum Kaffee können Liköre angeboten werden. Der schwarze Kaffee braucht nicht unbedingt am Tisch, sondern kann auch anderswo getrunken werden. In diesem Fall werden die Tässchen bereits gefüllt auf einem Tablett gereicht. Auf einem kleinen Tablett werden Zucker und Milch oder Rahm separat angeboten. Viele Gäste schätzen es, den Kaffee im Salon stehend einzunehmen. Dies bietet ihnen Gelegenheit, sich auch mit jenen Personen zu unterhalten, mit denen sie während des Essens nicht ins Gespräch kamen.

Gast wünscht Hauptspeise
nachgereicht

Gast ist mit Hauptspeise
bedient (übliche schräge Lage)

Gast ist mit Hauptspeise
bedient (angelsächsische Lage)

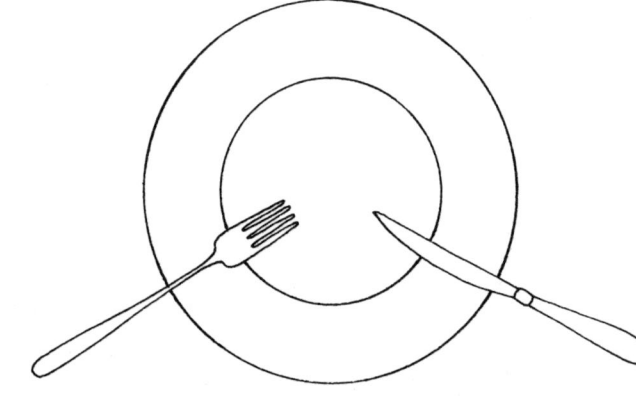

Besteck sollte nie an den
Tellerrand gelehnt werden

GEDECKTER TISCH MIT WARMER VORSPEISE (KÄSEKÖPFLI MIT TOMATENSAUCE)

FESTLICH GEDECKTE TAFEL

EINZELGEDECK

MIT SETS GEDECKTER TISCH

EINZELGEDECK

27

GEDECKTER TISCH MIT KALTER VORSPEISE (GRAPEFRUITS MIT GEFLÜGELSALAT)

GEDECKTER TISCH MIT SUPPE (TOMATENSUPPE)

TISCHREDEN

Ein Willkommensgruss des Gastgebers an die versammelte Tischrunde wird allgemein geschätzt. Die Stimmung wird dadurch aufgelockert, und jedermann fühlt sich behaglich. Diese kurz gehaltene Begrüssung erfolgt vornehmlich nach dem ersten Gang.

Bei besonderen Anlässen wie Geburtstag, Hochzeit, Jubiläum usw. werden die Reden in der Regel zwischen Hauptgang und Dessert gehalten. In diesem Falle ist das Auftragen eines allfälligen A-la-minute-Desserts — beispielsweise einer überbackenen Eisspeise — so einzuplanen, dass in der Küche mit der Zubereitung nicht zu früh begonnen und Bedienungs- oder Küchenpersonal darüber unterrichtet wird. Die Rede zwischen Hauptgang und Dessert zu legen, drängt sich in den meisten Fällen schon deshalb auf, weil bei einem festlichen Mahl dies der Moment ist, wo Champagner oder Sekt eingegossen und zu Ehren des oder der Gefeierten nach der Rede das Glas erhoben wird.

DAS ABTRAGEN

Ein möglichst flinkes und leises Entfernen der Teller und Bestecke erfolgt nach jedem Gang von rechts. In der Regel stellen Kellner den ersten Teller mit Besteck auf die drei Mittelfinger der linken Hand. Die weiteren Teller werden nun auf den linken Vorderarm geschichtet und von Daumen und kleinem Finger gestützt. In den mit der Hand gehaltenen Teller legt der Keller sämtliches Besteck, wobei die Messerklingen unter die Gabeln geschoben werden. Diese Art des Abräumens erfordert Geschick und Übung (siehe Skizze).

Sie können es sich auch leichtermachen, indem Sie mit der linken Hand ein Servierbrett halten, die Teller darauf stapeln und das Besteck in einen Behälter legen.

Bevor das Dessert aufgetragen wird, sind Salz- und Pfefferstreuer abzuräumen und das Tischtuch von Brotkrumen zu säubern. Am einfachsten geht dies mit einer sauberen, gefalteten Serviette, mit der leicht über die Stelle gewischt wird, auf der sich der Brotteller befand. Zweckmässig sind auch feine Bürstchen und Schäufelchen. Die Brosamen werden in ein Tellerchen gewischt.

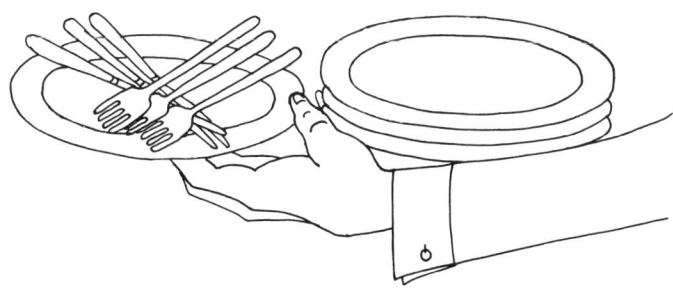

RATSCHLÄGE FÜR EINE EINFACHERE ART DER BEDIENUNG

Möglicherweise haben Sie noch nicht die erforderliche Routine und Gewandtheit, um eine Einladung nach allen Regeln der Kunst über die Bühne zu bringen. Geraten Sie darob nicht in Panik — es ist noch keine Meisterin vom Himmel gefallen. Fangen Sie nicht gleich mit mehreren Gängen an, wenn Sie sich dabei verzweifelt fragen müssen: «Wo nehme ich bloss all das Geschirr her?» Gestalten Sie eine Einladung im Rahmen Ihrer eigenen Möglichkeiten und Gegebenheiten.

Stellen Sie ein Menü zusammen, bei welchem so wenige Handgriffe als möglich nötig sind, um alles auf den Tisch zu bringen. Beschränken Sie sich auf einige wenige Speisefolgen, indem Sie auf ein und derselben Platte Verschiedenes gefällig und appetitlich anrichten. Es spricht nicht für das «Savoir-faire» der Gastgeberin, wenn die Geladenen vorerst mit einem Stück Fleisch auf dem Teller Konversation machen und warten müssen, bis die Sauce und das Gemüse nachgereicht werden.

Wenn sie selbst Koch und Kellner in einer Person sind, planen und organisieren Sie alles im einzelnen zum voraus. So können Sie das Servieren und das Abtragen der gebrauchten Teller und Bestecke unauffällig und ohne allzu lange Wartezeit für die Gäste erledigen.

Sorgen Sie dafür, dass die Speisen warm auf den Tisch kommen. Teller und Platten sind daher vorzuwärmen. Falls der Backofen bereits belegt ist, leisten Tellerwärmer oder sogar der Heissluft-Zyklus Ihrer Abwaschmaschine nützliche Dienste. Auch die Picknick-Isolierbox oder -tasche kann miteinbezogen werden. Sie hält nämlich nicht nur das Picknick schön kühl, sondern umgekehrt vor allem grosse Fleischstücke (Braten, Truthahn), in doppelte Alufolie verpackt, schön warm (wobei natürlich keine Eiselemente beigefügt werden dürfen!).

Wenn Sie Schüsseln verwenden, sollten diese einen Deckel haben. Die Deckel sind vor dem Anbieten der Speisen auf ein gut erreichbares Tischchen zu legen.

Wenn Sie selbst bedienen, ist ein Servierwagen oder ein kleiner Seitentisch sehr praktisch. Hier werden die benötigten Teller gestapelt, die Vorlegebestecke angeordnet, eine Karaffe mit Wasser und ein Korb mit Brötchen griffbereit gehalten. Hier befindet sich auch die Warmhalteplatte mit den Speisen, die Sie eventuell ein zweites Mal anbieten wollen. Wie auch immer das Menü sein mag, achten Sie darauf, dass Warmes warm und Kaltes kalt auf den Tisch kommt.

Es ist eine altbekannte Tatsache, dass ein gerade frisch gekochtes Essen am besten mundet. Sind mehrere Personen eingeladen, ist dies meistens kaum zu bewerkstelligen, schon deshalb nicht, weil bei dem vorausgehenden Aperitif höflichkeitshalber auch die Gastgeberin anwesend ist und sich somit in dieser Zeit nicht in der Küche aufhalten kann. Deshalb sollten die frisch zubereiteten Speisen nie allzu weich gekocht werden. Nach der Zubereitung halten Sie Ihr Kochgut warm. Reichen die Kochplatten und der Backofen nicht aus, erweitern Sie Ihre Warmhaltefläche. Es gibt gute, mit Thermostat kontrollierte elektrische Wärmeplatten und solche, die mit Kerzen wärmen. Daneben gibt es Schüsseln mit einem doppelten Boden, der heisses Wasser enthält.

DIE BUFFET-PARTY

In einem gastfreundlichen Hause wird sich hin und wieder auch eine grössere Anzahl von Gästen zu einem Essen zusammenfinden. Da die Geladenen in diesem Falle nicht alle an einen Tisch gesetzt werden können und man meistens auch nicht über genügend Hilfspersonal verfügt, bietet sich der «Buffet»-Tisch als ideale Lösung an.

Es empfiehlt sich, den Buffettisch so aufzustellen, dass sich zwei bis drei Gäste gleichzeitig und rasch bedienen können. Wenn es die Grösse des zur Verfügung stehenden Raumes (oder der Räume) erlaubt, benützt man mit Vorteil zusammenklappbare Kartenspieltische, an denen vier oder sechs Personen plaziert werden können. Auf diesen sind bereits die Bestecke, Gläser und Servietten aufgelegt, während die Teller auf oder neben dem Buffettisch gestapelt sind, an dem sich jedermann selbst bedient (siehe Skizze Buffettisch 1, Seite 32). Als Tischdekoration eignen sich Kerzen, die in die Mitte jedes Tisches gestellt werden. Falls nicht genügend Kerzenständer vorhanden sind, eignen sich auch kleine, niedrige Coupengläser. Mit einigen Tropfen flüssigem Kerzenwachs wird die Kerze in der Mitte des Glases befestigt und dieses dann mit Wasser gefüllt. Rund um die Kerze stellen Sie bunte Blümchen, und schon haben Sie ohne grossen Aufwand den Tisch hübsch dekoriert.

Wenn der verfügbare Platz das Aufstellen zusätzlicher Esstischchen nicht erlaubt, bleibt meistens nichts anderes übrig, als den Buffettisch so einzuteilen, dass darauf auch Getränke, Gläser, Servietten und Bestecke Platz finden. Um die Bedienung am Buffettisch zu erleichtern, werden die Bestecksätze mit Vorteil in Servietten gewickelt, damit der Gast in der einen Hand seinen Teller mitsamt Besteck und Servietten halten kann, während er sich mit der andern Hand aus den Platten bedient (siehe Skizze Buffettisch 2, Seite 33).

Steht nicht genügend Platz zum Aufstellen kleiner, individueller Tischchen zur Verfügung, werden sich die Gäste (die unkompliziert sein sollten) auf ein Polstermöbel setzen. Als Tischchen müssen nötigenfalls die eigenen Knie herhalten. Beim Nachtisch arrangieren Sie einen Sitzwechsel, so dass nicht immer die gleichen Gäste ihre Knie als Abstellfläche benützen müssen. Besonders bei jüngeren Gästen ist diese Art der Einladung sehr beliebt, lernen sie doch auf ungezwungene Weise ganz verschiedene Menschen kennen.

Nach Beendigung der eigentlichen Mahlzeit werden Platten und Schalen vom Buffettisch abgeräumt und die gestapelten Dessertteller und die Süssspeisen bereitgestellt. Eine Auswahl von Früchten, Käse und Eis ist den meisten Gästen sehr willkommen, weil sie sich nach Lust und Laune bedienen können.

Bei der Variante mit mehreren Esstischchen und bei vorhandenem Bedienungspersonal kann der Nachtisch am Tisch serviert werden. In einem solchen Fall werden die Kellner auch die gebrauchten Teller abtragen, die Dessertteller einsetzen und die Süssspeise anbieten.

Jeder Gast nimmt am Buffettisch einen Teller vom Stapel und bedient sich mit Hilfe des bei jedem Gericht aufgedeckten Vorlegebestecks.

Das vorgeschlagene Menü besteht aus Crevetten-Auflauf, Käsekuchen, auf der Hauptplatte sind Kalbskoteletten, halbe Tomaten provençale, Bohnen und Erbschen arrangiert, links oben grüner Salat, rechts oben Bratkartöffelchen, in der Sauciere Sauce zu den Kalbskoteletten.

Das Menü besteht hier aus Seezungenfilets mit Mayonnaise (vorn Mitte), Milkenpastetchen (vorn rechts), rechts dahinter eine Schüssel mit Reis. In der gedeckten Schüssel befindet sich die Hauptspeise, Bœuf Stroganoff, links daneben Kartoffelsalat und im Hintergrund von rechts nach links grüner Salat, Blumenkohl und Brötchen. Sollte Ihr Serviertisch überfüllt wirken, können Sie die Getränke und die dazupassenden Gläser auf ein anderes Tischchen stellen.

KOCHEN FÜR VIELE GÄSTE

Die meisten der folgenden Rezepte sind für acht Personen vorgesehen, können aber proportional ohne weiteres abgeändert werden. Wenn es sich aber um eine grössere Anzahl von Geladenen handelt (mehr als zwölf bis vierzehn), darf man die Zutatenmengen nicht mehr unbesehen multiplizieren, ohne dabei Gefahr zu laufen, dass die Qualität der Gerichte eine beträchtliche Einbusse erleidet. Denn in einer grösseren Pfanne verdunstet mehr Flüssigkeit als in einer kleineren Kasserolle. Deshalb empfiehlt es sich, zum Beispiel ein Fleischgericht eher in zwei kleineren Töpfen als in einer einzigen, sehr grossen Pfanne zu kochen. Das Resultat wird befriedigender sein, so erstaunlich dies auch scheinen mag. In einer kleineren Pfanne kocht nämlich das Kochgut gleichmässig gar, während es in einer sehr grossen Pfanne am Pfannenboden bereits weich und weiter oben noch fast roh ist. Und ständiges Umrühren ist der Qualität eines Gerichts nicht förderlich. Grosspfannen haben den weiteren Nachteil, dass die Kochplatten eines Haushaltherdes dafür in der Regel zu klein sind. Es braucht also unverhältnismässig viel Zeit, um den Inhalt zum Kochen zu bringen. Diese Hinweise mögen Sie vor unliebsamen Überraschungen bewahren.

Das Waschen, Putzen, Rüsten und Zubereiten grösserer Mengen von Gemüse und Kartoffeln wie auch das Anbraten vieler Fleischstücke erfordern mehr Zeit, als man oft meint. Deshalb sollten Sie beim Aufstellen Ihres Arbeitsplanes dafür genügend Zeit vorsehen.

Denken Sie daran, dass der Kühlschrank im Hinblick auf die Einladung stark belegt sein wird. Entfernen Sie daher jedes nicht unbedingt benötigte Kühlgut. Oft habe ich an einladungsfreien Tagen im Tiefkühlfach des Kühlschranks Eiswürfel auf Vorrat fabriziert und diese danach in einem Plastiksack in der Tiefkühltruhe aufbewahrt. Mit diesen Würfeln konnte ich Getränke im Eimer kühlen und dadurch wertvollen Kühlschrankraum freihalten für Desserts, kalte Vorspeisen usw. — alles Speisen, die an warmen Tagen schnell verderben.

Überprüfen Sie bei der Vorbereitung einer Einladung für mehrere Personen rechtzeitig die Funktionsfähigkeit der benötigten Küchenutensilien. Sie müssen sich auf jedes einzelne Gerät wirklich hundertprozentig verlassen können. Es gibt nichts Ärgerlicheres, als in letzter Minute feststellen zu müssen, dass der elektrische Handmixer streikt, der Kochtopf für das aufzunehmende Kochgut zu klein ist, oder dass Sie zu wenig Gläsertabletts haben. Organisieren Sie sich bei der Zubereitung der Speisen auch so, dass allenfalls gleichzeitig sowohl der Backofen als auch die Herdplatten einsatzbereit sind.

Die Herstellung einer grösseren Mahlzeit erfordert Zeit. Überdenken sie daher im voraus die einzelnen Arbeitsabläufe und was dazu benötigt wird. Proben Sie mit Ihren Töpfen und Platten, damit Sie wissen, wieviele feuerfeste Platten der Ofen fasst, ob Sie in der Kasserolle drei zerschnittene Hähnchen unterbringen, ob eine genügende Anzahl Thermoskannen vorhanden ist, um den im voraus zubereiteten Kaffee warm zu halten, und so weiter.

Wenn eine farbenfrohe Gemüseplatte Bestandteil des Menüs ist, Ihr Herd aber nicht gleichzeitig den Suppentopf, die Reispfanne und noch vier Gemüsekasserollen aufnehmen kann, so kochen Sie zuerst jene Speisen, die die längste Kochzeit benötigen. Ein Suppentopf bleibt lange warm, wenn er neben die Kochplatte gestellt wird, auf der schon die nächste Speise zubereitet wird. Es wird ja nicht alles Kochgut gleichzeitig aufgetragen. Nachdem alle Speisen knapp gar sind, schieben Sie diejenigen Pfannen wieder auf die Platten, deren Inhalt zuerst serviert wird. Beim Anrichten wird Platz frei für die andern Pfannen, in denen die Speisen bereits gekocht sind und nur noch der Aufwärmung bedürfen.

Geben Sie bei grosser Gästezahl solchen Gerichten den Vorzug, die im voraus zubereitet werden können. Falls Sie bestimmte Speisen zu garnieren gedenken, halten Sie die vorbereitete Garnitur auf einem Teller griffbereit.

Vermeiden Sie, dass der Spültrog mit ungespültem Geschirr und Geräten überhäuft ist, die Sie für die Zubereitung der Speisen brauchten, sonst bleibt wertvolle Arbeitsfläche mit Utensilien blockiert, die abgewaschen und in den Schränken versorgt sein sollten. Sie werden jeden Zentimeter Platz zu schätzen wissen beim Herrichten der Platten und beim Stapeln des schmutzigen Geschirrs.

Schade, dass bei der Zubereitung grösserer Essensmengen oft jene persönliche Note fehlt, die den Charme von kleineren, intimen Diners ausmacht. Dies ist vor allem dann spürbar, wenn sich die Gastgeberin mit komplizierten Speisefolgen selbst überfordert. Deshalb einmal mehr: Haben Sie keine Hemmungen, einfache Gerichte, die Ihnen geläufig sind, zu servieren. Scheuen Sie vor allem auch nicht davor zurück, als Süssspeise jenen selbstgebackenen Kuchen aufzutischen, der eine traditionsreiche familiäre Vergangenheit hat oder der von Ihnen selbst als Grundstein zu einer neuen Tradition gelegt wurde. Ein kleiner Hauch der verlorengeglaubten persönlichen Note wird neu aufleben.

DIE MENÜ-ZUSAMMENSTELLUNG

Was wann gegessen wird, hängt immer von den Sitten und Gebräuchen eines Landes ab. Eines aber trifft überall auf der Welt zu, was der französische Kochkünstler Brillat-Savarin so formulierte: «Menu mal fait, dîner perdu!»

Bei der Aufstellung Ihres Speiseplanes sollte sich das Grundmaterial eines Gerichtes in einem andern Gang nicht wiederholen. So wäre es beispielsweise nicht angezeigt, nach einer Spargelsuppe Spargel auch noch als Gemüse anzubieten oder nach einem Riz Casimir, in dem sich bekanntlich Obst befindet, noch einen Obstsalat als Nachtisch zu servieren.

Auf den folgenden Seiten finden sie einige Menüvorschläge. Es sind nur Vorschläge und nicht mehr. Ihre Vorlieben, die jeweiligen Umstände, die Art der Gäste, die saisonbedingten Marktangebote und nicht zuletzt Ihre Phantasie werden diese abwandeln, und Sie werden eigene Zusammenstellungen entwickeln.

Alle diese Menüs habe ich mehrmals gekocht. Deshalb weiss ich, dass sie sich für die Bewirtung einiger weniger, aber auch mehrerer Personen sehr gut eignen, und zwar selbst dann, wenn Sie alles selber kochen. Sie brauchen nicht einmal Überanstrengung zu befürchten. Alle Gerichte können im voraus zubereitet und im Ofen warmgehalten werden, sie können in den Ofen geschoben werden und dort fertig braten oder überbacken, oder sie werden in der Pfanne zuletzt kurze Zeit fertiggekocht oder erwärmt.

Ohne den ersten Gang eignen sich die Menüs auch für Mittagessen oder einfacher gehaltene Abendessen zu vielleicht später Stunde. Selbstverständlich braucht dann keine Suppe serviert zu werden.

Kalte Vorspeisen werden im allgemeinen vor der Suppe, warme Vorspeisen nach der Suppe gereicht.

MENÜ-VORSCHLÄGE

Geräucherter Lachs mit Meerrettichrahm
Fleischbrühe mit Schnittlauch
Schweinsfilet im Blätterteig
Grillierte Tomaten provençale, grüne Bohnen
Vanilleeiskranz mit Erdbeeren und Rahm

Salat Carmen
Fleischbrühe mit kleinem Schinkengipfel
Hähnchen vom Grill
Bratkartöffelchen, Blattspinat, Karotten
Schokoladencharlotte

Geflügelterrine mit Pistazien
Gemüsesuppe
Lammkeule mit Pfefferminzsauce
Kleine Salzkartoffeln, Blattspinat
Fruchtsalat mit Rahm

Fischterrine
Einlaufsuppe
Kronenbraten
Kartoffelbällchen, Kefen, gedünstete Tomaten
Mousse au chocolat

Salatteller
Flädlisuppe
Zürcher Geschnetzeltes
Rösti
Apfelsoufflé glacé

Eierstichsuppe
Pilzschnitten
Kalbsrouladen
Safranrisotto, Zucchini
Zabaglione

Crevetten in Avocado
Vichyssoise
Piccata milanese
Teigwaren, Bohnen und Tomaten
Pistazieneis (gekauft) mit gerösteten Mandelsplittern

Eingelegter Lachs nach Schwedenart
Einlaufsuppe
Kalbsmedaillons
Trockenreis, Dosenfrüchte
Gebrannte Creme

Hafercremesuppe
Rivieraschnitten
Marsala-Schnitzel
Reisköpfli, Lattichgemüse
Ananasvierecke mit Rahm

Melone mit Rohschinken
Spargelcremesuppe
Geschnetzeltes Rindfleisch im Reisring
Salatplatte
Erdbeeren mit Vanillecreme und Rahm

Hummerparfait
Fleischbrühe mit Markklösschen
Wiener Kalbsgulasch mit Nudeln
Saisongemüse
Erdbeermousse

Bündnerfleisch mit Melone
Consommé royal
Tournedos im Teig
Bohnen, Blumenkohl, Karotten
Coupe Danemark

Leberpâté
Fleischbrühe mit Gemüseeinlage
Gebratener Fasan
Kartoffelpüree, Sauerkraut
Vacherin Vermicelles

Traufensuppe
Käsesoufflé
Poulet à l'estragon
Trockenreis
Eisgugelhopf

Fleischbrühe mit Sherry
Fischfilets an Kräutersauce
Roastbeef
Kartoffelkroketten, Kohlrabi, Erbsli
Kirschparfait

Klare Tomatensuppe
Seezungenfilets mit Mandeln
Schweinsfilet an Zitronenpfeffersauce
Reis, Salat
Gebrannte Creme

Steinpilzcremesuppe
Überbackene Fischfilets
Sauerbraten
Spätzli, Apfelmus, Rotkraut
Biscuits-Entremets

Tomatencremesuppe
Spargelsoufflé
Beinschinken, garniert mit Aprikosen und Baumnüssen
Bratkartöffelchen, Bohnen
Haselnusscreme

Geflügelcremesuppe
Frische Spargeln mit Mayonnaise
Kalbsbraten
Nudeln, Blumenkohl, Karotten
Tiramisù

Gerstencremesuppe
Crevettenpastetli
Schweinsfilet mit Eierschwämmchen
Nudeln oder Kartoffelgnochi, Spinat
Vanilleeis mit heissen Kirschen

Gurkencremesuppe
Käseköpfli mit Tomatensauce
Chicken Marengo
Griess-Schnitten, Salat
Soufflé glacé Grand Marnier

Ochsenschwanzsuppe
Crevettensoufflé
Rindsfilet Wellington
Gemüseplatte
Seide und Samt

Fleischbrühe mit Cognac
Milkenpastetli
Kalbsfilet
Kartoffelbällchen, Blattspinat, Erbsen mit Karotten
Überbackene Orangen

Eierstichsuppe
Fischmousse mit Tomatensauce
Truthahn
Bratkartoffeln, Rosenkohl, Blumenkohl
Beeren mit Rahm

Berner Kräutersuppe
Hummer Thermidor
Kalbsmedaillons mit Morcheln
Trockenreis, Salat
Birnen in Rotwein

Mit Avocadosalat gefüllte Avocados
Zwiebelsuppe
Rehrücken mit Ananas und Äpfeln
Spätzli, Kastanien, Rosenkohl
Bavarois

Fleischbrühe mit Einlage
Fischfilets mit Orangen
Saftplätzli
Teigwaren, Salat
Eiskaffee mit Rahm

Geräucherte Forelle auf Apfel
Hafercremesuppe
Gratinierte Truthahnschnitzel
Trockenreis
Lemon Meringue Pie

Fleischbrühe mit Madeirawein
Omeletten-Milken-Gratin
Schweinebraten mit Ananas
Petersilienkartoffeln, Broccoli, Schwarzwurzeln
Trifle

Blumenkohl mit Kräutermayonnaise
Fleischbrühe
Schweinebraten mit Pflaumen
Duchesse-Kartoffeln, Rosenkohl, Karotten
Diplomatenpudding

Lachsmousse
Consommé royal
Canard à l'orange
Kartoffelkroketten, Bohnen
Vacherin Vermicelles

Irma-la-Douce-Salat
Ochsenschwanzsuppe
Gebratene Tauben
Wilder Reis, Bohnen, gedämpfte Tomaten
Russische Charlotte

Sardinenpâté
Gemüsebrühe
Tandoori Chicken
Trockenreis, Salat
Orangenmousse

Gefüllte Tomaten
Hühnerbrühe
Rahmschnitzel
Reisköpfchen, Blattspinat
Süsse Omeletten mit Erdbeeren

Überbackener Geflügelsalat
Kräutersuppe
Bœuf Stroganoff
Kartoffelpüree, Chicoréegemüse
Süsse Omeletten mit Grapefruitfüllung

Lachs in Gelée
Lauchcremesuppe
Schweinebraten mit schöner Kruste
Bratkartöffelchen, Gurkengemüse, Schwarzwurzeln
Süsse Omeletten mit Apfelfüllung

Menüs für Buffet-Parties

Kalte Platten	*Warme Gerichte*
Räucherlachs	Verschiedene Suppen
Geflügelsalat	Pastetli
Crevettensalat	Geschnetzeltes mit Reis oder Rösti
Kaltes Roastbeef	Kartoffelpüree, mit Käse überbacken
Kalter Braten	Sauerkraut mit Kasseler Rippen
Gemischter Aufschnitt	Käsekuchen
Kalte Zunge	Crevetten an Rahmsauce
Mit Thonsalat gefüllte Tomaten	Aufläufe
Verschiedene Salate	
Mayonnaise	

Menüs für viele Gäste

Fleischbrühe
Sauerkraut mit Siedfleisch, Rippli, Würstchen
Salzkartoffeln
Apfelkuchen mit Rahm

Minestrone
Roastbeef mit leichter Mayonnaise
Teigwaren, Gemüse
Fruchtkuchen oder Buttercremetorte

Gerichte, die ohne Messer verspeist werden können

Rindfleisch-Curry mit Reis
Cous-Cous
Fleischbällchen an pikanter Sauce
Bœuf Stroganoff
Riz Casimir

Vorschläge für die Cocktailparty

Warme Kleinigkeiten
Käseküchlein
Schinken- oder Käsegipfel
Fleischkrapfen
Kleine Wurstweggen
Fleischtorte, in kleine Vierecke geschnitten
Pizza, in kleine Dreiecke geschnitten

Kalte Häppchen
Bündnerfleisch, gerollt, an Zahnstocher
Grapefruit, besteckt mit Käsewürfeln
und schönen Traubenbeeren
an Zahnstochern
Canapés mit verschiedenen Belägen
(Vorschläge Seite 47)

DIE KÜCHENAUSSTATTUNG

Müssen Sie von Berufs wegen Einladungen geben, sollte Ihre Küche einigermassen vernünftig und mit zeitsparenden elektrischen Maschinen ausgerüstet sein. Nachstehend finden Sie eine Liste der benötigten Küchenutensilien, über die Sie, wie ich aus Erfahrung weiss, froh sein werden, sobald Sie für eine grössere Anzahl von Gästen kochen.

Zum Kochen
1 Dampfkochtopf (5 Liter)
2 hohe Kochtöpfe mit Deckel (∅ 24 und 30 cm)
1 Satz Pfannen mit Deckel (∅ 14, 16, 18, 20, 22 cm)
1 Bratkochtopf aus Guss mit Deckel (∅ 24 cm)
1 Friturepfanne mit Drahtkorb (∅ 24 cm)
2 Bratpfannen aus Chromstahl (∅ 24 und 26 cm)
2 Bratpfannen, teflonbeschichtet (∅ 24 und 26 cm)
1 Fischpfanne aus Aluminium mit Deckel und Rost
  (zum Hochheben des Fisches), rechteckig (60 x 16 cm)
1 Wasserkessel (2,5 Liter)
2 verzinnte Puddingformen mit Deckel (∅ 18 cm)
2 verzinnte Ringformen (∅ 22 cm)

Für den Ofen
1 grosse, rechteckige Bratkasserolle aus Guss mit Deckel
2 kleinere und 2 grössere runde Kuchenbleche (∅ 26 und 28 cm)
2 grosse, rechteckige Kuchenbleche (42 x 35 cm)
2 Cakeformen (Länge: 25 cm)
20 Backförmchen, z. B. für Käseküchlein (∅ 8 cm)
2 Springformen (∅ 24 cm)
2 grosse, rechteckige Kuchengitter
2 Souffléformen (∅ 24 cm)
20 runde, feuerfeste Förmchen (∅ 8 cm)
1 Fleischthermometer

Für die Vorbereitung
1 kleinere und 1 grössere Teigschüssel aus Chromstahl
1 grosses Salatsieb aus Aluminium (∅ 30 cm)
1 Salatsieb aus Plastik (∅ 26 cm)
6 Vorratsdosen mit hermetischem Verschluss (3 Liter)
1 Wallholz
1 Bircherraffel
1 Röstiraffel
2 Haarsiebe, fein und mittelfein (∅ 20 cm)

1 Bratschaufel aus Metall
2 Bratschaufeln aus Holz (für Teflonpfannen)
1 Drahtschaumkelle
1 Schaumkelle mit Löchern
1 kleinere und 1 grössere Schöpfkelle
1 Saucenkelle
1 Schwingbesen
5 Holzkellen in verschiedenen Grössen
1 Spachtel
1 Kartoffelschäler
1 Kartoffelausstecher
1 Butterröllchen-Former
1 Grapefruitmesser
2 Haushaltpinsel, flach
1 Passevite mit zwei Einlagen (für Kartoffelpüree und Spätzli)
1 Fleischwolf mit zwei Scheiben
1 Schneidemaschine mit 5 Einsätzen (zum Mahlen, Reiben und Hobeln)
1 Büchsenöffner
1 Küchenwaage
1 Fleischbrett mit Saftrille
Küchenbretter in verschiedenen Grössen
1 grosses Tranchiermesser
1 Tranchier- oder Brotmesser mit gewellter Klinge
2 kleine Küchenmesser (sogenannte «Schnitzer»)
1 Fleischhackbeil
1 Wiegemesser
1 Geflügelschere
1 Abziehstahl
1 Zitruspresse
1 Flaschenöffner
1 Eiskugelformer
Diverse Biskuitausstechformen

Elektrische Hilfen
1 Kaffeemaschine
1 Kaffeemühle
1 Brotschneidemaschine
1 elektrische Saftpresse
1 elektrischer Mixer
1 elektrischer Handmixer
1 Grillofen (falls der Backofen keinen eingebauten Grill hat)
2 Wärmeplatten
2 Tischgrills

GEDÄCHTNISSTÜTZEN

Einladungen habe ich immer tagebuchartig festgehalten. Die Notizen gaben Aufschluss über die Namen der Gäste und das Menü, unter Umständen auch darüber, mit welchem Blumenschmuck die Tafel dekoriert war und welches Kleid ich trug.

Auf diese Weise können Sie vermeiden, dass ein Gast, den Sie später wieder einladen, zweimal dasselbe Gericht vorgesetzt bekommt. Es hilft Ihnen zudem, sich zu erinnern, ob Ihre Geladenen — sofern Sie dies erfahren konnten — bestimmte Gerichte bevorzugen oder gegen andere eine Abneigung oder gar Allergie haben. Aus Erfahrung weiss ich, dass der eine Käsespeisen nicht ausstehen kann, der andere für Käsefondue geradezu schwärmt, dieser für Krabben nicht zu haben ist und jener keinen Alkohol trinkt. Auch werden Sie medizinische Indikationen berücksichtigen, beispielsweise Zuckerkrankheit, sofern Ihnen diese bekannt sind.

Natürlich werden Sie nicht zögern, auf speziellen Wunsch eines Ihrer Gerichte, das besonderen Anklang fand, zu wiederholen. Doch trotz aller Planung und Gedächtnisstützen kann es einmal geschehen, dass ein Gast zum Beispiel eine Vorspeise nicht essen will. Und obwohl Sie sicher sind, alle Sorgfaltspflichten erfüllt zu haben, steigen Schuldgefühle auf. Geben Sie ihnen aber keinen Raum und lassen Sie sich nicht aus dem Konzept bringen. Nicht jede Unstimmigkeit darf der Hausfrau angelastet werden. Denn ein guter Gast macht die Dame des Hauses aufmerksam auf eine mögliche Diät, eine Allergie, eine momentane Unpässlichkeit oder Verstimmung. Und sie wird es ihm mit ihrer Diskretion und besonderer Rücksichtnahme danken.

DIE COCKTAILPARTY

Die Cocktailparty ist ein zwangloses, geselliges Zusammensein mit einer grösseren Anzahl von Geladenen. Dem Gast bietet diese Form der Einladung die Möglichkeit, sein Kommen und Gehen nach eigenem Gutdünken zu gestalten. Für den Gastgeber ist die Cocktailparty der Anlass, einen grösseren Personenkreis zu bewirten, als er dies bei einer Einladung zum Essen tun könnte. Auch hier gilt wieder: gut vorbereiten und organisieren ist das A und O des Erfolges. Ja, wenn Sie alles gut planen, können Sie fast Gast bei Ihrer eigenen Party sein.

Wenn die ersten Gäste eintreffen, sollten nicht nur die kulinarischen Beigaben zum Servieren oder Aufwärmen bereit sein, sondern auch die Tranksame. Die Palette der Getränke kann der Gastgeber individuell gestalten. Mit Whisky, Gin Tonic, Sherry, Campari, Martini, vielleicht auch Weisswein und — wenn es hoch zu und her geht — mit Sekt und Champagner sollten Sie in der Lage sein, jeden Cocktail zu bestreiten. In den meisten Fällen reichen auch nur einige der erwähnten Getränke aus. Fruchtsäfte und Mineralwasser dürfen heutzutage, wo mehr als die

Hälfte der Gäste im Auto nach Hause fahren, im Getränkeangebot unter keinen Umständen fehlen.

Zu den Getränken werden immer kleine Appetithäppchen gereicht. Dies können kleine belegte Brötchen sein oder auch Käse- und Fleischgebäck in Kleinformat. Würstchen und kleine Fleischkugeln zum Dippen in einer Sauce eignen sich ebenfalls gut, auch Würziges, das sich an einen Zahnstocher stecken lässt, wie Käsewürfel, Oliven, Bündnerfleisch und anderes mehr. Wichtig ist, dass die Häppchen wirklich nur ein Bissen sind, gerade so gross, dass sie ohne Schwierigkeit auf einmal in den Mund geschoben werden können. Wie oft musste ich mich mit einem grösseren Stück Brot abmühen, das zum Beispiel mit Rohschinken belegt war. Der Rohschinken konnte nicht entzweigebissen werden, die Dekoration fiel zu Boden, die eine Hand hielt das Glas und die andere reichte nicht aus, das übergrosse Brötchen unter Kontrolle zu bringen!

Als Faustregel gilt, pro Person sechs bis acht mundgerechte Appetithäppchen vorzusehen. In den angelsächsischen Ländern ist es Brauch, kleine Sandwiches zu offerieren. Hierzulande wird eher das einfache, nicht mit einer zweiten Brotscheibe bedeckte Brötchen bevorzugt. In einem Zeitalter, wo sozusagen jedermann auf seine Linie achtet, sind Ihnen Gäste für solche Überlegungen dankbar.

Die Herstellung von Canapés

Nach meinem Dafürhalten eignet sich für Canapés das viereckige Kastenbrot am besten. Dies kann ein weisses Toastbrot oder auch ein Roggen- oder Graubrot sein. Wenn möglich sollte das Brot nicht ganz frisch sein, sonst lässt es sich nicht krümellos schneiden. Ich empfehle Ihnen, keine fertig geschnittenen Brote zu kaufen. Diese mögen sich wohl für Toasts eignen, für Canapés sind sie jedoch zu dick. Das in der Schweiz übliche Toastbrot ergibt etwa 25 Scheiben. Achten Sie darauf, dass das Brot feinkrumig und nicht porös ist. Von den einzelnen Brotscheiben entfernen Sie auf allen vier Seiten die Kruste. Nun haben Sie die Wahl, die Scheiben zu vierteln, Dreiecke zu schneiden oder Rondellen auszustechen (runde Ausstechformen sind in Haushaltwarengeschäften erhältlich). Diese Schnittchen bestreichen Sie gleichmässig dünn mit Butter bis zum Rand, denn deren feuchtigkeitsabweisende Wirkung lässt das Brot nicht pappig werden, wenn der Belag darauf kommt. Damit die Butter gut streichfähig ist, sollte sie eine Stunde vorher aus dem Kühlschrank genommen werden. Jetzt werden die Brötchen mit dem passend zugeschnittenen oder ausgestochenen Belag versehen. Auf den Belag wird noch eine kleine Garnitur in Kontrastfarbe gesetzt, und fertig ist das Häppchen. Vermeiden Sie, die Brötchen zu üppig zu dekorieren, und übertünchen Sie sie nicht mit Sulze. So wird keiner daran zweifeln, dass Ihre Canapés erst im letzten Moment hergestellt wurden und ganz frisch sind.

Wenn Sie Brötchen für eine grosse Zahl von Geladenen vorbereiten, rate ich Ihnen, das Zuschneiden und Ausstechen von Brötchen und Belag sowie das Bebuttern aus zeitlichen Gründen am Vortag zu besorgen. Sie legen je zwei bebutterte

Brotscheiben butterseitig gegeneinander, stapeln sie in einem Plastiksack und bewahren diesen an einem kühlen Ort auf (falls nur der Kühlschrank zur Verfügung steht, wenn möglich unten im Gemüsefach). Gewisse Beläge können ebenfalls tags zuvor vorbereitet und, getrennt nach Sorten, in Alufolie oder Plastikdosen im Kühlschrank aufbewahrt werden. Hartgesottene Eier dürfen erst am Tage selbst geschält und geschnitten werden. Leberpâté und Quark neigen dazu, an den Rändern anzutrocknen. Tragen Sie deshalb diese Aufstriche im letzten Moment auf. Damit die Brötchen ihre Frische bis zum Augenblick des Anbietens bewahren, sollten sie während der Zubereitung auf feuchte Tücher gelegt werden (der Wäsche-Einsprenger hilft Ihnen, die Tücher nur mässig zu befeuchten). Wenn alle Brötchen fertig sind, werden sie reihenweise — pro Sorte jeweils eine ganze Reihe — auf ein grosses Serviertablett oder eine flache Platte angeordnet, danach bis zum Beginn der Party mit Haushalt- oder Alufolie überdeckt. Auf diese Weise bleiben Ihre kleinen Köstlichkeiten bis zuletzt appetitlich und frisch.

Canapés, die nach einer Party übrigbleiben, lassen sich nach meiner Erfahrung sehr gut tiefkühlen. So sind Sie nie in Verlegenheit, wenn Gäste unerwartet zu einem Drink auftauchen, denn diese Häppchen tauen sehr schnell auf. Zum Einfrieren kann zum Beispiel ein mit Klarsichtfolie überzogener Karton verwendet werden, damit Ihr Tiefkühlgut flach liegt und in Form bleibt. Auf diesen kommt eine Lage Canapés, die mit einer Klarsichtfolie abgedeckt werden, dann folgen wieder Canapés, und so fort. Das Ganze wird nun in einen Gefrierbeutel geschoben und waagrecht eingefroren. Darauf achten, dass die einzelnen Portionen nicht zu gross sind. Canapés, deren Belag aus Lachs, Wurst, gekochtem Schinken, Crevetten, Käse oder Eiern besteht, verändern sich durch das Tiefkühlen praktisch nicht.

Ideen für Belag und Garnitur

Belag	Garnitur
Gekochter Schinken	Spargelköpfchen, Cornichon-Rondelle
Räucherlachs	Stückchen von schwarzer Olive oder Zitrone
Rohschinken	Ausgestochene Eiweissform (aus den Enden der hartgekochten Eier)
Kaviar	Kleine Zitronendreiecke (mit gelber Schale)
Hartgekochte Eier	Halbes gerolltes Sardellenfilet oder Kapern
Lyonerwurst	Mit Paprika gefüllte Olivenrondelle
Käse	Mandarinenschnitz
Salami	Gewürzgurkenrondelle
Leberpâté	Spargelköpfchen oder ausgestochene rote Peperoni oder Tomate
Crevetten	frischer Dill
Quark	Schnittlauch, fein geschnitten
Streichkäse	Radieschen, halbiert

Geeignet sind auch gekochter Braten, Roastbeef oder Räucherwurst.

REZEPTE FÜR COCKTAILBISSEN

Hier finden Sie einen Querschnitt von mir erprobter kleiner, pikanter Häppchen und Appetitanreger, die alle im voraus zubereitet werden können, sich gut zum Tiefkühlen eignen und im letzten Augenblick nur noch aufgebacken werden müssen.

Bei einer kleineren Gästeschar werden die Cocktailbissen natürlich frisch, ohne den Umweg über die Tiefkühltruhe angeboten.

SCHINKENGIPFEL

Zutaten: 500 g Blätterteig
250 g gekochter Schinken,
klein gehackt oder geschnitten
2 Eier und 1 Eiweiss

2 Essl. Milch
Salz, Pfeffer, Streuwürze
1 Eigelb und 1 Essl. Milch
zum Bestreichen

Ergibt ca. 60 Stück

Vorbereitung: Für die Füllung Eier mit Eiweiss und Milch in ein Pfännchen geben, auf kleinem Feuer unter Rühren erwärmen, bis die Masse stockt, Schinken beifügen, würzen, alles gut mischen und erkalten lassen.

Zubereitung: Blätterteig auf wenig Mehl ca. 2-3 mm dick auswallen und in Dreiecke mit einer Seitenlänge von ca. 10 cm schneiden, jedes Dreieck mit 1 Teel. Füllung belegen, die Kanten mit Wasser bestreichen, den Teig aufrollen und die Ränder gut zusammendrücken, damit sich der Gipfel beim Backen nicht öffnet (siehe Skizzen). Die Gipfel aufs Kuchenblech legen und mit der Ei-Milch-Mischung bestreichen. Im vorgeheizten Ofen bei 200° während ca. 15 Min. backen.

☞ Bei Verwendung von Blätterteig das Backblech nie einfetten. Blätterteigreste immer aufeinanderlegen, nie zusammenkneten.

Ausschneiden und Formen von Schinken- und Käsegipfeln

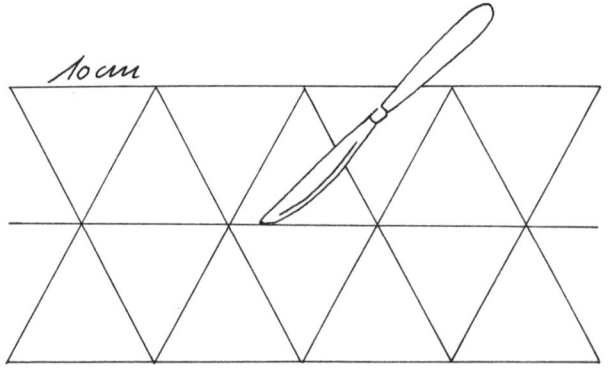
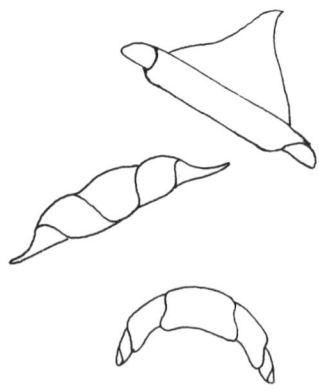

Blätterteig können Sie auch selbst herstellen. Hier das Rezept:

BLÄTTERTEIG

Zutaten: 300 g Mehl   2 dl Wasser, evtl. mit
250 g Butter   1-2 Essl. Essig vermischt
1½ Teel. Salz

Mit Mehl, 50 g Butter, Salz und Wasser einen geriebenen Kuchenteig herstellen (Zubereitung siehe Seite 238). Teig auf wenig Mehl zu einem länglichen Streifen auswallen, übrige Butter, die ziemlich fest sein sollte, in Scheiben geschnitten gleichmässig darauf verteilen, den Teig vierfach zusammenfalten, wenden, auswallen, vierfach zusammenfalten, wenden, auswallen und vierfach zusammenfalten (siehe Skizzen). Den Teig nun mindestens 15 Min. in den Kühlschrank stellen, das Wenden, Auswallen und Vierfach-Zusammenfalten noch zweimal wiederholen. Nun kann der Teig beliebig verwendet werden.

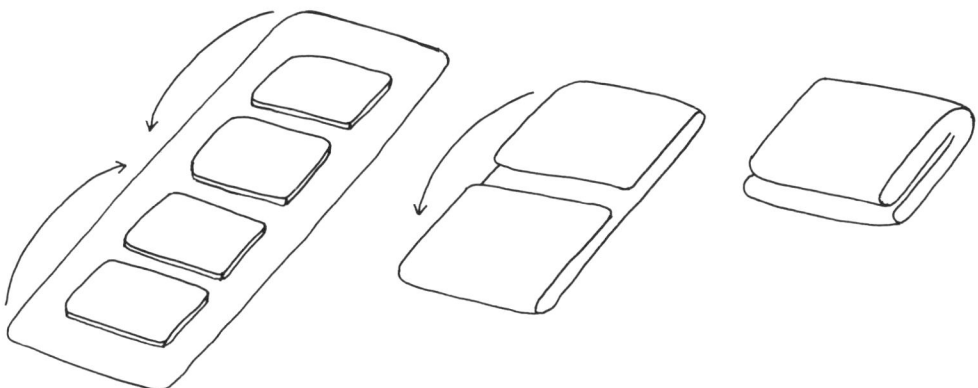

Das Belegen des Teigs mit Butter und anschliessendes
vierfaches Falten zur Herstellung von Blätterteig

KÄSEGIPFEL

Zutaten: 500 g Blätterteig   Muskatnuss, gerieben
250 g geriebener Käse,   Salz und Pfeffer
z. B. Emmentaler oder Greyerzer   1 Eigelb und 1 Essl. Milch
½ Tasse Milch   zum Bestreichen
2 Eier

Ergibt ca. 60-65 Stück

Für die Füllung Käse mit Milch, Eiern und Gewürzen in einer Schüssel gut vermischen und davon je 1 Teel. auf ein Teigdreieck geben. Übrige Herstellung wie vorstehend bei den Schinkengipfeln beschrieben.

KÄSESTENGEL AUS QUARKBLÄTTERTEIG

Zutaten: 60 g Mehl　　　　　　　　　50 g Butter
50 g geriebener Käse,　　　　　　1 Teel. Kümmel
z. B. Greyerzer oder Emmentaler　etwas Salz, Pfeffer und
60 g Rahmquark　　　　　　　　　Paprikapulver

Ergibt ca. 25-30 Stück

Käse mit allen andern Zutaten zu einem weichen Teig zusammenkneten. Diesen sofort auf wenig Mehl ca. $\frac{1}{2}$ cm dick auswallen. In ungefähr 8 cm lange und 1 cm breite Streifen schneiden und im vorgeheizten Ofen bei 220° knapp 10 Min. knusprig backen.

KÄSEGEBÄCK AUS BLÄTTERTEIG

Zutaten: 250 g Blätterteig
100 g geriebener Käse, z. B. Greyerzer
1 Essl. Kümmel oder Mohnsamen
1 Eigelb und 1 Teel. Wasser zum Bestreichen

Ergibt ca. 30-40 Stück

Käse in einem flachen Teller mit Kümmel oder Mohnsamen vermischen. Blätterteig auf wenig Mehl ca. $\frac{1}{2}$ cm dick auswallen, runde Plätzchen, kleine Quadrate, Halbmonde oder andere beliebige Formen ausstechen, mit dem mit Wasser verdünnten Eigelb bestreichen und die bestrichene Seite sofort in die Käsemischung drücken. Die Formen — Belagseite nach oben — auf ein Kuchenblech legen und im vorgeheizten Ofen bei 220° ungefähr 10 Min. backen.

FLEISCHKRAPFEN

Zutaten: 500 g Blätterteig　　　　　　　4 Tomaten, geschält und
250 g Hackfleisch　　　　　　　in kleine Würfel geschnitten
2 Lauchstengel,　　　　　　　　1 Essl. Öl
in feine Ringe geschnitten　　　1 Teel. Steakgewürz
1 Zwiebel, gehackt　　　　　　　Salz und Pfeffer
20 gefüllte grüne Oliven, gehackt　1 Ei und 1 Teel. Milch zum Bestreichen

Ergibt ca. 40 Stück

Vorbereitung: Für die Füllung Öl in der Bratpfanne erhitzen, Lauch und Zwiebel darin andämpfen, Hackfleisch zugeben und gut durchbraten, dabei mit der Bratschaufel immer wieder lockern. Tomaten, Oliven und Gewürze beifügen. Prüfen, ob die Mischung rassig abgeschmeckt ist, sonst nachwürzen.

Zubereitung: Blätterteig auf wenig Mehl auswallen, mit einem Ausstecher Rondellen von ungefähr 10 cm Durchmesser ausstechen; Teigreste immer waagrecht übereinanderschichten und wiederverwenden, bis der Teig aufgebraucht ist. In die Mitte der Teigrondellen 1 Essl. Füllung geben, die Hälfte des Randes mit Eiweiss oder Wasser bestreichen, Krapfen zusammenklappen (sie haben nun die Form von Halbmonden), Teig sehr gut andrücken. Eigelb mit Milch verquirlen und die Krapfen damit bestreichen. Im vorgeheizten Ofen bei 200° während ca. 20 Min. knusprig backen.

↪ Anstelle des Hackfleisches können auch Fleischreste durch die Hackmaschine getrieben und als Füllung verwertet werden.

KÄSEKRAPFEN

Zutaten:
500 g Blätterteig	knapp 2 dl Milch
200 g Lyonerwurst,	Muskatnuss, gerieben
in kleine Würfel geschnitten	Salz und Pfeffer
150 g Käse, gerieben	1 Eigelb und 1 Teel. Milch
20 g Butter	zum Bestreichen
20 g Mehl	

Ergibt ca. 40 Stück

Vorbereitung: Aus Butter, Mehl, Milch und Gewürzen eine dickflüssige Béchamelsauce herstellen (Beschreibung siehe Seite 77). Lyonerwurst und Käse darunterziehen.

Zubereitung: Gleich wie die der Fleischkrapfen.

KÄSEKÜCHLEIN

Abbildung Seite 62

Zutaten:
500 g Kuchenteig	2 dl Sauerrahm
200 g Greyerzerkäse, gerieben	4 Eier
150 g Emmentalerkäse, gerieben	Muskatnuss, gerieben
4 dl Milch	Salz und Pfeffer

Ergibt ca. 30 Stück von 8 cm Ø

Vorbereitung: Greyerzer- und Emmentalerkäse zusammen mischen. Für den Guss Milch, Sauerrahm und Eier gut verklopfen.

Zubereitung: Teig auf leicht bemehlter Fläche ungefähr 3 mm dick auswallen, Rondellen ausstechen, runde Backförmchen, die vorher eingefettet wurden, damit auskleiden, den Teigboden mit einer Gabel mehrmals einstechen. Pro Förmchen knapp 2 Essl. Käse, einen Hauch Pfeffer und Muskatnuss, etwas Salz oder evtl. Streuwürze und eine kleine Schöpfkelle voll Guss über den Käse geben. Die

Förmchen sind nun zu ⅔ gefüllt. Sofort in den vorgeheizten Ofen schieben und bei 200° während ca. 20 Min. knusprig und goldbraun backen.

☞ Kuchenteig kann heute fast überall in guter Qualität gekauft werden. Für die Herstellung von Käseküchlein ziehe ich Kuchenteig dem Blätterteig vor, da er weniger fett ist.

Wird beabsichtigt, die Käseküchlein einzufrieren, verkürzt sich die Backzeit um ca. 5 Min., da die Küchlein erst beim Aufbacken goldbraun werden sollen.

Sie können den Kuchenteig auch selbst herstellen. Es empfiehlt sich, die im Rezept angegebene Menge zu verdoppeln oder zu verdreifachen. Ohne viel Mehrarbeit erhalten Sie soviel Teig, dass er portionenweise abgepackt und eingefroren werden kann. Auch mit eingefrorenem Kuchenteig hergestellte Käseküchlein können vor ihrer Verwendung tiefgekühlt werden.

KUCHENTEIG

Zutaten: 400 g Mehl   1 Teel. Salz
200 g Margarine oder Butter   2-3 Essl. Mehl zum
ca. 2 dl Wasser   Zusammenkneten des Teiges

Mehl und Margarine oder Butter in eine Schüssel geben, Fett zerpflücken und von Hand mit dem Mehl reiben, bis alles gleichmässig krümelig ist. Diese Mischung zu einem Kranz an den Rand der Schüssel schieben, in die Mitte Salz und Wasser geben und alles schnell zusammenkneten. Sollte der Teig kleben, 2-3 Essl. Mehl darüberstreuen. Den Teig vor der Verwendung mindestens 1 Std. ruhen lassen.

KÄSEKUCHEN

Für ein rundes Kuchenblech von 28 cm ⌀

Zutaten: Für den Teig: Für den Belag oder Guss:
250 g Mehl   150 g Emmentalerkäse, gerieben
125 g Margarine oder Butter   150 g Greyerzerkäse, gerieben
ca. 1 dl Wasser, evtl. etwas mehr   1 Essl. Mehl
1 Teel. Salz   2 Eier
1 dl Milch
½ dl Rahm, wenn möglich Doppelrahm
Muskatnuss, gerieben
schwarzer Pfeffer
Salz, evtl. etwas Streuwürze

Für den Teig das Mehl in eine Schüssel sieben, darauf die in kleine Stücke geschnittene Margarine oder Butter verteilen, beides mit den Fingerspitzen verreiben, bis eine gleichmässig krümelige Masse entsteht, in der sich keine grösseren

Fettklümpchen mehr befinden. Dieses Gemisch an den Seiten der Teigschüssel etwas hochschieben, damit in der Mitte eine Mulde entsteht. Salz und Wasser hineingeben. Von der Mitte aus mit einer Holzkelle immer etwas mehr Mehl in die Flüssigkeit rühren. Zuletzt den Teig mit leichten Fingern zusammenkneten. Mindestens 1 Std. an der Kühle ruhen lassen, dann 3 mm dick in der Grösse des Kuchenblechs, Rand miteingerechnet, auswallen und das eingefettete Blech damit belegen. Überschüssigen Teig wegschneiden, damit ein glatter Rand entsteht, den Teigboden mit einer Gabel gleichmässig einstechen und mit dem Käse belegen. Muskatnuss und einen Hauch Pfeffer darüberstreuen. Mehl mit Milch anrühren, Eier darunterklopfen, Rahm beifügen und mit Salz und evtl. etwas Streuwürze abschmecken. Diesen Guss über den Käse giessen, den Kuchen sogleich in den vorgeheizten Ofen schieben und bei 200° während 30-35 Min. schön goldbraun backen. Er schmeckt kalt oder warm sehr gut.

➫ Eignet sich gut zum Tiefkühlen. Portionenweise oder ganz einfrieren. Falls unerwartet Gäste auftauchen, liegt immer etwas bereit, sei es als Vorspeise oder als pikanter kleiner Happen zu einem Gläschen Wein.

CHURER FLEISCHTORTE

Für ein rundes Kuchenblech von 28 cm Ø (Abbildung Seite 89)

Zutaten:

Für den Teig:	Für die Füllung:
350 g Mehl	250 g gehacktes Schweinefleisch
175 g Butter, in Stücke geschnitten	250 g gehacktes Kalbfleisch
1 Ei	100 g Speck, sehr klein geschnitten
knapp 1 dl Wasser	1 Zwiebel, gehackt
1 Teel. Salz	1 Büschel Petersilie, gehackt
	1 altbackenes Brötchen, eingeweicht in
	½ dl Milch
	2 dl Rahm
	1 Teel. Bratensaucenpulver
	1 dl Rotwein
	1 Teel. Salz
	Muskatnuss, gerieben
	Pfeffer, Streuwürze, Majoran
	1 Ei zum Bestreichen

Vorbereitung: Für den Teig Mehl und Butter in eine Schüssel geben, mit den Händen zusammen verreiben, bis eine krümelige Masse entsteht. Diese kranzförmig an den Rand der Schüssel schieben. In die Mitte Salz, verklopftes Ei und Wasser geben und alles zuerst mit der Rührkelle, dann mit den Händen zu einem geschmeidigen Teig verarbeiten. Sollte der Teig nicht zusammenhalten, wenig Wasser hinzufügen. Zugedeckt mindestens 30 Min. kühl stellen.

Inzwischen die Füllung herstellen. Etwas Butter in eine grosse Bratpfanne geben, Hackfleisch und Speck beifügen, rundherum anbraten und dabei die Mischung häufig wenden, damit das Gehackte nicht zusammenklebt. Zwiebeln und Petersilie einstreuen und einige Minuten mitdünsten. Das eingeweichte

Brötchen ausdrücken und zusammen mit dem Fleisch in eine Schüssel geben. Den Bratfond mit Rotwein ablöschen, aufkochen, Saucenpulver einstreuen, Rahm beifügen und etwas einkochen. Die Sauce zum Hackfleisch geben und mit den Gewürzen pikant abschmecken. Alles gut untereinandermischen und etwas auskühlen lassen.

Zubereitung: ⅔ des Teiges auf wenig Mehl ca. 3-4 mm dick auswallen und das Kuchenblech damit belegen, Teigrand etwas vorstehen lassen. Die Füllung gleichmässig auf den Teigboden verteilen. Restlichen Teig als Deckel auswallen, auf die Füllung legen, überstehenden Rand des Teigbodens mit Milch einpinseln, auf den Deckel zurücklegen und ringsum sehr gut andrücken. Die Oberfläche der Torte mit einer Gabel gleichmässig einstechen — evtl. Verzierungen aus zurückbehaltenen kleinen Teigresten anbringen — und mit verklopftem Ei bestreichen. Im vorgeheizten Ofen bei 200° während 45 Min. backen.

▷ Sind Sie in Zeitnot, können Sie auch fertig gekauften Kuchenteig verwenden. Das Resultat wird aber nicht mit dem selber hergestellten, mürben Teig zu vergleichen sein. Diese Fleischtorte ist zum Bewirten von Gästen vorzüglich geeignet, da sie im voraus zubereitet werden kann. Sie ergibt 12-14 Portionenstücke. Bei Cocktails kann man sie ebenfalls anbieten. In diesem Fall werden die Teigränder weggeschnitten und das Gebäck in viereckige, mundgerechte Bissen zerteilt. Sie erhalten so ungefähr 40 köstliche Appetithäppchen.

PIZZA

Für ein rechteckiges Kuchenblech von 37×42 cm

Zutaten: Für den Teig:
400 g Mehl
20 g Hefe
2½ dl Milch
80 g Butter
2 Essl. Öl
1 Teel. Salz

Für den Belag:
800 g kleine Tomaten, geschält, aus der Dose
200 g gekochter Schinken, fein geschnitten
400 g Mozzarellakäse
2 Essl. Öl
1 Zwiebel, gehackt
1 Knoblauchzehe, gehackt (kann weggelassen werden)
je ½ Teel. Thymian, Rosmarin, Oregano
schwarzer Pfeffer
Salz und etwas Streuwürze

Vorbereitung: Hefe in 1 dl lauwarmer Milch auflösen, Butter in einem Pfännchen schmelzen, restliche Milch beifügen. Zwiebel und evtl. Knoblauch im Öl andämpfen, Schinken und Gewürze beifügen und etwas abkühlen lassen.

Zubereitung: Mehl in eine Schüssel sieben, in der Mitte eine Mulde formen. Salz, Milch-Butter-Mischung und Öl hineingeben. Prüfen, ob die Flüssigkeit nur handwarm ist, dann die in Milch aufgelöste Hefe dazugeben und von der Mitte aus mit einer Holzkelle alles zusammen verrühren. Zuletzt mit den Händen rasch zu einem geschmeidigen Teig zusammenkneten und diesen an der Wärme (Zimmerwärme genügt) zugedeckt auf das doppelte Volumen aufgehen lassen. Danach auf wenig Mehl ungefähr $\frac{1}{2}$ cm dick auswallen, ein befettetes, rechteckiges Kuchenblech damit belegen, am Rand etwas hochbiegen. Die Schinkenmischung gleichmässig auf dem Teigboden verteilen, darüber die abgetropften Tomaten, leicht bestäubt mit Salz, Streuwürze und Pfeffer, und den in Stücke geschnittenen Mozzarellakäse legen. Im vorgeheizten Ofen bei 220° während 20 Min. backen.

▷ Statt den Teig selbst herzustellen, können Sie beim Bäcker Brotteig kaufen. Pizza ist ein pikantes Gebäck. In viereckige, kleine Happen geschnitten, eignet sie sich auch als Beigabe zu Cocktails. Der Pizzabelag kann variiert werden: statt Schinken nehmen Sie zum Beispiel Pilze, Salamischeiben, Crevetten, Oliven, Sardellenfilets.

KLEINE FLEISCHBÄLLCHEN

Zutaten: 1 kg Hackfleisch
(z. B. je $\frac{1}{3}$ Kalb-, Schweine- und Rindfleisch)
1 grosse Zwiebel, grob geschnitten
1 Knoblauchzehe (kann weggelassen werden)
50 g feines Paniermehl
2 Eier
1 Büschel Petersilie
$\frac{1}{2}$ Teel. Steakgewürz
1 dl warme Milch
2 Essl. Öl und 2 Essl. Butter zum Anbraten
Muskatnuss, gerieben
Salz und Pfeffer

Vorbereitung: Eier, Zwiebel, Petersilie und Knoblauch im Mixer pürieren. Paniermehl mit Milch übergiessen und zugedeckt stehenlassen.

Zubereitung: Hackfleisch in eine Schüssel geben, alle übrigen, vorbereiteten Zutaten und Gewürze zufügen, gut mischen, bis ein zusammenhängender Fleischkloss entsteht. Daraus kleine Bällchen formen und in Öl und Butter braun braten. Während der Bratzeit die Bratpfanne öfters schütteln, damit die Fleischbällchen gleichmässig bräunen und ihre Form behalten. Zuerst nur die Hälfte des Bratfetts erhitzen und nur 10-15 Bällchen auf einmal in die Pfanne geben.

Um Zeit zu sparen, können die Fleischbällchen auch im Ofen auf einem bebutterten Blech bei 190° während ca. 7 Min. gebacken werden. Bei grösseren Kugeln beträgt die Backzeit ca. 15 Min.

Die angegebene Menge ergibt entweder 50-55 kleine oder 20-25 grosse Fleischbällchen.

▷ Tiefgefrorene Fleischbällchen werden zugedeckt bei 180° im Ofen langsam erwärmt.

Diese Fleischbällchen werden warm oder kalt an Zahnstocher gesteckt und mit einer der folgenden Saucen serviert, in die sie vom Gast getunkt werden (die Amerikaner nennen das «dippen»):

Tomatensauce

Zutaten: 1 kg frische Tomaten | 1 Lorbeerblatt
1 kleine Dose Tomatenpüree | je 1 Teel. Basilikum und Oregano
1 grosse Zwiebel, gehackt | 1 dl Weisswein
1 Knoblauchzehe, gehackt | etwas Rosmarin
(kann weggelassen werden) | Salz und Pfeffer
1 Essl. Butter

Vorbereitung: Tomaten in siedendes Wasser tauchen. So lassen sie sich gut schälen. Anschliessend Kerne entfernen, Tomatenfleisch in kleine Würfel schneiden.

Zubereitung: Butter in der Pfanne zergehen lassen, Zwiebel und Knoblauch beifügen und andämpfen, Tomaten und übrige Zutaten dazugeben und auf mittlerem Feuer während ca. 30 Min. etwas einkochen lassen.

Dillsauce

Zutaten: 200 g Sauerrahm | 1 Teel. Senf
1 Essl. Milch oder Joghurt | etwas Zitronensaft
2 Essl. frisches Dillkraut, fein gehackt | Salz und Pfeffer

Alle Zutaten in einer Schüssel zu einer dicklichen, schaumigen Sauce rühren. Vor dem Servieren mit einem kleinen Dillsträusschen garnieren.

Senfsauce

Zutaten: 20 g Butter | $^1/_2$ Teel. Tabascosauce
20 g Mehl | 1 Essl. Cognac
3 dl Fleischbrühe | 3 Essl. Sauerrahm
2 Essl. Senf | Salz, Pfeffer

Butter in der Pfanne schmelzen, Mehl zugeben und mit der Butter vermischen. Nach und nach die Fleischbrühe zugiessen, dabei immer rühren, damit die Sauce glatt wird. Senf und übrige Zutaten beifügen und etwa 5 Min. einkochen lassen.

Süss-saure Sauce

Zutaten: $2^1/_2$ dl Ananassaft | 1 Essl. Maiskeim- oder Sonnenblumenöl
$^1/_2$ dl weisser Weinessig | 1 Teel. Chilisauce
1 Knoblauchzehe, durchgepresst | 1 Essl. Maizena, verrührt mit
(kann weggelassen werden) | 2 Essl. Ananassaft
3 Essl. Zucker | Salz und Pfeffer
2 Essl. Tomatenketchup

Ananassaft, Essig, Knoblauch und Zucker bis zum Siedepunkt erhitzen. Alle übrigen Zutaten ohne das angerührte Maizena beigeben. Dieses zuletzt unter ständigem Rühren zufügen, die Sauce kochen, bis sie dicklich und klar wird. Am Schluss das Öl dazugiessen, es verleiht der Sauce Glanz.

☞ Diese Sauce kann kalt oder warm verwendet werden. Zugedeckt im Kühlschrank hält sie sich mindestens 14 Tage.

Schnelle Cocktail-Sauce

Zutaten:
1 Büchse geschälte Tomaten (ca. 400 g)
2 Zwiebeln, fein gehackt
1 Knoblauchzehe, gepresst
(kann weggelassen werden)
1 dl Essig

1 Teel. Salz
je ½ Teel. Zimt und Zucker
wenig Nelken- und rotes Chilipulver
etwas Pfeffer
1 grüne Peperoni (nach Belieben)

Tomaten in kleine Stücke schneiden. Alle Zutaten in die Pfanne geben und aufkochen. Auf ziemlich lebhaftem Feuer während 20 Min. kochen lassen, bis die Sauce dicklich wird. Gegen Ende der Kochzeit mehrmals kontrollieren und wenn nötig umrühren, damit die Sauce nicht anbrennt. Vor dem Servieren die entkernte, feingehackte grüne Peperoni über die Sauce streuen, was sehr hübsch aussieht.

☞ Diese Sauce hält sich, abgefüllt in einen Behälter, mindestens 14 Tage im Kühlschrank.

TRUTHAHN- ODER POULETFLEISCH-KROKETTEN

Zutaten:
500 g Geflügelfleisch, gekocht,
klein geschnitten, ohne Haut
50 g Butter
50 g Mehl
1 dl Milch
1 dl Hühnerbrühe
1 kleine Zwiebel, fein gehackt

Ergibt 25-30 Kroketten

1 Essl. Petersilie, fein gehackt
1 Teel. Salz
Muskatnuss, gerieben
Pfeffer, Paprika, Streuwürze

Für die Panade:
100 g Paniermehl
1 Ei
2 Essl. Wasser

Butter schmelzen, Mehl beifügen und unter stetigem Rühren nach und nach Milch und Brühe dazugiessen, bis die Masse dicklich wird und kocht. 1 Min. unter Rühren auf kleinem Feuer kochen lassen. Petersilie, Zitronensaft und Gewürze zugeben, Pfanne vom Feuer nehmen, Geflügelfleisch untermischen, evtl. mit Salz nachwürzen, vollständig auskühlen lassen. Danach 1 Std. in den Kühlschrank stellen. Aus der Masse kleine Kroketten formen (wenn Sie die Hände zwischendurch immer wieder in kaltes Wasser tauchen, klebt die Masse nicht an den Fingern). Ei mit Wasser verklopfen, etwas Streuwürze zufügen, jede Krokette im Ei, dann im Paniermehl wenden. Alles muss gut mit Paniermehl bedeckt sein. Gibt es kahle Stellen, Klösschen nochmals in Ei und Paniermehl wenden. Anschliessend im heissen Backfett oder Öl schwimmend während 2-3 Min. goldbraun ausbacken.

Zu diesen Geflügelkroketten kann bei einer Cocktailparty folgende aparte Sauce zum Tunken gereicht werden:

Preiselbeersauce

Zutaten:
200 g Preiselbeerkonfitüre
½ dl Rotwein

Preiselbeerkonfitüre erhitzen, bis sie flüssig wird, den Rotwein beifügen und rühren, bis sich beides gut vermischt hat.

WINDBEUTEL, CHOUX ODER OFENKÜCHLEIN

Zutaten: 2½ dl Wasser   ¼ Teel. Salz
140 g Mehl, gesiebt   4-5 Eier
60 g Butter

Ergibt ca. 40 Stück

Wasser, Butter und Salz in einer Pfanne bis zum Siedepunkt erhitzen. Von der Kochstelle nehmen, Mehl auf einmal hineingeben und tüchtig rühren, bis sich ein Kloss formt; diesen auf kleinem Feuer während ca. 1 Min. nochmals erhitzen. Den heissen Kloss in eine Schüssel geben und die Eier einzeln darunterrühren. Den Teig schlagen, bis er glatt und samtartig aussieht. Er soll so fest sein, dass am Rührlöffel lange Spitzen hängenbleiben. Mit einem Löffel auf ein gefettetes, mit Mehl bestäubtes Backblech walnussgrosse Teighäufchen setzen. Im vorgeheizten Ofen während 10 Min. bei 200°, danach noch 20 Min. bei 160° backen. Die Ofentüre während der ersten 20 Min. nicht öffnen, sonst fällt das Gebäck zusammen. Nach dem Auskühlen das obere Drittel der Windbeutel sorgfältig wegschneiden. Sollten sich innen noch feuchte Teigstellen befinden, diese entfernen. Nun sind die Ofenküchlein zum Füllen bereit.

➜ Windbeutel können gut eingefroren werden und tauen in ca. 15 Min. auf. Sie können auch grössere Windbeutel backen, dann verlängert sich die Backzeit um 10-15 Min. Diese Windbeutel eignen sich für pikante Füllungen. Ein passendes Rezept für süsse Füllungen findet sich im Kapitel «Tee-Einladungen».

Weichkäsefüllung

Zutaten: 2 Pakete «Philadelphia cheese»   ½ Teel. Zwiebelsaft
oder ähnlicher Frischkäse   je 1 Teel. Petersilie, Schnittlauch und
2 Essl. Rahm   Liebstöckel, gehackt
3 Essl. kleingeschnittener,   Salz, Pfeffer, Paprika
gebratener Speck

Um Zwiebelsaft zu erhalten, eine Zwiebel auf der Bircherraffel reiben, in ein feines Sieb geben und den Saft auffangen. Alle Zutaten miteinander vermischen, kräftig würzen, gut weich rühren. Ist die Füllung zu kompakt, noch etwas Rahm zugeben. Bis zur Verwendung zugedeckt kühl stellen.

Geflügelsalatfüllung

Zutaten: 250 g gekochtes Geflügelfleisch   2 Essl. Weisswein
(Poulet oder Truthahn), fein geschnitten   ½ dl Mayonnaise aus der Tube
50 g Stangensellerie, fein geschnitten   Salz, Pfeffer, Streuwürze
2 Essl. feingehackte Peperoni

Weisswein und Mayonnaise zusammen verrühren, übrige Zutaten dazugeben, sorgfältig mischen und bis zur Verwendung kühl stellen.

Pouletfüllung

Zutaten: 250 g Pouletbrust, gekocht, | 1 dl Milch
klein geschnitten, ohne Haut | 1 dl Rahm
2 Essl. Butter | ½ Teel. Pouletgewürz
2 Essl. Mehl | Salz, Pfeffer, Streuwürze

Butter in der Pfanne schmelzen, Mehl daruntermischen. Unter tüchtigem Rühren nach und nach Milch und Rahm zufügen. Einige Minuten kochen lassen, würzen und zuletzt die Pouletbrust daruntermengen.

↪ Für dieses Rezept können ebenfalls Reste von gebratenem Geflügel verwendet werden.

Pilzfüllung

Zutaten: 250 g Champignons, fein geschnitten | 2 Essl. Mehl
1 Büschel Petersilie, fein gehackt | 2 dl Rahm
1 Schalotte oder kleine Zwiebel, fein gehackt | etwas Zitronensaft und Weisswein
2 Essl. Butter | Salz, Pfeffer

Champignons und Zwiebeln in etwas heisser Butter anbraten, Gewürze und Weisswein beifügen und kurze Zeit andämpfen, bis die Pilze Flüssigkeit abgeben. Pilze in ein Sieb geben und den Pilzsaft auffangen. Nun die restliche Butter in der Pfanne schmelzen, Mehl einstreuen, gut vermischen, Pilzsaft nach und nach einrühren. Rahm beifügen und einige Minuten einkochen lassen. Die Sauce sollte dicklich sein. Champignons darin erhitzen, evtl. etwas Zitronensaft darüberträufeln, Petersilie einstreuen.

Crevettenfüllung

Zutaten: 250 g ausgeschälte Crevetten | 1 Teel. Zitronensaft
20 g Butter | 2 dl Rahm
20 g Mehl | 1 Teel. Currypulver
1 Schalotte, fein gehackt | 1 Teel. Worcestersauce
1 Knoblauchzehe, gepresst | Salz, Pfeffer
(kann weggelassen werden) |

Vorbereitung: Crevetten in kleine Stücke schneiden, Butter mit Mehl zu einer Kugel verarbeiten.

Zubereitung: Crevetten und Schalotte in etwas Butter andämpfen, Currypulver darüberstreuen, Worcestersauce, Zitronensaft und Knoblauch beifügen und mitdämpfen, Rahm darübergiessen, Mehlbutter-Kugel darunterrühren, mit Salz und Pfeffer gut würzen. Die Crevettenfüllung sollte dickflüssig sein.

↪ Diese Crevettenfüllung kann bis zu 2 Std. warm gehalten werden, ohne dass sie sich geschmacklich verändert. Wenn Sie die doppelte Menge Zutaten nehmen (Crevetten nicht zerkleinern), erhalten Sie ein feines Gericht, das zusammen mit Reis und Salat eine ganze Mahlzeit ergibt.

KNUSPRIGE KLEINIGKEITEN *warm serviert*

Umwickeln Sie folgende Zutaten mit einem Streifchen Speck oder Schinken:

kleine Stücke Ananas
entsteinte, gedörrte Backpflaumen
eingemachte Zwiebelchen
halbe, enthäutete Grapefruit-Schnitze
entsteinte Datteln
Muscheln aus der Dose

Bereiten Sie die Bissen im voraus zu. Befestigen Sie die Fleischstreifen mit einem Zahnstocher. Vor dem Servieren Speck- oder Schinkenpäckchen unter dem Grill erhitzen, bis sie knusprig sind.

DOLMADES

Dieses Rezept erhielt ich von einer Türkin aus Ankara. Dolmades sind gefüllte Weinblätter und können warm als Beigabe zu einer Mahlzeit oder kalt als Cocktailhäppchen serviert werden.

Zutaten: 1 Dose eingemachte Weintraubenblätter
500 g Langkornreis
1 kleine Dose geschälte Tomaten, klein gewürfelt
3 Zwiebeln, auf der Bircherraffel fein gerieben
100 g Pinienkerne
2 dl Sonnenblumenöl
1-2 Essl. getrocknete Pfefferminzblätter
1-2 Essl. Zucker
Saft einer halben Zitrone
1 Teel. Salz

Vorbereitung: Reis (roh), Tomaten, Zwiebeln, Salz, Zucker, Pinienkerne und Pfefferminze in eine Schüssel geben und alles gut durchmischen. Weinblätter aus der Dose nehmen, kurz in heisses Wasser tauchen, kalt abspülen, Stiele wegschneiden.

Zubereitung: Weintraubenblätter mit der glatten Seite nach unten ausbreiten, 1 Teel. Füllung beim Stielansatz auf jedes Blatt geben, beide Seiten des Blattes einschlagen, vom Stielansatz zur Spitze hin aufrollen. Die Röllchen mit der Blattspitze nach unten dicht aneinander in eine Pfanne einschichten. Öl und Zitronensaft über die Dolmades giessen und mit Wasser auffüllen, bis sie bedeckt sind. Einen Teller, Boden nach unten, auf die Weinblätter geben; er verhindert, dass die Dolmades beim Kochen nach oben steigen. Inhalt der Pfanne erhitzen. Sobald der Siedepunkt erreicht ist, Hitze zurückstellen und ca. 40 Min. sanft kochen lassen. Die gefüllten Weinblätter dekorativ auf einer Platte arrangieren, mit Zitronenspalten garnieren.

PARTYSUPPEN (REZEPTE SEITEN 81–84)

KÄSEKÜCHLEIN (REZEPT SEITE 51)

SALATBUFFET (REZEPTE SEITEN 199–203)

BERNER ZÜPFE (REZEPT SEITE 247)

Nach meiner Erfahrung werden in den angelsächsischen Ländern andere Getränke bevorzugt als anderswo.

Für 30 Cocktailgäste haben wir jeweils bereitgestellt:

In den angelsächsischen Ländern
3 Flaschen Mineralwasser zu 1 l
4 Flaschen Orangensaft zu 1 l
5 Flaschen Tonic Water zu 7 dl
1 Flasche Gin zu 7 dl
2 Flaschen Whisky zu 7 dl

In der Schweiz
6 Flaschen Weisswein zu 7 dl
3 Flaschen Orangensaft zu 1 l
4 Flaschen Mineralwasser zu 1 l
$\frac{1}{2}$ Flasche Whisky zu 7 dl

In Deutschland
5 Flaschen Sekt zu $7\frac{1}{2}$ dl
3 Flaschen Weisswein zu 7 dl
3 Flaschen Orangensaft zu 1 l
3 Flaschen Mineralwasser zu 1 l

Die Auswahl der Getränke lässt sich natürlich erweitern. Sind viele Cocktailgäste eingeladen, ist es wichtig, möglichst rasch eine grössere Anzahl Gläser füllen zu können, damit das Anbieten reibungslos abläuft. Beschränken Sie sich deshalb im eigenen Interesse auf möglichst unkomplizierte Getränke.

ARBEITSABLAUF EINER COCKTAILPARTY

Für eine Cocktailparty bis zu 100 Personen sollte Ihnen eine Hilfskraft zur Verfügung stehen, die bereit ist, Ihnen am Vormittag des Partytages an die Hand zu gehen. Falls Sie keine Stundenfrau beschäftigen, kann dies auch ein Familienmitglied, eine Freundin oder eine gute Bekannte sein. Bei mehr als 100 Personen sollten Sie über zwei Hilfskräfte verfügen. Es ist von Vorteil, wenn die Hilfe mit Ihrer Küche schon etwas vertraut ist; dies erübrigt zeitraubende Erklärungen. Lassen Sie sich von jemandem helfen, der konzentriert und speditiv arbeiten kann. Dies ist nämlich nicht der Augenblick, ein gemütliches Plauderstündchen einzulegen. Zusammen mit einer tüchtigen Hilfe erledigen Sie das ganze Programm am Vormittag, können sich anschliessend entspannen und der Party mit Zuversicht und freudiger Erwartung entgegensehen.

Einige Tage zuvor
- Sich vergewissern, wo Sie Eis (Trocken- oder Stangeneis) zum Kühlen der Getränke bestellen oder besorgen können
- Planen, welche Getränke und Appetithäppchen Sie anbieten wollen
- Entsprechende Einkaufsliste erstellen
- Prüfen, ob Sie
  · Vorräte an Papierservietten und Spitzendeckchen aus Papier zum Belegen der Brötchentabletts haben
  · genügend rechteckige, leichte, flache Tabletts besitzen zum Anbieten der kleinen Häppchen
  · über runde, leichte Tabletts verfügen, um die Drinks zu offerieren (die Kellner oder andere Servierhilfen kommen mit handlichen, leichten Tabletts im Gedränge der Gäste besser zurecht, und Sie haben am Ende der Party keine zerbrochenen Gläser zu beklagen)
  · genügend Aschenbecher haben, da Sie sonst nach der Party unangenehm überrascht sind, wenn Sie plötzlich kleine Brandlöcher in Ihren Teppichen entdecken
  · die benötigten Gläser bereitstellen können (wenn nicht, müssen Sie sich bei einem darauf spezialisierten Geschäft oder einem grösseren Restaurant eine genügende Anzahl ausleihen)
  · über mindestens ein bis zwei grosse Wannen — auch leihweise — verfügen, damit am Tage selbst darin die Getränke in Eis eingeschichtet kühl gehalten werden können
  · ein Isolier-Eisgefäss besitzen, damit die Eiswürfel für die Getränke (z. B. für Whisky mit Soda, Gin Tonic, Orangensaft usw.) nicht so schnell auftauen

Des weiteren:
- Stangenbrote frühzeitig bei Ihrem Bäcker auf den Vortag der Party bestellen
- Genügend Kleiderbügel bereithalten
- Bei einer grossen Gästezahl Nummern für die Garderobe anfertigen (siehe Skizzen Seite 68)
- Es könnte am Tage selbst regnen; vergewissern Sie sich, ob Sie bei einer Freundin oder Nachbarin zusätzliche Schirmständer ausleihen könnten
- Fabrizieren Sie Eiswürfel auf Vorrat; diese können bis zum Gebrauch in einem Plastiksack in der Tiefkühltruhe gelagert werden

Am Vortag
- Alle Getränke bereitstellen
- Einkäufe tätigen, damit Ihr Vorrat zum Herrichten von Brötchen komplett ist
- Blumen besorgen und über Nacht auf den Balkon oder an einen andern kühlen Ort stellen; Blumenschmuck wirkt sehr dekorativ und belebend in einer bis auf die grossen Möbelstücke ausgeräumten Wohnung
- Schon jetzt überdenken, wo Sie die unbenötigten Möbelstücke Ihres Wohn- und Esszimmers stapeln können, um Stehplatz zu gewinnen
- Brote in Scheiben schneiden, von der Kruste befreien und in die gewünschten Formen schneiden oder ausstechen

- Die kleinen Brotformen buttern, immer zwei Scheiben butterseitig zusammengeben und zu Häufchen aufschichten. Die so vorbereiteten Brötchen in einen Plastikbeutel geben, gut verschliessen und bis zum nächsten Tag in einem kühlen Raum aufbewahren. Das Brot bleibt auf diese Art frisch, und Sie haben die grosse Arbeit des Bebutterns schon erledigt
- Belag für die Brötchen in gleicher Grösse zuschneiden oder ausstechen. Sortenweise in gut verschliessbaren Plastikdosen im Kühlschrank aufbewahren. Der Belag bleibt wunderbar frisch
- Genügend Zahnstocher bereitstellen

Am Partytag
- Eier für die Brötchen hart kochen. Dauer je nach Grösse 10-12 Min. in leicht siedendem Wasser
- Brötchen fertig herstellen. Dies geschieht am rationellsten nach der Fliessbandmethode. Zuerst einen Tisch mit leicht feuchten Tüchern auslegen (mit dem Wäsche-Einsprenger knapp anfeuchten). Dicht an dicht die am Vortag vorbereiteten Brötchen, Butterseite nach oben, auf die feuchten Tücher geben. Die Feuchtigkeit verhindert ein Austrocknen der Brötchen von unten her. Sie können nun sehr schnell weiterarbeiten, indem Sie reihenweise die Häppchen mit schon ausgestochenem Belag versehen. Jedes mit farblich kontrastierender Garnitur verzieren. So erstellen Sie in ca. 2 Std. bis zu 500 kleine belegte Brötchen
- Rechteckige, leichte Tabletts mit Spitzenpapier belegen und jede Sorte Brötchen reihenweise arrangieren; das sieht appetitlich und verlockend aus
- Die fertigen Brötchen-Tabletts mit Frischhalte- oder Alufolie bedecken. An kühlem Ort bis zum Servieren bereithalten
- Die Getränke früh genug in die mit Eis gefüllten Wannen einschichten. Falls Ihre Cocktailparty nur im kleinen Rahmen stattfindet, wird vielleicht der Kühlschrank zum Kühlstellen der Getränke genügen
- Tiefgekühlte Käseküchlein oder andere im voraus gebackene Kleinigkeiten aus der Tiefkühltruhe nehmen und so zurechtlegen, dass sie möglichst schnell portionenweise aufgebacken werden können. Auch für dieses Gebäck Tabletts oder flache Platten zum Servieren vorbereiten
- Papierservietten, die beim Servieren der Cocktailbissen angeboten werden, bereitlegen. Weitere Papierservietten bündchenweise auf verschiedene Abstellflächen verteilen
- Aschenbecher aufstellen
- Alle Gläser und Tabletts bereitstellen. Haben Sie nicht genügend Gläser, leistet eine Stundenfrau, die für die Zeit der Party beschäftigt wird, gute Dienste; sie kann laufend die gebrauchten Gläser spülen
- Legen Sie die nötigen Utensilien zurecht, damit Weinflaschen ohne Mühe entkorkt und Getränkeflaschen schnell geöffnet werden können
- Isolier-Eiswürfelbehälter bereithalten

- Den Raum oder die Räume für die Party von unnötigen Möbelstücken weitgehend befreien. Kleine Tischchen an die Wand rücken. Pro Raum aber mindestens ein Sofa oder einen Fauteuil als Sitzgelegenheit belassen. Ältere Gäste sind Ihnen dafür dankbar. Sind in Ihrem Raum nicht genügend Abstellflächen vorhanden für geleerte Gläser und für Aschenbecher, schaffen Sie welche, indem Sie ein Tablar im Büchergestell frei machen
- Blumenschmuck aufstellen
- Kurz bevor die Gäste eintreffen, dem Servierpersonal letzte Anweisungen geben, in welcher Reihenfolge die Appetithäppchen angeboten werden sollen
- Ob Sie Zigaretten und Salznüsse anbieten wollen, liegt in Ihrem Ermessen

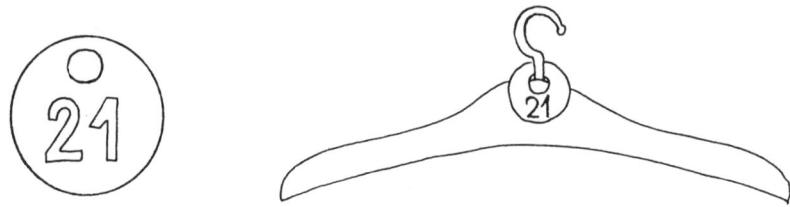

Die Nummern für die Garderobe können Sie selbst herstellen. Aus leichtem Karton schneiden Sie Kreise aus und stanzen mit der Lochmaschine ein kleines Loch ein. Je zwei Kartons werden mit der gleichen Zahl beschriftet. Der eine Karton bleibt am Kleiderbügel hängen, der andere wird dem Gast ausgehändigt.

Diese Art der Garderobe-Numerierung ist zeitsparender, als wenn eine Garderobefrau von einem bedruckten Papierblock zwei gleiche Nummern abtrennt, die eine dem Gast aushändigt und die andere mit einer Stecknadel umständlich am Kleidungsstück befestigt.

REZEPTE

Alle Rezepte, falls nichts anderes erwähnt ist,
sind für acht Personen berechnet

Alle Massangaben mit Löffel oder Tassen
sind glatt gestrichen berechnet

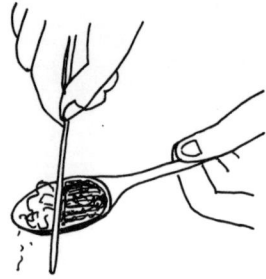

Für eine Person rechnen Sie:
¼ l Suppe (bei einem Essen mit mehreren Gängen)
150 g Fleisch als Schnitzel oder Steak
200 g Fleisch als Ragout oder Geschnetzeltes
150-250 g Fisch
200-300 g Kartoffeln und Gemüse zusammen
50-80 g Hülsenfrüchte
40-50 g Reis
80 g Teigwaren
½ dl Sauce zu Saucengerichten

Abkürzungen
Essl. = Esslöffel
Teel. = Teelöffel
l   = Liter
dl   = Deziliter
kg   = Kilogramm
g   = Gramm
°   = Grad Celsius
Min. = Minuten
Std.   = Stunden

SUPPEN

Bei einer Einladung, sei es zu einem Mittag- oder Abendessen, soll die Suppe nicht sättigen, sondern die Geschmacksnerven anregen und den Appetit stimulieren. Eine wohlduftende, aromatische Suppe bewirkt dies aufs beste.

Alle fertig gekochten Suppen können im Kochtopf warten. Kurz vor dem Servieren wird die Suppe nochmals erhitzt und dampfend angerichtet zu Tisch gebracht.

Für klare Suppen ist es wichtig, als Ausgangsbasis zuerst eine schmackhafte Fleisch-Knochen-Gemüsebrühe herzustellen. Deshalb sei hier deren Zubereitung an den Anfang gestellt.

FLEISCHBRÜHE *(Grundregeln)*

Beim Brühekochen werden Küchenregeln auf den Kopf gestellt. Anstatt möglichst zartes, junges Fleisch und Gemüse zu verarbeiten, hält man sich an älteres, mitunter sogar zähes Fleisch und ausgewachsenes Gemüse. Beides ergibt einen kräftigen Geschmack. Anstatt darauf zu achten, möglichst alle Säfte im Kochgut zurückzuhalten, beabsichtigen Sie jetzt das Gegenteil: Sie wollen den Geschmack und das Aroma aus den Zutaten herausholen, damit eine abgerundete, köstliche klare Suppe entsteht.

Zu Beginn werden Fleisch und Knochen in einen Suppentopf gegeben, mit kaltem Wasser bedeckt (bis etwa 3 cm über das Fleisch) und schnell zum Kochen gebracht. Den aufsteigenden Schaum entfernen Sie mit einer Schaumkelle. Um eine klare Suppe zu bekommen, muss während der ersten halben Stunde einige Male abgeschäumt werden, obschon der Schaum wertvolle Eiweissstoffe enthält. Nach dem letzten Abschäumen sollten Sie mit einem sauberen Tuch auch den inneren Rand des Topfes säubern. Sobald die Brühe kocht, fügen Sie die Gemüse und Gewürze bei und kochen nun das Ganze während 2½-3 Std. auf kleinem Feuer. Eine Gitterunterlage, zwischen Topf und Herdhitze gelegt, bewirkt, dass der Topfinhalt wirklich nur zieht und nicht kocht. Wenn Sie kaltes Wasser nachgiessen oder die Brühe zu stark kocht, wird sie trüb.

Beachten Sie diese Regeln genau, wird Ihre Mühe durch eine gehaltvolle, klare Brühe von unwiderstehlichem Duft belohnt.

Das Brühekochen ist eine zeitaufwendige Angelegenheit, deshalb empfiehlt es sich, grössere Mengen herzustellen. Die Brühe hält sich zugedeckt im Kühlschrank mehrere Tage und kann auch problemlos portionenweise tiefgefroren und wie in Wasser aufgelöste Bouillonwürfel verwendet werden. Ist die Zeit knapp, können Sie den Dampfkochtopf verwenden oder Brühe aus Bouillonwürfeln zubereiten. Hat eine rasch hergestellte Suppe auch nicht denselben würzigen Geschmack wie die langsam gekochte Brühe, kommt sie als Ausgangbasis dennoch in Frage.

Für eine Hühnerbrühe nimmt man statt des Rindfleisches die doppelte Menge eines in Stücke geschnittenen Suppenhuhns.

Für besondere Anlässe kann die Fleischbrühe noch klarer gemacht werden, indem sie klarfiziert wird. Dies geschieht folgendermassen:

Auf einen Liter entfettete Brühe (Entfetten siehe Rezept Fleischbrühe, folgende Seite) rechnen Sie 250 g gehacktes, mageres Rindfleisch, ein Eiweiss und eine zerbrochene Eierschale. Das Rindfleisch mit dem Eiweiss und der Schale gut vermischen und in die kalte Brühe rühren. Während das Ganze zum Kochen gebracht wird, steigt dicker, grauer Schaum auf. Schieben Sie diesen Schaum sorgfältig zur Seite, um zu kontrollieren, ob die Suppe schon kocht. Sobald dies der Fall ist, die Hitze klein stellen und 15 Min. mehr ziehen als kochen lassen. Danach die Pfanne eine Stunde stehenlassen und die sich nun «Consommé double» nennende durchsichtige klare Brühe durch ein Tuch passieren. Diese königliche Suppe kann nach

Belieben variiert werden durch Beigabe von Sherry, Portwein, Marsala oder Madeira und Einlagen, zum Beispiel Eierstich.

Sollte Ihnen die Zubereitung von Fleischbrühe oder Consommé zu zeitaufwendig sein, können sie auch Beutel- oder Konservensuppe verwenden. Es lohnt sich aber, diese Suppe durch frische Zutaten aufzuwerten und interessanter zu machen. So wird zum Beispiel einer Spargelcremesuppe frisch gekochter Spargel beigefügt. Probieren Sie einige Varianten aus, immer bedenkend, dass die Suppe möglichst leicht und anregend sein sollte.

KLARE SUPPEN

FLEISCHBRÜHE (bzw. Hühnerbrühe)

Zutaten: 500 g Rindfleisch
(bzw. 1 kg Suppenhuhn, in Stücke geschnitten)
3 Rindsknochen
1 Markknochen
3 Liter Wasser
1 grosse Zwiebel
2 Lorbeerblätter
2 Nelken
2 Karotten oder gelbe Rüben
1 Lauchstengel
1 kleine Sellerieknolle
$\frac{1}{2}$ kleiner Kohlkopf
1 Essl. Salz
evtl. 1 Bouillonwürfel
(dadurch wird die Suppe noch kräftiger)

Die Zwiebel wird ungeschält halbiert, auf einer mit Alufolie belegten Herdplatte stark angeröstet und mit Nelken besteckt. Wasser, Knochen und Fleisch in einen Topf geben und zum Kochen bringen. Abschäumen wie bei den Grundregeln (vorangehende Seite) beschrieben, Gemüse und Gewürze beifügen und $2\frac{1}{2}$-3 Std. vor dem Siedepunkt ziehen lassen. Evtl. mit etwas Pfeffer und Salz nachwürzen.

Das Entfetten der Fleischbrühe kann auf zwei Arten erfolgen:

1. Sie rollen ein Küchenpapier zusammen und streichen damit über die Oberfläche der heissen Suppe. Sobald der vordere Teil des Papiers mit Fett durchtränkt ist, schneiden Sie ihn mit einer Schere weg und wiederholen den Vorgang, bis die Suppe nur noch soviel Fett enthält, wie Ihnen gutscheint.

2. Die Fleischbrühe durchsieben, die Gemüse gut ausdrücken und die Suppe kalt stellen. Wenn die Flüssigkeit ganz erkaltet ist, steigt das Fett nach oben. Es bildet sich eine Fettschicht, die ohne Mühe entfernt werden kann.

Für eine klarifizierte Consommé muss die Brühe unbedingt auf die zweite Art entfettet werden.

GEMÜSEBRÜHE

Zutaten: 2 l Fleischbrühe
2 Karotten
1 Stück oder zwei Stengel Sellerie
1 Lauchstengel
einige Blumenkohlröschen
je nach Saison 2 Essl. frische Erbsen
oder einige grüne Bohnen
1 Essl. Bratöl
evtl. Salz, Pfeffer

Das Gemüse grob schneiden bzw. zerpflücken, Erbsen ganz belassen. Im Öl in der Pfanne kurz durchdämpfen, mit Brühe ablöschen, ca. 10 Min. kochen, evtl. mit Salz und Pfeffer nachwürzen. Gemüse entfernen.

↪ Selbstverständlich kann das weichgekochte Gemüse klein geschnitten und in die Brühe zurückgegeben werden. Diese klare Gemüsesuppe wird vor dem Servieren mit feingeschnittenem Schnittlauch bestreut.

EIERSTICHSUPPE

Zutaten: 1 Teel. Maizena oder Kartoffelmehl
$1\frac{1}{2}$ dl Milch
3 Eier
2 l Fleisch- oder Gemüsebrühe
etwas Salz und geriebene Muskatnuss

Maizena mit Milch gut verrühren und aufkochen. Über die gut verklopften Eier giessen, Salz und Muskatnuss beifügen und in eine niedrige, mit Butter ausgestrichene Schüssel einfüllen. Im Wasserbad, welches nur sanft ziehen darf, während mindestens $\frac{1}{2}$ Std. fest werden lassen. Den erkalteten Eierstich auf ein Brett stürzen, in kleine Würfelchen schneiden und mit gehacktem Grün (Petersilie oder Schnittlauch) in die Suppentassen verteilen. Kurz vor dem Servieren wird jede Tasse mit heisser, klarer Fleischbrühe aufgefüllt.

↪ Eierstich darf nie kochen, sonst bekommt er Löcher.

CONSOMMÉ ROYAL

Die Herstellung von klarifizierter Consommé wurde bereits auf Seite 72 beschrieben. Als Einlage verwenden Sie Eierstich, den Sie mit kleinsten Förmchen (Sternchen, Fischchen, Kreuzchen usw.) ausstechen. Als Einlage eignet sich auch hartgekochtes Eiweiss, zusammen mit Eierstich.

FLÄDLISUPPE

Zutaten: 60 g Mehl
2 dl Wasser oder halb Milch, halb Wasser
$\frac{1}{3}$ Teel. Salz
2 Eier
Schnittlauch oder Petersilie, gehackt
2 l Fleisch- oder Gemüsebrühe

Mehl mit Wasser anrühren, Eier beifügen und alles tüchtig verklopfen, Salz einstreuen und diesen dünnen Omelettenteig ca. $\frac{1}{2}$ Std. ruhen lassen. Dann in etwas Butter oder Bratöl in der Teflonpfanne dünne Omeletten backen. Diese nach dem Erkalten in sehr dünne Streifen (ca. 4 cm lang) schneiden und mit gehacktem Grün in die Suppentassen verteilen.

Vor dem Servieren mit heisser Gemüse- oder Fleischbrühe auffüllen.

MARKKLÖSSCHENSUPPE

Zutaten: 2 weisse Brötchen oder Weggli   30 g Butter, geschmolzen
2 Eier   Muskatnuss, gerieben
80-100 g Ochsenmark   Salz, Pfeffer
3 Essl. Mehl   2 l Fleisch- oder Gemüsebrühe

Die kleingeschnittenen Brötchen mit den Eiern im Mixer pürieren, mit dem Mehl unter das leicht geschmolzene Mark rühren und die übrigen Zutaten daruntermischen. Von der Masse von Hand oder mit zwei Teelöffeln kleine, gleichmässige Klösschen formen und diese in schwach kochendes Wasser geben. Wenn sie obenauf schwimmen, mit der Schaumkelle sorgfältig herausheben, in die Suppentassen verteilen und mit kochender Brühe übergiessen. Mit etwas gehacktem Grün überstreut servieren.

EINLAUFSUPPE

Zutaten: 3 Essl. Griess
3 Eier
1 Bund Schnittlauch, fein geschnitten
Salz, Pfeffer, Streuwürze
2 l Fleisch- oder Gemüsebrühe

Eier mit Griess in der Suppenschüssel gut verklopfen. Vor dem Servieren mit kochender Brühe übergiessen, wobei fortwährend mit der Gabel oder dem Schwingbesen tüchtig geklopft werden muss. Mit Salz, Pfeffer und Streuwürze abschmecken und mit Schnittlauch bestreut anrichten.

KLARE TOMATENSUPPE

Zutaten: 1 l Tomatensaft,
aus frischen Tomaten gepresst, oder
1 Dose Tomatensaft
1 Stück Sellerie, klein geschnitten
1 Lorbeerblatt
1 Zwiebel, klein geschnitten
2 Essl. gehackter, wenn möglich
frischer Kerbel

1 Essl. gehacktes, wenn möglich
frisches Basilikum
1 Bund Schnittlauch, fein geschnitten, oder
1 Büschel Petersilie, fein gehackt
Salz, Pfeffer
1 l Fleisch- oder Gemüsebrühe
2 dl Rahm, geschlagen

Vorbereitung: Die frischen Tomaten in Stücke schneiden und mit Hilfe eines elektrischen Entsafters auspressen.

Zubereitung: Den Tomatensaft mit den Gewürzen und Gemüsen zum Kochen bringen, ca. 15 Min. kochen, durchsieben und mit der Brühe oder mit Bouillon übergiessen. Diese Suppe kann heiss oder kalt in Tassen angerichtet werden, wobei jede Tasse mit einem Esslöffel Schlagrahm, mit Schnittlauch oder Petersilie überstreut, gekrönt wird.

TRAUFENSUPPE

Zutaten: 60 g gesiebtes Mehl
3 Essl. Milch oder Wasser
2 Eier
$\frac{1}{3}$ Teel. Salz

1 Essl. geriebener Käse
2 l Fleisch- oder Gemüsebrühe
Schnittlauch oder Petersilie, gehackt

Mehl, Milch, Eier, Käse und Salz zusammen zu einem glatten Teig anrühren. Diesen durch ein Sieb oder eine Schaumkelle in die kochende Fleischbrühe tropfen lassen. Wenn die Traufen obenauf schwimmen, sind sie gar. Die Suppe in Tassen verteilen oder in der Suppenschüssel, mit gehacktem Grün überstreut, servieren.

KLARE OCHSENSCHWANZSUPPE

Zutaten: $\frac{1}{2}$ Ochsenschwanz, in Stücke
geschnitten
100 g Speckwürfel
1 l Wasser
2 dl Weisswein
1 Stück Sellerie

2 Karotten
1 mit Nelken besteckte Zwiebel
1 kleiner Lauchstengel
2 Essl. Bratöl oder Butter
1 dl Madeira
1 l Fleisch- oder Gemüsebrühe

Die Ochsenschwanzstücke mit den Speckwürfeln in der Butter oder im Bratöl kräftig anbraten. Die geputzten Gemüse, in Stücke geschnitten, beigeben, mit dem Wasser und dem Weisswein ablöschen und auf kleinem Feuer 2-3 Std. kochen lassen (der Dampfkochtopf besorgt dies in $\frac{1}{2}$ Std.). Nach Ende der Kochzeit die

Fleischstücke herausnehmen, vom Knochen lösen und in kleine Würfel schneiden. Die Ochsenschwanzbrühe durchsieben, mit der Fleisch- oder Gemüsebrühe zusammen erhitzen, Madeira zugeben. Die Suppe mit den Fleischstückchen anrichten und pikant abschmecken, evtl. etwas Weisswein oder Zitronensaft beifügen.

BERNER KRÄUTERSUPPE

Wird nur im Frühjahr gegessen, wenn die Kräuter jung und zart
aus dem Boden spriessen

Zutaten: 1 Handvoll junge Spinatblätter   evtl. 1 kleine Frühjahrszwiebel
1 Handvoll junge Brennesseln   samt grünen Röhrchen
½ Handvoll zarte Löwenzahnblätter   2 l Fleisch- oder Gemüsebrühe
½ Handvoll zartes Kerbelkraut

Gemüse und Kräuter mit dem Wiegemesser fein hacken oder portionenweise im elektrischen Mixer zusammen mit etwas Brühe zerkleinern. Alles in der Brühe während ca. 3 Min. kochen lassen, und schon ist die Suppe servierbereit. Die kurze Kochzeit bewahrt das frische, kräftige Grün von Kräutern und Gemüse. Dennoch schmeckt die Suppe nicht nach Rohkost, sondern wunderbar würzig und kräftig.

GEBUNDENE SUPPEN

Auch eine Cremesuppe sollte ab und zu in ein Menu für Gäste einbezogen werden. Gehaltvoll, aber nicht dickflüssig, ist sie im allgemeinen so beliebt wie die klare Suppe.

STEINPILZCREMESUPPE

Zutaten: 500 g frische Steinpilze;   2 Essl. Mehl
da meist nicht erhältlich,   2 dl Milch
als Ersatz 2 Pakete getrocknete Steinpilze,   1½ l Hühnerbrühe
über Nacht eingeweicht   3-4 Essl. Weisswein
2 Essl. Butter   Muskatnuss, gerieben
1 Stück Sellerie, klein geschnitten   Salz, Pfeffer
1 kleine Zwiebel, gehackt   Petersilie, gehackt

Vorbereitung: Zuerst eine weisse Sauce oder Béchamelsauce herstellen. Butter in einer kleinen Pfanne schmelzen, Mehl einstreuen und während 1-2 Min. auf kleinem Feuer mit der Butter gut vermischen. Nun nach und nach die Milch dazugiessen, dabei fortwährend tüchtig rühren, damit sich keine Knöllchen bilden. Sollte die Béchamelsauce zu dick werden, etwas Einweichwasser der Pilze dazugiessen. Diese Sauce etwa 15 Min. kochen lassen.

Zubereitung: Kleingeschnittene Pilze in etwas Butter andämpfen, Sellerie und Zwiebel zugeben, mit etwas Hühnerbrühe ablöschen und 15 Min. kochen lassen. Gemüse herausheben und mit etwas Brühe im Mixer pürieren. Nun die restliche Brühe langsam zur Béchamelsauce giessen und aufkochen. Die pürierten Gemüse beifügen, aber nicht mehr kochen. Die Suppe mit Salz, Pfeffer, Muskatnuss und Weisswein abschmecken. Mit gehackter Petersilie bestreut servieren.

⤳ Sollte Ihnen die Herstellung zu zeitaufwendig scheinen, kaufen Sie drei Beutel Steinpilzcremesuppe, kochen sie nach Vorschrift, fügen die im Rezept erwähnten, eingeweichten Steinpilze bei und servieren die fertige Suppe mit einem Schlagrahmhäubchen und gehackter Petersilie.

SPARGELCREMESUPPE

Zutaten: 500 g frische Spargeln   2 dl Rahm
1 kleine Zwiebel   1½ l Hühner- oder Kalbsfussbrühe
1 Stück Sellerie   Salz, weisser Pfeffer
2 Essl. Butter   Petersilie, gehackt
2 Essl. Mehl

Vorbereitung: Spargeln schälen, in ca. 2 cm lange Stücke schneiden und im Salzwasser während 15 Min. knapp weich kochen. Eine Prise Zucker im Salzwasser verstärkt das Spargelaroma.

Zubereitung: Mit Butter, Mehl und einem Teil des Spargelwassers eine weisse Sauce herstellen (Beschreibung siehe Steinpilzcremesuppe, Seite 77). Sellerie und Zwiebel in etwas Brühe weich kochen und im Mixer pürieren. Restliche Brühe langsam in die weisse Sauce einlaufen lassen, püriertes Gemüse, gekochte Spargelstücke und zuletzt den Rahm beifügen. Suppe nicht mehr kochen lassen. Mit Salz und Pfeffer abschmecken, mit Petersilie überstreut servieren.

⤳ Es können weisse oder grüne Spargeln verwendet werden. Die grünen sind aromatischer. Im Schnellverfahren stellen Sie die Suppe her aus zwei Beuteln Spargelcremesuppe, die zuletzt mit etwas frisch gekochtem Spargel und Rahm angereichert wird.

TOMATENCREMESUPPE

Zutaten: 1½ kg frische Tomaten   2 dl Rahm
2 Schalotten oder 1 Zwiebel, fein gehackt   1 l Fleischbrühe
1 Stück Sellerie   ½ Teel. Rosmarinnadeln
2 Essl. Mehl   Salz, Pfeffer
2 Essl. Butter   Petersilie, gehackt

Schalotten oder Zwiebel in Butter andünsten, Mehl darüberstreuen und durchdünsten, bis alles leicht hellgelb ist. Unter fortwährendem Rühren nach und nach 1 Liter Fleischbrühe, die in grobe Stücke geschnittenen Tomaten, Gewürze und Zucker dazugeben. Auf kleinem Feuer 20 Min. kochen. Suppe durch ein Sieb passieren, mit frischem Rahm verfeinern und mit Petersilie bestreut servieren.

LAUCHCREMESUPPE

Zutaten: 1 kg Lauchstengel, klein geschnitten 2 dl Rahm
1 grosse Zwiebel, gehackt Muskatnuss, gerieben
2 Essl. Butter Basilikum, gehackt
3 Essl. Reismehl Salz, Pfeffer
1½ l Fleischbrühe

Lauch und Zwiebeln in Butter andämpfen, Reismehl und nach und nach Fleischbrühe beifügen, würzen und mindestens 20 Min. leicht kochen lassen. Kurz vor dem Anrichten Rahm und Gewürze dazugeben.

HAFERCREMESUPPE

Zutaten: 180 g Haferkerne (im Reformhaus erhältlich) 100 g geräucherter Schinken
1 grosse Zwiebel, fein gehackt 1½ l Fleischbrühe
3 Karotten, grob geschnitten 1 Lorbeerblatt, 3 Nelken
1 Lauchstengel, in Stücke geschnitten Salz, Pfeffer
1 Stück Sellerie 1 Bund Schnittlauch, fein geschnitten

Alle Zutaten, ausgenommen den Schnittlauch, während mindestens 2 Std. in der Brühe auskochen. Die feine Hafercreme durchsieben. Das geräucherte Fleisch in ganz kleine Würfel schneiden und in die Suppe zurückgeben. Mit Schnittlauch bestreut servieren. Zu jeder Portion einen kleinen Schinkengipfel legen (Zubereitung siehe Seite 48).

☞ Wenn die Haferkerne über Nacht eingeweicht werden, verkürzt sich die Kochzeit um eine Stunde.

GEFLÜGELCREMESUPPE

Zutaten: 2 Essl. Butter 1 Teel. Currypulver
2 Essl. Mehl 1½ l Hühnerbrühe
250 g Champignons, blättrig geschnitten Muskatnuss, gerieben
300 g geschnetzeltes Pouletfleisch Salz, Pfeffer
2 dl Rahm 100 g geschälte, geröstete Mandeln
2 Eigelb

Mehl in Butter dünsten, Champignons, Pouletfleisch und Currypulver beifügen, nach und nach mit Brühe ablöschen, mit Salz und Pfeffer nach Geschmack würzen und $\frac{1}{2}$ Std. sanft kochen lassen. Eigelb mit Rahm in der Suppenschüssel verquirlen, Muskatnuss dazureiben, die kochende Suppe unter tüchtigem Rühren dazugiessen und mit den Mandeln bestreut servieren.

VICHYSSOISE

Zutaten: 600 g Kartoffeln, geschält,
in Stücke geschnitten
500 g Lauch, in Stücke geschnitten
1 grosse Zwiebel, fein gehackt
2 Essl. Butter
1½ l Hühnerbrühe

$\frac{1}{2}$ Teel. Majoran
Muskatnuss, gerieben
Salz, Pfeffer
2 dl Rahm, geschlagen
Schnittlauch, fein geschnitten

Butter schmelzen, Lauch und Zwiebel darin ca. 5 Min. dünsten, ohne zu bräunen. Kartoffeln beifügen, Brühe zugiessen, Gewürze einstreuen und während 30 Min. kochen. Suppe durch ein Passevite trieben oder im Mixer pürieren. Nochmals aufkochen lassen. Jede Portion mit einem Häubchen Schlagrahm garnieren, mit Schnittlauch bestreuen.

⮑ Die Vichyssoise kann an warmen Tagen auch kalt serviert werden. Die Suppe wird dann nach dem Pürieren nicht mehr aufgekocht und der Rahm flüssig untergemischt. Dazu können in Butter geröstete Brotwürfelchen gereicht werden.

GURKENCREMESUPPE

Zutaten: 1 Gurke, geschält und klein geschnitten
1 Zwiebel, fein gehackt
2 dl Rahm
2 Eigelb
1½ l Hühnerbrühe
$\frac{1}{2}$ Gurke, geschält und
in kleine Würfel geschnitten
1 Essl. Dill, gehackt
Schnittlauch, fein geschnitten
Muskatnuss, gerieben
Salz, Pfeffer

Zwiebel in Butter andämpfen, Gurkenstücke mitdämpfen, mit Hühnerbrühe aufgiessen und alles eine Viertelstunde kochen lassen. Durch das Passevite treiben oder im Mixer pürieren und nochmals aufkochen. Eigelb mit Rahm in der Suppenschüssel gut verquirlen und die dampfendheisse Suppe unter stetigem Rühren darübergiessen. Evtl. nachwürzen, die rohen Gurkenwürfelchen in Portionentassen verteilen, Suppe nochmals bis *vors* Kochen bringen und in die Tassen giessen. Mit Dill und Schnittlauch bestreut servieren.

PARTYSUPPEN

Es gibt Suppen, die eine ganze Mahlzeit ersetzen. Um einen Schlusspunkt hinter ein gelungenes Fest oder eine sich hinziehende Cocktailparty zu setzen, im Freundeskreis nach einem anregenden Theaterabend oder nach einer rauschenden Ballnacht: immer eignen sich solche Suppen hervorragend zum Anbieten. Besonders Männer sind dankbar für diese handfesten Genüsse, und manche finden, dies sei nun fast wie am Tisch der Mutter, was bekanntlich als grosses Kompliment zu verstehen ist.

Diese Rezepte sind ausnahmsweise für 10 Personen berechnet. Ein Suppen-buffet ist auf Seite 61 abgebildet.

GERSTEN- ODER GRAUPENSUPPE

Zutaten: 200 g Gerste
2 l Fleischbrühe
4 Karotten, in Stücke geschnitten
2 Lauchstengel, in Ringe geschnitten
1 Sellerieknolle, in Stücke geschnitten
2 Zwiebeln, fein geschnitten
2 Lorbeerblätter, 3 Nelken

1 Kalbsfuss, in Stücke zerteilt
500 g geräuchertes Rippchen
3 Essl. Butter
5 Essl. Rahm
Schnittlauch, fein geschnitten
Salz, Pfeffer

Gerstenkörner über Nacht in Wasser einweichen. Zwiebeln in Butter glasig dämpfen, eingelegte Gerstenkörner kalt abspülen und einstreuen, mit Fleisch-brühe aufgiessen, Kalbsfuss, Rippchen, Lorbeerblätter und Nelken dazugeben und 1 Std. kochen. Danach die Gemüse beifügen, salzen, pfeffern und $\frac{1}{2}$ Std. weiter-kochen. Fleisch herausnehmen, kleinschneiden und in den Topf zurückgeben. Suppe mit Rahm verfeinern und nach dem Anrichten mit Schnittlauch bestreuen.

▷ Gerstensuppe sollte nicht in einer Aluminiumpfanne gekocht werden, da sie dabei eine unansehnliche Farbe bekommt. Auch sollte nicht gleich am Anfang gesalzen werden, da sonst die Suppe grau wird. Die Suppe kann auch im Dampf-kochtopf in $\frac{1}{2}$ Std. gekocht werden, nur wird sie niemals die sämige Konsistenz aufweisen, die eine langsam vor sich hin kochende Suppe am Ende hat.

PARISER ZWIEBELSUPPE

Zutaten: 4 Zwiebeln, in feine Streifen geschnitten
3 Essl. Butter
1 Essl. Mehl
$1\frac{1}{2}$ l Fleischbrühe
1 dünnes Stangenbrot

2 Knoblauchzehen (nach Belieben)
400 g Greyerzerkäse, gerieben
2 dl Weisswein
Muskatnuss, gerieben
Salz, Pfeffer

Vorbereitung: Stangenbrot der Länge nach halbieren, beide Schnittflächen mit Knoblauch einreiben, jede Hälfte in $\frac{1}{2}$ cm dicke Scheiben schneiden, auf Kuchen-blech im Ofen toasten.

Zubereitung: Zwiebeln in heisser Butter gut durchdämpfen, bis sie goldgelb sind. Mehl darüberstreuen und rühren, bis alles etwas anbräunt, aber aufpassen, dass nichts anbrennt! Fleischbrühe dazugiessen und auf kleinem Feuer $\frac{1}{2}$ Std. kochen lassen. Je zwei kleine Toastscheiben in eine feuerfeste Portionenschale geben, reichlich Käse darüberstreuen, Weisswein darauf träufeln, mit Zwiebelsuppe auffüllen, nochmals zwei Toastscheiben darüberlegen, mit Käse bestreuen und im sehr heissen Ofen überbacken, bis der Käse zerfliesst.

☞ Statt die Suppe portionenweise herzurichten, können Sie die Toastscheiben mit dem Käse auch in einen grossen feuerfesten Topf geben und darin die ganze Menge auf einmal zubereiten.

BASLER MEHLSUPPE

Zutaten: 150 g Mehl
4 Essl. Butter
2 l Fleischbrühe
3 Zwiebeln, fein gehackt
100 g Sbrinz oder Parmesan, gerieben
Salz, Pfeffer

Butter in der Pfanne zergehen lassen und darin das Mehl unter ständigem Rühren gleichmässig braun rösten. Dies braucht etwas Geduld und Geschicklichkeit. Pfanne vom Herd nehmen, Zwiebeln beifügen, nochmals kurz mitdämpfen und unter ständigem Rühren die warme Fleischbrühe nach und nach dazugiessen, dabei aufpassen, dass keine Klümpchen entstehen. (Früher wurde gesagt, dass ein junges Mädchen erst heiraten dürfe, wenn es eine Mehlsuppe ohne Klümpchen und ohne angebrannten Geschmack zubereiten könne!) Etwa $\frac{3}{4}$ bis 1 Std. auf kleinem Feuer kochen lassen. Den geriebenen Käse separat dazu servieren.

LINSENSUPPE

Zutaten: 250 g Linsen
500 g geräuchertes Rippli oder Speck
5 Kartoffeln, klein geschnitten
2 Lauchstengel, fein geschnitten
2 Zwiebeln, gehackt
2 l Fleischbrühe
2 dl Weisswein
2 Essl. Butter
je $\frac{1}{2}$ Teel. Thymian und Bohnenkraut
Salz, Pfeffer

In zerlassener Butter Lauch und Zwiebeln gut andämpfen, mit Fleischbrühe aufgiessen, alle übrigen Zutaten beifügen und auf kleinem Feuer 1 Std. kochen lassen. Fleisch herausnehmen und in kleine Würfel schneiden. Suppe durch ein Passevite oder Sieb streichen, mit dem Fleisch in die Pfanne zurückgeben, Wein dazugiessen, mit Thymian und Bohnenkraut würzen und mit Salz und Pfeffer abschmecken.

MINESTRONE

Zutaten:
3 Zwiebeln, gehackt
2 Knoblauchzehen, gehackt
(können weggelassen werden)
3 Karotten, in Scheiben geschnitten
3 Lauchstengel, in Ringe geschnitten
1 kleiner Kohl, in Streifen geschnitten
1 Sellerieknolle, in kleine Würfel geschnitten
1 kleine Dose geschälte Tomaten oder
2-3 frische Tomaten, geschält und entkernt
1 Handvoll weisse Bohnen,
über Nacht eingeweicht
150-200 g Reis oder Teigwaren
250 g geräucherter Speck,
in Würfel geschnitten
2 Essl. Butter oder nach Belieben
2 Essl. Olivenöl
Salbei, Rosmarin, Majoran, Basilikum
(falls keine frischen Kräuter erhältlich sind,
je ½ Teel. getrocknete verwenden)
2½ l Fleischbrühe
Salz, Pfeffer
200 g Sbrinz oder Parmesan, gerieben

Speck in Butter oder Olivenöl durchrösten, Zwiebeln, Knoblauch, Gemüse und Kräuter andünsten, falls Dosentomaten verwendet werden, deren Flüssigkeit zusammen mit der Fleischbrühe zum Gemüse geben und alles zusammen 1½ Std. leicht kochen lassen. Teigwaren oder Reis 20 Min. vor Beendigung der Kochzeit beigeben. Die Minestrone darf recht dick sein. Der geriebene Käse wird separat dazu gereicht.

Minestrone, die beliebte, dicke Gemüsesuppe aus dem Tessin, ist eine richtige Partysuppe. Sie können problemlos eine grosse Anzahl Gäste damit bewirten. Die nachstehenden Mengen reichen für 50 Personen. Sie müssen nur noch dafür sorgen, dass Sie zwei genügend grosse Kochtöpfe haben.

MINESTRONE FÜR 50 PERSONEN

Zutaten:
10 Zwiebeln, gehackt
5 Knoblauchzehen, gehackt
(können weggelassen werden)
12 Karotten, in Scheiben geschnitten
2 kleine Kohlköpfe, in Streifen geschnitten
4 Kohlrabi, in Würfel geschnitten
2 Sellerieknollen, in Würfel geschnitten
2 Dosen geschälte Tomaten (800 g)
3 Handvoll weisse Bohnen, über Nacht eingeweicht
250 g Reis oder 400 g Teigwaren
1 kg Räucherspeck, in kleine Würfel geschnitten
1 kg Rindfleisch | nach dem Weichkochen in kleine Stücke
3 Kalbsfüsse | schneiden und wieder in die Suppe geben
12 l Fleischbrühe
je 1 Essl. Majoran, Basilikum und Salbei
1 Teel. Rosmarin
Salz und Pfeffer
800 g Sbrinz oder Parmesan, gerieben

Zubereitung wie im vorhergehenden Rezept für Minestrone beschrieben.

GAZPACHO *(kalte Tomatensuppe)*

Eine spanische Spezialität, an heissen Tagen sehr erfrischend und bekömmlich

Zutaten: 1 grosse Salatgurke, geschält, in Würfel geschnitten
1 kg Tomaten, geschält, klein geschnitten
2 Zwiebeln, gehackt
4 Knoblauchzehen (können weggelassen werden)
2 Peperoni, entkernt, in Stücke geschnitten
4 Essl. Olivenöl
1 kleine Dose Tomatenmark
4 Essl. Paniermehl
1 Essl. Rotweinessig
1 l Wasser
wenig Tabascosauce
Salz, Pfeffer

Salatgurke, Tomaten, Zwiebeln, Knoblauch und Peperoni in eine grosse Schüssel geben, mit dem Paniermehl gut vermischen. In zwei bis drei Portionen zusammen mit etwas Wasser im Mixer pürieren. Mit Salz, Pfeffer, Tabasco und Rotweinessig abschmecken. Die Suppe mindestens 3 Std. vor dem Servieren in den Kühlschrank stellen.

Zum Gazpacho werden in kleinen Schüsselchen folgende Zutaten angeboten, die bei Tisch nach Belieben über die Suppe gestreut werden:

Geröstete Brotwürfelchen
(von einem kleinen Toastbrot die Rinde entfernen, Würfelchen schneiden und in Butter rösten)
1 Zwiebel, fein gehackt

½ Salatgurke, geschält und in kleine Würfel geschnitten
2 Peperoni, in kleine Stücke geschnitten
Petersilie, fein gehackt

GULASCHSUPPE

Zutaten: 500 g Rindfleisch, in 1 cm grosse Würfel geschnitten
2-3 Essl. Bratöl
2 Zwiebeln, gehackt
2 Knoblauchzehen, gehackt (können weggelassen werden)
2 Peperoni, entkernt und klein geschnitten
4 Tomaten, geschält, entkernt, klein geschnitten
4 Kartoffeln, in Würfel geschnitten
1-2 Essl. Paprikapulver
1 Essl. Tomatenpüree
2 dl Rotwein
2 l Fleischbrühe
Kümmel, Thymian, Majoran
Salz, Pfeffer

Rindfleisch in Öl gut anbraten, Zwiebeln beigeben und mitrösten, bis sie sich zu bräunen beginnen, Rotwein dazugiessen, Knoblauch, Peperoni, Tomaten und Gewürze beifügen, mit Fleischbrühe auffüllen und 1-1½ Std. zugedeckt leicht kochen lassen. Die Kartoffelwürfel zugeben und die Gulaschsuppe in einer weiteren Viertelstunde fertig kochen.

VORSPEISEN

Kalte Vorspeisen werden vor der Suppe, warme nach der Suppe serviert. Falls Sie das Menü um einen Gang kürzen möchten, sollten Sie eher auf die Suppe als auf die Vorspeise verzichten.

Bei der Planung einer kalten Vorspeise berücksichtigen Sie vor allem das Marktangebot, die Jahreszeit und nicht zuletzt die Ihnen zur Verfügung stehende Zeit. Appetitanregende, feine Kreationen lassen sich im allgemeinen ohne allzu viele Umtriebe zubereiten und können auf die Gäste warten. Wenn keine Servierhilfe zur Verfügung steht, hat eine kalte Vorspeise den grossen Vorteil, dass sie schon aufgetragen werden kann, bevor man sich zu Tisch begibt.

Warme Vorspeisen sollten so ausgewählt werden, dass sie fertig zubereitet und bis zum Auftragen warm gehalten oder kurz vor dem Servieren im Ofen überbacken werden können. Besonders in der kühleren Jahreszeit werden warme Vorspeisen sehr geschätzt.

BÜNDNERFLEISCH MIT MELONE

Zutaten: pro Person je 6 Scheiben Bündnerfleisch
1 Schnitz Melone
1 Schnitz Tomate, etwas Petersilie

Bündnerfleisch zusammenfalten und mit der Rundung nach oben auf den Teller schichten oder jede Scheibe aufrollen, mit etwas Pfeffer aus der Mühle überstreuen. Das Melonenfleisch von der Schale lösen, auf die Schale zurückgeben und den Schnitz neben das Bündnerfleisch legen, mit einem ausgeschnittenen Dreieck aus Tomatenfleisch mit Schale und etwas Petersilie garnieren.

↪ Cantaloupe-Melonen haben grünliches Fruchtfleisch und sind von feinstem Geschmack. Falls nicht erhältlich, können sie durch Melonen mit orangegelbem Fruchtfleisch ersetzt werden.

MELONENBÄLLCHEN MIT ROHSCHINKEN

Zutaten: 2 Cantaloupe-Melonen
2-3 Essl. Porto oder Madeira
pro Person 2 Scheiben Rohschinken

Melonen quer halbieren, entkernen und mit dem Kartoffelausstecher kleine Kugeln ausstechen. Diese zugedeckt im Porto oder Madeira etwas ziehen lassen. Kurz vor dem Servieren aus dem Kühlschrank nehmen, auf jeden Portionenteller je 2 Scheiben Rohschinken und 5 Bällchen Melone hübsch arrangieren.

CARMEN-SALAT

Zutaten: 2 Sellerieknollen, geschält, mittelfein geraffelt
Saft einer Zitrone
2 Brüsseler Chicorées, in feine Rondellen geschnitten
2 Äpfel, geschält, entkernt, in feine Streifen geschnitten

Für die Sauce:	Für die Garnitur:
6 Essl. Mayonnaise	1 Kopfsalat
1 Becher Joghurt nature	pro Portion je eine rote,
2 Essl. Rahm	eingemachte Kirsche
etwas Zitronensaft, Salz, Pfeffer	oder eine gefüllte Olive

Sellerie in kochendem Salzwasser, dem der Zitronensaft beigegeben wurde, 1 Min. aufkochen lassen. Auf ein Sieb schütten, erkalten lassen. Chicorées und

Äpfel mit dem abgetropften, abgekühlten Sellerie vermengen. Für die Sauce alle Zutaten gut verrühren, über das Gemüse geben und locker durchmischen. Jeden Teller mit Salatblättern auslegen, Salat portionenweise darauf häufen, mit roter Kirsche oder gefüllter Olive garnieren.

BLUMENKOHL MIT KRÄUTERMAYONNAISE

Abbildung Seite 90

Zutaten: 1 grosser Blumenkohl
100 g dünn geschnittene italienische Salami
2 hartgekochte Eier, in Viertel geschnitten
8 Cornichons, fächerförmig eingeschnitten

Für die Mayonnaise:
1 Eigelb
$\frac{1}{2}$ Teel. Senf
1 Teel. Essig oder Zitronensaft
1-2 dl Öl
1 Eiweiss
1 Bund Schnittlauch, fein geschnitten
Salz, Pfeffer, Streuwürze

Blumenkohl in Salzwasser während knapp 20 Min. weich kochen, wenn möglich ganz lassen. Gut abtropfen lassen und in der Mitte einer runden, flachen Platte anrichten (sollte der Blumenkohl beim Kochen auseinandergefallen sein, wird er auf der Platte wieder zusammengesetzt). Mit der Kräutermayonnaise übergiessen, mit Salamischeiben schichtartig umgeben, diese abwechselnd mit Eivierteln und Cornichons garnieren.

Für die Mayonnaise Eigelb, Senf, Essig, Salz, Pfeffer und Streuwürze in eine kleine Schüssel geben und mit dem Schwingbesen alles gut verrühren. Unter tüchtigem Rühren sehr langsam 1-2 dl Öl dazugiessen. Wenn während des Zugiessens des Öls wirklich *tüchtig* gerührt wird, gerinnt Mayonnaise nie. Am Schluss wenn nötig mit etwas Streuwürze nachwürzen und das mit einer Prise Salz steifgeschlagene Eiweiss unterheben. Der fertigen Mayonnaise das feingeschnittene Grün beifügen.

IRMA-LA-DOUCE-SALAT

Zutaten: 250 g Schinken, fein geschnitten
8 Tomaten, geschält, entkernt, in Achtel geschnitten
2 Bananen, in Scheiben geschnitten
2 Joghurt nature
2 Essl. Mayonnaise

2 Essl. Tomatenketchup
Saft von 1 Zitrone und 1 Orange
1 Teel. Salz
etwas Curry- und Ingwerpulver
8 grosse, grüne Salatblätter

Für die Salatsauce Joghurt, Mayonnaise, Ketchup, Fruchtsaft und Gewürze zusammen gut vermischen und über Schinken, Tomaten und Bananen giessen. Sorgfältig durchmischen und zum Durchziehen in den Kühlschrank stellen. Auf grünen Salatblättern portionenweise anrichten, dazu frischen Toast reichen.

GÄRTNERTELLER

Zutaten: Für Eihälften:
4 hartgekochte Eier
20 g Butter
1 Sardellenfilet, fein gehackt
etwas Zitronensaft und Milch
1 Teel. Senf, etwas Salz und Pfeffer

Für Tomatenhälften:
4 Tomaten, halbiert und ausgehöhlt
1 Dose russischer Salat
2-3 Essl. Mayonnaise
etwas Streuwürze und Pfeffer

Für Radieschensalat:
2 Bund Radieschen
2 Essl. Öl
1 Essl. Essig
1 Essl. Schnittlauch, fein geschnitten
etwas Salz und Pfeffer

Für Karottensalat:
4 Karotten, auf der Bircherraffel fein gerieben
2 Essl. Joghurt nature
4 Essl. Orangensaft
1 Essl. Zitronensaft
Salz, Streuwürze und schwarzer Pfeffer

Für Gurkensalat:
1 Salatgurke
2 Essl. Öl
1 Essl. Essig
1 Essl. Dill, fein gehackt
etwas Salz und Pfeffer

Zum Garnieren:
1 Kopfsalat
1 Büschel gehackte Petersilie

Pikante Eihälften: Hartgekochte Eier schälen, der Länge nach halbieren, Eigelb herausnehmen, in eine Schüssel geben und mit einer Gabel zerstossen. Butter schaumig rühren, Senf und Sardellenfilet, Zitonensaft und Milch, Salz und Pfeffer dazugeben. Alles zusammen gut vermischen, so dass eine feuchte, aber nicht flüssige Masse entsteht. Diese mit dem Dressiersack in die ausgehöhlten Eiweisshälften füllen.

Tomatenhälften: Russischen Salat gut abgetropft mit 2-3 Essl. Mayonnaise mischen, Tomatenhälften mit Streuwürze und Pfeffer leicht bestäuben und mit dem russischen Salat füllen.

Radieschensalat: Öl, Essig, Schnittlauch, etwas Salz und Pfeffer zu einer Salatsauce anrühren, Radieschen mit dem Hobel in feine Scheibchen direkt in die Salatsauce hobeln und alles gut durchmischen.

Karottensalat: Aus Joghurt, Orangensaft, Zitronensaft, Salz, Streuwürze und schwarzem Pfeffer eine Salatsauce anrühren, Karotten mit der Bircherraffel hineinreiben und gut durchmischen.

Gurkensalat: Aus Öl, Essig, Dill, etwas Salz und Pfeffer eine Salatsauce herstellen. Gurke in feine Scheiben hobeln. Erst kurz vor dem Gebrauch mit der Salatsauce vermischen, da der Gurkensalat sonst wässrig wird.

Jeden Portionenteller mit grünen Salatblättern auslegen. Darauf eine gefüllte Ei- und Tomatenhälfte geben, rundherum die Salate farblich hübsch anordnen und mit etwas gehackter Petersilie überstreuen.

↳ Dieser Salatteller ist von der Zubereitung her etwas arbeitsintensiv, lohnt aber die Mühe. Besonders in den warmen Sommermonaten wirkt er appetitanregend, da er leicht und erfrischend ist. Alles kann vorbereitet und bereitgehalten werden. Die Salatteller werden jedoch erst kurz vor dem Eintreffen der Gäste hergerichtet.

CHURER FLEISCHTORTE (REZEPT SEITE 53)

LASAGNE VERDI (REZEPT SEITE 210)

BLUMENKOHL MIT KRÄUTERMAYONNAISE (REZEPT SEITE 87)

SPARGELN MIT MAYONNAISE (REZEPT SEITE 105)

GRATIN DAUPHINOIS (REZEPT SEITE 195)

GRAPEFRUIT MIT GEFLÜGELSALAT

Zutaten: 4 Grapefruits
350 g gekochtes Geflügelfleisch
(Truthahn oder Poulet)
5 Essl. Mayonnaise
1 Essl. Cognac

1 Essl. Tomatenketchup
Pouletgewürz
Salz, Pfeffer
8 grosse Kopfsalatblätter
8 Radieschen oder 8 rote Kirschen

Grapefruits halbieren, Fruchtfleisch herauslösen, von den weissen Häutchen befreien und in kleine Stücke schneiden. Geflügelfleisch ebenfalls in kleine Stücke schneiden. Grapefruitschalen am Rand zackenförmig einschneiden. Nun die übrigen Zutaten mischen, Geflügel- und Grapefruitwürfel zugeben, falls nötig etwas Mayonnaise beifügen. In die Schalen einfüllen, nach Belieben mit einem Radieschen oder einer roten Kirsche garnieren und auf ein Salatblatt anrichten.

GEFÜLLTE TOMATEN

Zutaten: 8 gleichmässig grosse Tomaten
2 Dosen weisser Thon
1 Zwiebel, fein gehackt
4 Essl. Mayonnaise
1 Essl. Zitronensaft

1 Essl. Schnittlauch, fein geschnitten
wenig Tabascosauce
Salz, Pfeffer, Streuwürze
Kresse als Garnitur

Tomaten waschen, einen Deckel wegschneiden, aushöhlen und zum Abtropfen umgekehrt auf ein Brett stellen. In einer Schüssel Mayonnaise mit Zitronensaft und Gewürzen mischen, den zerpflückten, trockenen Thon (ohne Öl) darunterheben und das Gemisch etwas ziehen lassen. Das Innere der Tomaten mit wenig Streuwürze bestäuben, den Thonsalat einfüllen und den Deckel aufsetzen. Die gefüllten Tomaten auf einen Ring aus Kresse setzen.

MIT CREVETTEN GEFÜLLTE AVOCADOS

Zutaten: 4 Avocados, gut ausgereift
250 g Crevetten, gekocht
4 Essl. Mayonnaise
1 Essl. Tomatenketchup
2 Essl. Sauerrahm
1 Teel. Zitronensaft

1 Teel. Cognac
etwas Schnittlauch, fein geschnitten
Salz, Pfeffer, Streuwürze
8 schwarze Oliven oder
4 gefüllte grüne Oliven, quer halbiert

Avocados halbieren, den Stein herauslösen. Aus den übrigen Zutaten, ausgenommen Crevetten, eine Sauce anrühren. Crevetten hineingeben. Die Mischung in die Avocadohälften füllen, nach Belieben mit einer schwarzen oder einer halben grünen Olive garnieren. Bis zum Servieren kühl stellen.

▷ Bei gut ausgereiften Avocados gibt die Schale auf leichten Druck nach.

MIT AVOCADOSALAT GEFÜLLTE AVOCADOS

Zutaten: 4 reife Avocados
1½ Becher Sauerrahm (1 Becher = 1,8 dl)
1 kleine Dose Ananasstückchen
4 Essl. Ananassaft aus der Dose
3 Teel. Zitronensaft
2 Äpfel, geschält, entkernt, gewürfelt

4 Essl. Williams Birnenschnaps
1 Teel. Currypulver
3 Essl. gehobelte Mandeln, geröstet
Salz, Pfeffer
8 rote Cocktailkirschen als Garnitur

Vorbereitung: Die zerkleinerten Äpfel sofort mit Zitronensaft beträufeln, damit sie sich nicht verfärben. Avocados halbieren, Stein entfernen, Fruchtfleisch herauslösen und würfeln.

Zubereitung: Sauerrahm, Ananassaft, Birnenschnaps und Gewürze zu einer Salatsauce mischen, über alle Fruchtwürfel giessen und locker mischen. In die ausgehöhlten Avocadoschalen einfüllen, mit gerösteten Mandeln bestreuen und mit Cocktailkirschen garnieren.

CREVETTENCOCKTAIL

Zutaten: 500 g Crevetten, gekocht und geschält
6 Essl. Mayonnaise
1 Teel. Worcestersauce
1 Essl. Tomatenketchup
2 Essl. Cognac

wenig Tabascosauce
1 Teel. Zitonensaft
Salz, weisser Pfeffer
8 grosse Salatblätter

Salatblätter in 8 Stielgläser verteilen. Aus allen übrigen Zutaten, Crevetten ausgenommen, eine dickflüssige Sauce anrühren, Crevetten darunterheben und den Cocktail in die Gläser einfüllen. Evtl. den Rand des Glases mit einem kleinen Zitronenschnitz garnieren. Gekühlt mit frischem Toast servieren.

GERÄUCHERTER LACHS MIT MEERRETTICHRAHM

Zutaten: 16 Scheiben Räucherlachs
3 dl Rahm, steif geschlagen
2 Essl. geriebener Meerrettich

1 Zitrone, in 8 Schnitze geschnitten
1 Bund Petersilie oder frisches Dillkraut
Salz, Pfeffer, Streuwürze

Meerrettich schälen, reiben und unter den geschlagenen Rahm mischen. Mit Salz, Pfeffer und Streuwürze abschmecken und die Mischung in die Lachsscheiben einrollen (je 1-1½ Essl. pro Scheibe). Pro Person zwei Scheiben berechnen. Die Rollen quer über die Mitte mit gehackter Petersilie oder Dill bestreuen, mit einem Zitronenschnitz garnieren und mit frischem Toast und Butterröllchen servieren.

EINGELEGTER LACHS NACH SCHWEDISCHER ART

Zutaten: 1-1¼ kg frischer Lachs   1 Teel. gemahlener weisser Pfeffer
    4 Essl. Zucker   3 Büschel frisches Dillkraut
    4 Essl. Salz   1 Zitrone, in dünne Rondellen geschnitten

Vorbereitung: Wenn möglich Lachs vom Mittelstück kaufen. Vom Fischhändler beide Hälften des Lachsstückes filetieren lassen, so dass sie ohne Gräten sind, die Haut aber noch daran ist.

Zubereitung: In eine längliche, tiefe Schüssel eine Schicht Dillkraut geben, darauf ein Lachsfilet mit der Haut nach unten legen. Zucker, Salz und Pfeffer mischen und die Hälfte davon auf das Fischfleisch verteilen. Darüber kommt wieder eine grosszügige Portion Dillkraut. Nun das zweite Filet mit dem Rest der Gewürze bestreuen, mit der Haut nach oben auf das erste Filet in die Schüssel legen und wieder mit einer üppigen Schicht Dill bedecken. Das Ganze beschweren, dabei darauf achten, dass der Saft des Lachses nicht ausgepresst wird. Zwei bis drei Tage kalt stellen und den Fisch zwischendurch einmal wenden.

Lachsstücke mit der Hautseite nach unten auf ein Brett legen, Gewürze und Dillkraut entfernen und den Fisch mit einem sehr scharfen Messer schräg in dünne Scheiben schneiden. Mit Zitronenrondellen verziert servieren. Dazu folgende Sauce reichen:

Kalte Senfsauce

Zutaten: 2 Essl. Senf   6 Essl. Öl
    1 Essl. Zucker   6 Essl. Sauerrahm
    1 Essl. Essig   viel feingehacktes Dillkraut

Senf, Zucker und Essig vermengen. Nach und nach Öl dazugiessen und gut durchrühren. Die Sauce wird schnell dick und muss kräftig geschlagen werden. Zum Schluss Sauerrahm und Dill daruntermischen.

LACHS IN GELÉE

Zutaten: 4 Stangen Bleichsellerie, klein geschnitten   3 Pfefferkörner
    1½ kg frischer Lachs   ½ Teel. Fischgewürz
    1 grosse Zwiebel, in grobe Stücke geschnitten   je ½ Teel. weisser Pfeffer, Estragon
    1½ Teel. frisches Dillkraut   und Basilikum
    2 l Wasser   4 Teel. Salz
    2-3 Essl. Weisswein   3 Päckchen gemahlene Gelatine
    1 Lorbeerblatt   1 Zitrone, Oliven und Kresse als Garnitur

Bleichsellerie, Dill, Zwiebel, Gewürze und Salz zusammen mit dem Wasser aufkochen. Fisch hineingeben und sanft kochen lassen, bis er gar ist (12-15 Min.).

Aus dem Sud heben, Haut und Gräte entfernen. Es ergeben sich dabei kleinere und grössere Fischstücke. Die Fischbouillon durchsieben und erkalten lassen, wenn nötig mit Salz nachwürzen. Sie haben nun ca. 1½ l Flüssigkeit. Die Gelatine in ¾ Tasse kaltem Fischsud einweichen, den Rest des Suds erhitzen, die weich gewordene Gelatine darin auflösen und 2-3 Essl. Weisswein beifügen. Abkühlen lassen, bis das Fischsud-Gelée zu erstarren anfängt. Nun die grösseren Fischstücke in eine längliche, mit kaltem Wasser ausgespülte Gratinplatte verteilen (am passendsten wäre eine Puddingschale in Fischform) und die Zwischenräume mit den kleineren Fischstücken ausfüllen. Mit dem Gelée übergiessen und im Kühlschrank fest werden lassen. Einige Zeit vor dem Servieren am Rand sorgfältig lösen und auf eine flache Platte stürzen. Mit Kresse, Oliven und Zitronenschnitzen garnieren.

KALTE LACHSMOUSSE

Zutaten: 1 kg Lachsfleisch   2½ dl Wasser
3 Essl. Zitronensaft   4 Essl. Mayonnaise
1½ Teel. Salz   2 dl Rahm, steif geschlagen
½ Teel. Pfeffer   Zitrone und Petersilie als Garnitur
2 Päckchen Gelatine

Den Lachs wie im vorangehenden Rezept beschrieben kochen, häuten und entgräten, dann durch den Fleischwolf drehen oder mit einer Gabel fein zerstossen und mit Zitronensaft, Salz und Pfeffer würzen. Wasser bis zum Siedepunkt erhitzen, Gelatine darin nach Vorschrift auflösen. Lachsfleisch mit der abgekühlten, aber noch flüssigen Gelatine mischen, Mayonnaise und Rahm beifügen. In eine kalt ausgespülte Glasschüssel oder Terrinenform füllen (keine Blechform benutzen wegen der Säure) und im Kühlschrank während 3-4 Std. fest werden lassen. Vor dem Servieren die Form kurz in kaltes Wasser tauchen, die Mousse stürzen und mit Zitronenscheiben und Petersiliensträusschen garnieren.

SCHINKENMOUSSE

Zutaten: 2 Päckchen Gelatine   Für die Garnitur:
½ dl Sherry oder Cognac   1 Büschel Petersilie
4 dl Hühnerbrühe   1 kleine Dose Spargelspitzen
2 Eier
600 g Schinken, fein gehackt
3 dl Rahm, steif geschlagen

Gelatine in Sherry oder Cognac einweichen. Hühnerbrühe bis zum Siedepunkt erhitzen. Eier trennen. Eigelb gut verrühren und nach und nach 1 dl von der erhitzten Hühnerbrühe dazugeben. Unter ständigem Rühren in die restliche Brühe zurückgiessen, während 1-2 Min. ziehen lassen. Die Brühe darf nicht mehr kochen, sonst flockt das Eigelb aus. Vom Feuer nehmen, die in Sherry oder Cognac aufgeweichte Gelatine beigeben und rühren, bis sie sich aufgelöst hat. Abkühlen lassen. Schinken dazugeben, die mit einer Prise Salz steifgeschlagenen Eiweiss und den Rahm sorgfältig darunterheben, in eine grosse Glasschüssel füllen und im Kühlschrank während 3-4 Std. fest werden lassen. Die Schinkenmousse am Rand sorgfältig lösen, auf eine flache Platte stürzen, kranzartig mit Spargelspitzen umgeben und mit Petersilie garnieren.

➪ Die Schinkenmousse kann auch in Portionenförmchen (ca. 1,3 dl Inhalt) gefüllt werden. In diesem Fall genügt die Hälfte der oben erwähnten Zutaten, und das Erstarren im Kühlschrank dauert nur 1-1½ Std.

SARDINENPATÉ

Zutaten: 250 g Doppelrahm-Weichkäse
(z.B. Philadelphia)
3 Essl. Zitronensaft
1 Zwiebel, fein gehackt
2 Essl. Petersilie, gehackt
350 g Sardinen, abgetropft, aus der Dose

Für die Garnitur:
1 Bund Radieschen
1 Büschel Petersilie
2 hartgekochte Eier, in Viertel geteilt

Doppelrahm-Weichkäse und Sardinen zusammen mit Zitronensaft, Zwiebel und Petersilie mit der Gabel zerdrücken und alles sehr gut mischen, bis eine gleichmässige Masse entsteht. Diese in eine halbhohe, runde Glasschüssel einfüllen und im Eisschrank mindestens 1-2 Std. kühl stellen. Vor dem Servieren die Sardinenmasse am Rand mit einem Messer etwas lösen und auf eine runde, flache Platte stürzen. Die Pâté mit Radieschen, Petersilie und Eivierteln appetitlich garnieren.

➪ Diese Pâté ist sehr schnell hergestellt und eignet sich ebenfalls gut zum Anbieten auf dem Buffet-Tisch. Die Sardinen können durch Thon ersetzt werden.

LEBERPATÉ

Zutaten: 500 g Kalbsleber, geschnetzelt
1 Zwiebel, fein geschnitten
3 Essl. Butter
200 g Rahmquark
3 hartgekochte Eier
1½ dl Fleischbrühe (aus Würfel hergestellt)

3 Essl. Cognac
einige Salbeiblätter
Salz, Pfeffer
8 Salbeiblätter
1 Büschel Petersilie ⎤ als Garnitur

Zwiebel und Kalbsleber in Butter andünsten, bis die Leber die Farbe verloren hat. Mit Salz und Pfeffer gut würzen. Leber, Zwiebel, Salbeiblätter und Eier mit der Fleischbrühe im Mixer pürieren. In eine ausgefettete, längliche, schmale Glasform füllen, die Oberfläche glattstreichen, mit Alufolie bedecken und die Form in den vorgeheizten Ofen ins Wasserbad stellen. Bei 190° während 60 Min. fest werden lassen. Pro Person zwei dünne Scheiben auf einen Teller anrichten, mit Salbeiblatt und Petersiliensträusschen garnieren und mit Toastbrot servieren.

☞ Nicht angeschnitten hält sich diese ausgezeichnete Pâté zugedeckt im Kühlschrank während mindestens 10 Tagen frisch.

GERÄUCHERTE FORELLE AUF APFEL

Zutaten: 8 geräucherte Forellenfilets | 1 Essl. Zucker
5 Äpfel | 1 grüne Peperoni, entkernt,
2 dl Weisswein | in feine Streifen geschnitten, oder
1 Teel. Butter | 16 Zitronenmelisseblättchen

Vorbereitung: Äpfel schälen, in 1 cm dicke Scheiben schneiden, Kerngehäuse ausstechen, so dass Ringe entstehen. Von vier Äpfeln die vier grössten Ringe in Weisswein mit Butter pochieren (d. h. knapp 3 Min. im aufgekochten Weisswein ziehen lassen, damit die Äpfel sich nicht verfärben). Den Rest des Apfelfleisches mit dem Zucker zu Mus kochen.

Zubereitung: Die Forellenfilets der Länge nach in der Mitte teilen und jede Hälfte locker aufrollen, so dass in der Mitte eine kleine Öffnung entsteht. Pro Person zwei Apfelscheiben auf einen Teller geben, auf jede Scheibe ein gerolltes halbes Forellenfilet stellen und die Öffnung mit Apfelmus füllen. Mit feinen Peperonistreifen oder Zitronenmelisseblättchen garnieren.

☞ Dickere Forellenfilets können beim Aufrollen brechen. Um dies zu vermeiden, werden die Filets nicht gerollt, sondern links und rechts neben die Apfelscheiben gelegt und mit Zitronenmelisseblättchen garniert.

GEFLÜGELTERRINE MIT PISTAZIEN

Zutaten: 1 kg Geflügelfleisch, | 2 Eier
ohne Haut und Knochen, gekocht und | 1 Büschel Petersilie, gehackt
fein gehackt (Truthahn oder Poulet) | je $\frac{1}{2}$ Teel. Rosmarin, Salbei, Majoran
200 g gehacktes Kalbfleisch | 200 g Spickspeck, in Scheiben
200 g gehacktes Schweinefleisch | 120 g geschälte Pistaziennüsse
100 g gekochter Schinken, fein gehackt | Salz, Pfeffer
2 Zwiebeln, fein geschnitten | $2\frac{1}{2}$ dl flüssige Sulze
4 Essl. Cognac | 8 Kopfsalatblätter ⎤
4 Essl. Butter | 8 Tomatenschnitze ⎦ als Garnitur

Zwiebel und Petersilie in Butter andämpfen, in eine Schüssel geben, alle übrigen Zutaten ausser Spickspeck, Pistazien und Sulze dazugeben, gut durchmischen und mindestens 1 Std. zugedeckt im Kühlschrank ruhen lassen. Die Masse sollte sehr gut gewürzt sein. Eine längliche Terrinenform mit Spickspeck auslegen, die

Hälfte der Masse einfüllen, dicht mit Pistaziennüssen belegen, den Rest der Masse darübergeben, mit Spickspeck zudecken, den Deckel der Form auflegen oder mit Alufolie abdecken. Im Wasserbad (das Wasser sollte so hoch wie die Füllung in der Terrine stehen) während 1¾ Std. auf dem Herd ziehen lassen. Das Wasser darf nicht kochen, sondern nur schwach ziehen. Die Terrine kann auch im Wasserbad in den Ofen gestellt und bei 175° gegart werden. Nach dem Garen das Fett abschütten und Lücken und Oberfläche mit der Sulze, die nach Vorschrift zubereitet wurde, bedecken. Im Kühlschrank erstarren lassen. Pro Person 1 Scheibe servieren, garniert mit einem grünen Salatblatt und einem Tomatenschnitz.

FISCHTERRINE MIT GERÄUCHERTEN FORELLEN

Zutaten: 550 g geräucherte Forellenfilets
3 Eiweiss
3 dl Rahm, wenn möglich Doppelrahm
2 Essl. Schnittlauch, fein geschnitten
2 Essl. Dill, gehackt
1 Essl. Zitronensaft
Muskatnuss, gerieben
Salz, Pfeffer
Butter zum Ausstreichen der Form

Eine kleine, längliche Terrinen- oder Cakeform ausbuttern. 150 g Forellenfilets in Streifen schneiden und damit den Boden der Form auslegen. Die restlichen Filets zusammen mit dem Eiweiss im Mixer sehr fein pürieren oder zweimal durch die Hackmaschine treiben. Den Doppelrahm der Fischmasse beifügen (wird gewöhnlicher Rahm verwendet, diesen zuerst steif schlagen), Zitronensaft und Gewürze dazugeben. Die Hälfte der Fischfarce in die Form füllen, die ganze Oberfläche mit Dill und Schnittlauch bestreuen, den Rest der Fischmasse glatt darüberstreichen. Die zugedeckte Form im Wasserbad in den vorgeheizten Ofen schieben und bei 175° während 40-60 Min. fest werden lassen. Danach mindestens 8 Std. abkühlen lassen. Vor dem Servieren in Scheiben schneiden, dabei das Tranchiermesser immer wieder in heisses Wasser tauchen. Pro Person je 1 Scheibe mit Sauce Mousseline anrichten.

Sauce Mousseline

Zutaten: 1 Beutel Sauce Hollandaise
1 dl Rahm, steif geschlagen

Die Hollandaise nach Vorschrift zubereiten, evtl. mit etwas Zitronensaft nachwürzen und kurz vor dem Servieren den Schlagrahm darunterziehen.

HUMMERPARFAIT

Eine ebenso köstliche wie elegante Vorspeise

Zutaten: 4 gekochte Langustenschwänze
zu je ca. 350 g (Kochen siehe Rezept
Hummer Thermidor, Seite 104)
3 Essl. Tomatenpüree
2 Essl. Zitronensaft
1 Essl. Sherry
2 Essl. Cognac
1 dl Wasser
1 Schalotte oder kleine Zwiebel,
in Stücke geschnitten
2 dl Rahm, geschlagen

Für die Mayonnaise:
2 Eigelb
2 dl Öl
3 Essl. Rahm, geschlagen
½ Teel. Paprika
Salz, Pfeffer, Streuwürze

Vorbereitung: Langustenfleisch aus den Schalen herauslösen (Darm entfernen), in kleine Stücke schneiden. Ein Viertel davon mit Tomatenpüree, Zitronensaft, Sherry, Cognac, Wasser und Schalotte oder Zwiebel im Mixer pürieren. In eine Pfanne geben, bei mittlerer Hitze aufkochen und abkühlen lassen. Nun die Mayonnaise herstellen, indem zuerst Eigelb und Gewürze vermengt werden. Unter tüchtigem Rühren nach und nach das Öl einlaufen lassen und zuletzt den Schlagrahm darunterheben. Mit der Langustenfleischmasse vermischen und im Kühlschrank zugedeckt 1 Std. kühl stellen.

Zubereitung: In acht Stielgläser drei Viertel des Langustenfleisches verteilen und die dicke, parfaitartige Sauce darüberfliessen lassen. Mit einer Rahmrosette aus dem Dressiersack garnieren.

☞ Langustenschwänze sind preisgünstiger als Hummer. Sie können im Delikatessgeschäft tiefgekühlt gekauft werden und sollten vor der Verwendung im Kühlschrank langsam auftauen.

WARME VORSPEISEN

SEEZUNGE MIT MANDELN

Zutaten: 1,2 kg Seezungenfilets
(grosse Filets längs halbieren)
3-4 Essl. Bratöl
50 g Butter

4 Essl. Mehl
100 g Mandeln, geschält, stiftig geschnitten
1 Zitrone, in 8 Schnitze geteilt
Salz, Pfeffer, Streuwürze

Vorbereitung: Mehl und Gewürze in einen festen Plastiksack geben, immer 5-6 Fischfilets aufs Mal beifügen und alles tüchtig durchschütteln. Diese Art des Bemehlens ist äusserst zeitsparend, und die Fischfilets werden sehr sparsam und gleichmässig bemehlt.

Zubereitung: Die Fischfilets im heissen Öl auf jeder Seite 3-4 Min. braten und auf eine flache Platte anrichten. In der gleichen Pfanne Butter zergehen lassen, Mandelstifte darin hellbraun rösten (Vorsicht, die Mandeln werden sehr schnell braun!), über die Seezungenfilets verteilen, Platte mit Alufolie abdecken und im Ofen warm halten. Vor dem Servieren mit Zitronenschnitzen garnieren.

FELCHENFILETS MIT GRAPEFRUITS

Zutaten: 1,2 kg Felchen- oder Flundernfilets   4 Essl. Bratöl
3 Grapefruits   4 Essl. Mehl
5 Artischockenböden (aus der Dose)   1 Büschel Petersilie, fein gehackt
2 Essl. Kapern   Salz, Pfeffer, Streuwürze
50 g Butter

Vorbereitung: Grapefruits schälen, weisse Häutchen entfernen, Fruchtfleisch würfeln. Artischockenböden kleinschneiden. Felchenfilets nach der Plastiksack-Methode (siehe vorangehendes Rezept) bemehlen.

Zubereitung: Fischfilets im heissen Öl auf beiden Seiten 2-3 Min. hellbraun braten und auf flacher Platte anrichten. In der gleichen Pfanne Butter zergehen lassen, Grapefruits, Artischocken und Kapern anrösten und über die Fischfilets geben. Mit Alufolie zudecken und im Ofen warm halten. Vor dem Servieren mit Petersilie bestreuen.

FISCHFILETS AN KRÄUTERRAHMSAUCE

Zutaten: 1 kg frische oder tiefgekühlte Flundernfilets   4 Sardellenfilets, klein gehackt
5 dl Weisswein   je 1 Teel. Dill und Basilikum
2 Essl. Butter   1 Teel. Zitronensaft
3 Essl. Mehl   1 Lorbeerblatt
2 dl Rahm   Salz, Pfeffer, Streuwürze

Fischfilets mit Salz, Pfeffer und Streuwürze bestreuen. Wein mit Lorbeerblatt aufkochen. Filets portionenweise nebeneinander auf einen Locheinsatz in die Pfanne legen und einige Minuten über dem Dampf ziehen lassen, bis sie nicht mehr roh sind, sondern weiss aussehen (dauert ca. 3 Min.). Sorgfältig herausheben und auf eine flache Platte anrichten. Mit Folie zudecken und warm stellen.

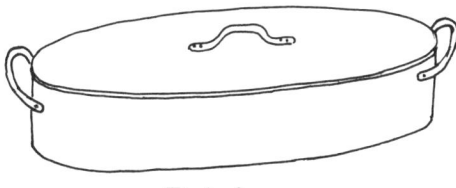

Fischpfanne

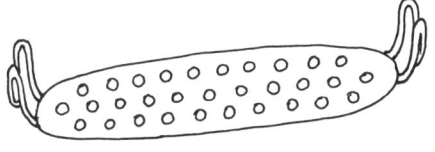

Locheinsatz

Lorbeerblatt entfernen und den Fischsud auf die Hälfte eindampfen lassen. Inzwischen Butter und Mehl zu einer Kugel verkneten. Diese unter beständigem Rühren mit dem Schwingbesen in den Sud geben, aufkochen. Die Sauce sollte nun schön glatt und gebunden sein. Sardellen und Kräuter dazugeben, mit dem Rahm verfeinern und zuletzt den Zitronensaft beifügen. Vor dem Servieren die Fischfilets mit der Sauce übergiessen.

↪ Sie können die Fischfilets gut im voraus garen, mit einer Folie zudecken und erst kurz vor dem Eintreffen der Gäste im Ofen wieder erwärmen. Die ebenfalls vorher hergestellte Sauce wird in der Pfanne nochmals kurz erhitzt und über die Fischfilets gegossen. Bleibt Sauce übrig, kann sie sehr gut tiefgefroren werden.

FISCHFILETS IN PORTIONENFÖRMCHEN ÜBERBACKEN

Zutaten: Die gleichen wie beim vorangehenden Rezept
Zusätzlich:
200 g Greyerzerkäse, gerieben
etwas Butter zum Ausstreichen der Förmchen

Fischfilets garen, wobei es hier keine Rolle spielt, ob sie ganz bleiben oder nicht; das ganze Quantum kann also aufs Mal zubereitet werden. Feuerfeste Förmchen mit Butter ausstreichen, Fisch auseinanderpflücken, in die Förmchen verteilen und bis 1½ cm unter den Rand mit Sauce übergiessen. Mit Käse bestreuen und während 20 Min. bei 190° im Ofen überbacken.

↪ Die Förmchen können im voraus gefüllt und mit Alufolie zugedeckt werden. 20 Min. vor dem Servieren werden sie mit Käse bestreut und im Ofen überbacken. Auf diese Art zubereitete Fischfilets lassen sich sehr gut tiefkühlen, tauen schnell auf und werden erst vor dem Überbacken mit Käse bestreut. Werden Portionenförmchen von nur 1,3 dl Inhalt verwendet, lassen sich mit den angegebenen Zutaten 16 Stück füllen. Die Hälfte kann somit für eine nächste Einladung tiefgekühlt werden.

FISCHFILETS MIT ORANGEN

Abbildung Seite 142

Zutaten: 8 nicht zu kleine Seezungenfilets | 1 dl Rahm, flüssig
3 Orangen | 1 dl Rahm, geschlagen
1 Zwiebel, fein gehackt | 1 Essl. Butter ⎱ zu Mehlbutter geknetet
1 Essl. Butter | 1 Essl. Mehl ⎰
2 dl Weisswein | Salz, Pfeffer
1 Beutel Sauce Hollandaise

Vorbereitung: Schale einer Orange mit dem Kartoffelschäler sehr dünn abschaben (ohne weisses Häutchen), mit dem Wiegemesser fein schneiden, kurz in kochendes Wasser geben, aufkochen und absieben. Die geschälte Orange quer durchschneiden und auspressen (ergibt ca. $\frac{1}{2}$ Tasse Fruchtsaft). Die beiden andern Orangen ebenfalls schälen (auch die weisse Haut entfernen) und in je 8 Schnitze schneiden. Sauce Hollandaise nach Vorschrift zubereiten.

Zubereitung: Den Boden einer Pfanne mit Butter ausstreichen, mit gehackter Zweibel bestreuen, Seezungenfilets der Länge nach teilen, mit Salz und Pfeffer würzen, einmal zusammenfalten und nebeneinander in die Pfanne legen. Weisswein und Orangensaft darübergiessen und den Fisch zugedeckt auf kleinem Feuer während ca. 4 Min. weiss und fest werden lassen (nicht kochen). Die gegarten Filets auf einer flachen Platte gefällig anrichten und zugedeckt warm stellen. Die Mehlbutter in den Fischsud geben, mit dem Schwingbesen tüchtig rühren und die Sauce kochen, bis sie bindet. Den flüssigen Rahm dazugiessen und etwas einkochen lassen. Pfanne vom Feuer nehmen, blanchierte Orangenschale, Sauce Hollandaise und zuletzt den Schlagrahm unter die Sauce ziehen, evtl. mit Salz und Pfeffer nachwürzen. Die Sauce über die Seezungenfilets giessen und als Garnitur zwischen die Fischstücke je einen Orangenschnitz schieben.

🖙 Dieses Gericht kann im voraus fertig (jedoch ohne Garnitur) zubereitet und mit Alufolie bedeckt werden. Orangenschnitze separat in Folie einpacken, damit sie nicht austrocknen. Platte 20 Min. vor Gebrauch zugedeckt bei 100° im Ofen erwärmen und erst vor dem Servieren mit den Orangenschnitzen garnieren.

FISCHMOUSSE AN TOMATENSAUCE

Zutaten: 500 g Fischfilets (Seezungen oder Flundern)
2 Eiweiss
4 dl Rahm, wenn möglich Doppelrahm
1 Teel. Zitronensaft
$\frac{1}{2}$ Teel. abgeriebene Zitronenschale
2 Essl. frisches oder
2 Teel. getrocknetes Basilikum
Salz, Pfeffer, Streuwürze
Butter zum Ausstreichen der Förmchen

Für die Sauce:
1 Zwiebel, fein gehackt
1 Essl. Butter
1 Dose Tomaten, geschält (400 g)
1 Lorbeerblatt
1 Knoblauchzehe (nach Belieben)
1 Stück Sellerieknolle oder -kraut
1 Essl. frisches Basilikum oder
1 Teel. getrocknetes Basilikum
1 Teel. Petersilie, fein gehackt
1 Prise Zucker
Salz, Pfeffer, Steuwürze
8 kleine Salatblätter als Garnitur

Vorbereitung: Fischfilets zerkleinern, in den Mixer geben, Eiweiss und Rahm beifügen (darauf achten, dass beides direkt aus dem Kühlschrank kommt, da sonst die Masse griessig und unansehnlich wird) und fein pürieren. Zitronensaft und -schale sowie Basilikum daruntermischen und mit Salz, Pfeffer und Streuwürze abschmecken.

Zubereitung: Kleine, feuerfeste Förmchen mit Butter ausstreichen, Fischmasse einfüllen, die Förmchen in ein Kuchenblech stellen, dieses ca. 2 cm hoch mit Wasser füllen und die Mousse bei 180° während 10-15 Min. im Ofen garen. Das

Wasser darf nicht sprudeln. Inzwischen für die Sauce Zwiebeln in Butter andünsten, die in Stücke geschnittenen Tomaten samt Saft dazugeben, durchgepressten Knoblauch und übrige Saucenzutaten beifügen. Auf kleinem Feuer eine Viertelstunde kochen lassen, durch ein Sieb passieren, mit Salz, Pfeffer und Streuwürze rassig abschmecken. Fischmousses, nachdem sie im Wasserbad fest geworden sind, auf Portionenteller stürzen, mit Sauce überziehen, mit je einem Salatblatt garnieren und warm servieren.

⟳ Sauce und Fischmasse können im voraus hergestellt werden. Mousse in die Förmchen füllen, mit Alufolie abdecken und erst wenn die Gäste eintreffen im Ofen garen. Zu diesem Zeitpunkt Hitze unter dem Saucenpfännchen klein einschalten. So werden Mousse und Sauce nach dem Aperitif warm und servierbereit sein.

HUMMER THERMIDOR

Etwas für ganz spezielle Anlässe, denn Hummer ist delikat und kostspielig

Zutaten: 4 kleinere Hummer, gekocht, oder
8 Langustenschwänze zu je ca. 180 g, gekocht
2 Essl. Butter
50 g Butter
40 g Mehl
4 dl Milch
1 dl Rahm

$^{1}/_{2}$ dl Weisswein
2 Essl. Sherry
100 g Sbrinz oder Parmesan, gerieben
etwas Zitronensaft
Muskatnuss, gerieben
Salz, Pfeffer

Kochen der Hummer oder Langustenschwänze: In einer grossen Pfanne Wasser zum Kochen bringen (auf 1 Liter Wasser 1 Teel. Salz berechnen), Hummer oder Langustenschwänze hineingeben, wieder bis zum Siedepunkt bringen, zudecken und ca. 8 Min. schwach kochen lassen. Bei zu langer Kochzeit wird das Fleisch trocken und zäh. Danach herausnehmen und sofort in kaltes Wasser tauchen.

Vorbereitung: Hummer mit einem scharfen Messer längs halbieren (siehe Skizze), die Scheren ausbrechen und den Darm entfernen. Das Fleisch mit wenig Zitronensaft beträufeln und aus den Schalen und Scheren herauslösen. Langustenschwänze mit einer Schere der weichen Schale entlang auf beiden Seiten einschneiden, die Schale und den Darm entfernen, das Fleisch sorgfältig herauslösen und mit wenig Zitronensaft beträufeln.

Hummer- oder Langustenfleisch in kleine, mundgerechte Stücke schneiden. Die Schalen mit Küchenpapier trocken reiben.

Zubereitung: 2 Essl. Butter in einer grossen, flachen Bratpfanne zergehen lassen, die Schalen darin eine Minute erhitzen, dann nebeneinander in eine Gratinform setzen. Hummerfleisch in die Pfanne geben, unter ständigem Rühren leicht erhitzen, Wein und Sherry dazugiessen und kurz einkochen. In einem Saucenpfännchen 50 g Butter schmelzen, Mehl beifügen und dünsten, bis sich beides gut verbunden hat. Nach und nach Milch eingiessen, immer wieder gut rühren, damit keine Klümpchen entstehen, Rahm beifügen, mit den Gewürzen pikant abschmecken und auf kleinem Feuer etwas eindicken lassen. Zum Hummerfleisch geben und alles gut zusammen vermischen. In die Schalen einfüllen, mit Käse bestreuen und im Ofen bei 250° ca. 10 Min. überbräunen (hoch einschieben).

☞ Die Schalen können im voraus gefüllt und erst vor dem Servieren überbacken werden.

SPARGELN MIT MAYONNAISE

Abbildung Seite 91

Zutaten: 4 kg frische Spargeln   Für die Mayonnaise:
4 l Wasser   2 Eigelb
3 Teel. Salz   2 Eiweiss
1 Teel. Zucker   1 Teel. Senf
2 dl Öl oder
1 dl Öl und 200 g Rahmquark
1 Essl. Zitronensaft
etwas Petersilie, fein gehackt
Salz, Pfeffer, Streuwürze

Spargeln von der Spitze nach unten schälen, dabei unten genug wegschneiden, damit nach dem Kochen der ganze Spargel zart und essbar ist. Wasser, Salz und Zucker aufkochen, Spargeln gebündelt, Köpfchen nach oben, hineingeben und in ca. 15-20 Min. knapp weich kochen. Sie sollten noch «Biss» haben und auf keinen Fall die Köpfchen verlieren! Gut abgetropft auf einer flachen, mit einer frischen Serviette ausgelegten Platte anrichten und in der Mitte mit einem Streifen Petersilie bestreuen.

Dazu wird folgende Mayonnaise gereicht:

Eigelb mit Senf verrühren, Öl unter ständigem, schnellen Rühren zufügen, zuerst tropfenweise und, sobald die Mayonnaise dicklich wird, reichlicher, wobei darauf zu achten ist, dass immer tüchtig gerührt wird. Mit Zitronensaft und den Gewürzen abschmecken. Wird die leichtere Küche bevorzugt, kann die Hälfte des Öls durch Rahmquark ersetzt werden. Kurz vor dem Servieren Eiweiss mit einer Prise Salz zu steifem Schnee schlagen und sorgfältig unter die Mayonnaise mischen. Diese luftige, leichte Sauce schmeckt zu frischen Spargeln köstlich.

☞ Da Spargeln von Hand gegessen werden, wird nach dieser Vorspeise vor jeden Gast eine Fingerschale mit lauwarmem Wasser gesetzt, in der als Dekoration z. B. eine dünne Zitronenscheibe, eine kleine Blüte oder ein frisches Kräutlein schwimmt.

ÜBERBACKENER GEFLÜGELSALAT

Ein amerikanisches Rezept

Zutaten: 1 kg Geflügelfleisch, gekocht, klein geschnitten
100 g Mandeln, geschält, blättrig geschnitten
2 Stangen Bleichsellerie, klein geschnitten
2 Zwiebeln, auf der Bircherraffel gerieben
2 dl Hühnerbouillon
2 Essl. Zitronensaft

6 Essl. Mayonnaise
120 g Käse, gerieben
1½ Tasse Kartoffelchips, zerkrümelt
Pouletgewürz
Salz, Pfeffer
Butter zum Einstreichen der Form

Vorbereitung: Mandeln auf einem Blech ausbreiten und im Ofen bei 130° während ca. 15 Min. leicht anbräunen.

Zubereitung: Alle Zutaten ausser Käse und Kartoffelchips gut miteinander vermengen, in eine flache, mit Butter ausgestrichene Auflaufform geben, Käse und Chips darüberstreuen und im Ofen 10 Min. bei 200° und weitere 20 Min. bei 180° überbacken.

☞ Dieses Gericht ist mit Salat zusammen ein apartes, leichtes Mittagessen.

KÄSEKÖPFLI MIT TOMATENSAUCE

Zutaten: 100 g Mehl
80 g Butter
200 g Käse, gerieben
(z. B. ½ Emmentaler, ½ Greyerzer)
½ l Milch
4 Eier
Muskatnuss, gerieben
Salz, Pfeffer
Butter zum Ausstreichen der Förmchen
Für die Tomatensauce:
1 Zwiebel, fein gehackt
1 Knoblauchzehe, gepresst
(kann weggelassen werden)

1 kleine Dose geschälte Tomaten (400 g)
2 Teel. Tomatenpüree
3 Essl. Mehl
1 Lorbeerblatt
2 Nelken
¼ l Rotwein
¼ l Fleischbrühe
1 Essl. Butter
1 Teel. italienische Kräutermischung
Salz, Pfeffer
Petersiliensträusschen
oder kleine Salatblätter } als Garnitur

Vorbereitung: Für die Tomatensauce Butter zergehen lassen, Zwiebeln und Knoblauch darin andämpfen, Mehl darüberstreuen, zerschnittene Tomaten samt Flüssigkeit dazugeben, Rotwein, Fleischbrühe und die Gewürze beifügen und 30 Min. leicht kochen lassen. Durch ein Sieb streichen und warm halten.

Zubereitung: Für die Käseköpfli Butter zergehen lassen, Mehl gut durchdämpfen, ohne dass es Farbe annimmt, und nach und nach unter beständigem Rühren mit dem Schwingbesen die Milch dazugiessen. Gut würzen. Vom Feuer nehmen, die Eier und dann den Käse darunterheben und alles zu einer dicken, glatten Masse verarbeiten. In die mit Butter ausgestrichenen Portionenförmchen einfüllen und im Wasserbad im Ofen bei 190° während ca. 15 Min. fest werden lassen. Sorgfältig aus der Form auf Portionenteller stürzen, mit Tomatensauce begiessen und mit Petersilie oder einem Salatblatt garnieren.

▷ Statt in Portionenförmchen kann die Käsemasse auch in eine Timbaleform gefüllt werden. In diesem Fall beträgt die Garzeit, 1-1¼ Std.

Käsemasse und Sauce lassen sich gut im voraus zubereiten. Die gefüllten Förmchen mit Alufolie zudecken und erst kurz bevor die Gäste eintreffen in den Ofen schieben. Käseköpfli lassen sich in der Form auch gut tiefkühlen.

CHAMPIGNONSCHNITTEN

Zutaten: 8 Scheiben viereckiges Kastenbrot, frisch getoastet
750 g frische Champignons
1 Zwiebel, fein gehackt
1 Essl. Butter
2 Essl. Mehl
2 dl Hühnerbouillon

½ dl Weisswein oder
1 Essl. Zitronensaft
1 dl Rahm
Muskatnuss, gerieben
Salz, Pfeffer
1 Büschel Petersilie, fein gehackt

Pilze gut waschen, wenn nötig zerkleinern. In Butter andämpfen, Zwiebeln und Mehl darüberstreuen, mit Hühnerbrühe und Weisswein oder Zitronensaft ablöschen und während 5-8 Min. kochen lassen. Zum Verfeinern Rahm dazugiessen, würzen und auf die im Ofen warm gehaltenen Brotscheiben verteilen. Mit Petersilie bestreuen und heiss servieren.

RIVIERASCHNITTEN

Zutaten: 8 Scheiben viereckiges Modelbrot
200 g Rahmquark
2 Essl. Milch
50 g Butter
2 Essl. Tomatenpüree
4 Essl. Kapern
2 Sardellenfilets, gehackt

8 Grapefruitscheiben, quer geschnitten, Schale entfernt
100 g Speckwürfel
4 grüne, gefüllte Oliven, quer halbiert
100 g Sbrinz oder Parmesan, gerieben
Salz, Pfeffer, Paprika

Brotscheiben auf beiden Seiten leicht buttern. Speckwürfel anbraten. Quark mit Milch schaumig rühren. Sardellenfilets dazugeben und mit Salz, Pfeffer und Paprika rezent würzen. Diese Mischung auf die Brotscheiben streichen, darauf etwas Tomatenpüree verteilen, Kapern, Speckwürfel und Käse darüberstreuen und im Ofen bei 200° während 15 Min. überbacken, d.h. bis die Schnitten Farbe angenommen haben. Vor dem Servieren jede Schnitte mit einer Grapefruitscheibe belegen und mit einer halben Olive, Schnittfläche nach oben, garnieren.

▷ Brot mit Belag und die Garnitur können vorbereitet werden. Erst wenn die Gäste eingetroffen sind, werden die Schnitten garniert und überbacken.

MILKENPASTETLI

Zutaten: 8 Blätterteigpastetchen | 40 g Mehl
800 g Kalbsmilken | 1 dl Rahm
1 Zwiebel, mit 3 Nelken besteckt | 1 Eigelb
$\frac{3}{4}$ l Fleischbrühe | 200 g Champignons, blättrig geschnitten
1 dl Weisswein | Muskatnuss, gerieben
2 Zweiglein Petersilie | Salz, weisser Pfeffer
40 g Butter

Vorbereitung: Milken etwa eine Stunde in kaltes Wasser einlegen, säubern und in die kochende Fleischbrühe geben. Zwiebeln, Petersilie und Weisswein beifügen und während 10-15 Min. sanft kochen lassen. Milken herausnehmen, etwas abkühlen lassen, enthäuten und in kleine Würfel schneiden. Milkenbrühe aufbewahren. Champignons waschen und fein schneiden.

Zubereitung: Butter in der Pfanne zergehen lassen, Mehl darin andämpfen und langsam, unter stetigem Rühren, $\frac{1}{2}$ l Milkenbrühe zugiessen. 15 Min. schwach kochen lassen. Rahm dazugeben, gut vermischen und die Sauce über ein gut verklopftes Eigelb giessen. In die Pfanne zurückgeben, Milkenwürfel und Champignons in der Sauce erhitzen, aber nicht mehr kochen. Pastetchen und Deckel im Ofen bei 200° während 7-8 Min. aufbacken. Die Sauce mit Salz, Pfeffer und Muskatnuss würzen. Pastetchen füllen, wobei die Füllung über den Rand hinunterfliessen darf. Deckel aufsetzen.

OMELETTEN-MILKEN-GRATIN

Zutaten: 650 g Kalbsmilken | Für die Omeletten:
$\frac{3}{4}$ l Fleischbrühe | 300 g Mehl
1 Zwiebel, mit 3 Nelken besteckt | 1 Teel. Salz
1 Lorbeerblatt | 1$\frac{1}{2}$ dl Wasser
1 dl Weisswein | 2 Teel. Öl
30 g Butter | 4 Eier
4 Essl. Mehl | Bratöl zum Ausbacken
1 dl Sauerrahm

Vorbereitung: Milken eine Stunde in kaltes Wasser einlegen, säubern und in die kochende Fleischbrühe geben. Zwiebel, Weisswein und Lorbeerblatt beifügen und während 15 Min. mehr ziehen als kochen lassen. Herausnehmen, etwas abkühlen lassen, enthäuten und in kleine Würfel schneiden. Die Milkenbrühe beiseite stellen.

Für die Omeletten Mehl in eine Schüssel sieben, in der Mitte eine Mulde formen, Wasser, Salz, Öl und Eier zusammen verklopfen und in die Mulde giessen. Mit einer Holzkelle von der Mitte aus verrühren, bis der Teig glatt und dicklich ist. Eine Stunde stehenlassen, damit das Mehl gut aufquellen kann.

Zubereitung: Für die Sauce Butter zergehen lassen, Mehl mitdämpfen und nach und nach ½ l Milkenbrühe zugiessen. Mit dem Schwingbesen tüchtig rühren, damit keine Knollen entstehen. Etwas einkochen lassen, Sauerrahm beifügen, evtl. nachwürzen und Milkenwürfel hineingeben. Auf kleinem Feuer warm halten. In einer Teflonpfanne wenig Bratöl erhitzen, einen Schöpflöffel voll Omelettenteig hineingeben und unter Drehen der Pfanne zu einer dünnen Omelette verlaufen lassen. Auf beiden Seiten backen. Mit dem restlichen Teig gleich verfahren. Bei Bedarf Öl zufügen. Die goldbraunen Omeletten mit Milkenfüllung belegen, einrollen, in eine ausgebutterte Auflaufform schichten und bei 200° ca. 15 Min. im Ofen gratinieren.

▷ Kann gut im voraus zubereitet werden (Auflaufform mit Alufolie zudecken). Kurz vor dem Servieren überbacken.

SOUFFLÉS

Soufflés sind Höhepunkte der Kochkunst. Zwar ertragen sie das Zubereiten im voraus schlecht. Da sie aber eine ebenso beliebte wie delikate Vorspeise sind, möchte ich im Nachgang zum Kapitel «Vorspeisen» doch noch einige dieser kulinarischen Glanzlichter aufführen für alle diejenigen, welche sich an die gar nicht so schwierige Zubereitung der zartschmelzenden Köstlichkeiten heranwagen. Immer muss davon ausgegangen werden, dass ein Soufflé ungern auf die Gäste wartet. Aus Erfahrung weiss ich aber, dass es immerhin ungefähr 10 Min. Wartezeit im Ofen erträgt, bevor es anfängt zusammenzufallen. Ein guter Zeitplan beim Herstellen eines Soufflés ist also sehr wichtig.

Wissenswertes über die Zubereitung:
Soufflés werden in einer hohen, geraden Form gebacken. Notfalls kann der Rand mit innen gebuttertem Pergamentpapier erhöht werden. Da der Inhalt beim Backen steigt, sollte die Form nur zu zwei Dritteln gefüllt werden.

Beim Vorheizen des Backofens wenn möglich nur die Unterhitze einschalten. Soufflés benötigen mehr Unter- als Oberhitze und sollten zu Beginn in einen nur mässig vorgeheizten Ofen gestellt werden. Es ist besser, während des Backvorgangs die Hitze zu steigern, als sie zu drosseln. In den ersten 20 Min. darf die Backofentüre nie geöffnet werden!

Das Soufflé erst kurz vor dem Eintreffen der Gäste in den Ofen schieben und die Zeit für den Aperitif nicht zu sehr ausdehnen. Die Eingeladenen sollten schon am Tisch sitzen, wenn das luftige Gebilde direkt aus dem Ofen voller Stolz angeboten wird.

Ein Soufflé wird immer in der Form serviert, in der es gebacken wurde. Zum Servieren die Form auf eine mit einer Serviette belegte flache Platte stellen.

Die nachfolgenden Rezepte sind für eine runde Auflaufform von 24 cm Durchmesser und 10 cm Höhe berechnet.

KÄSESOUFFLÉ

Zutaten: 70 g Butter
80 g Mehl
100 g Greyerzerkäse, gerieben
100 g Emmentalerkäse, gerieben
6 Eigelb

6 Eiweiss
5 dl Milch
Muskatnuss, gerieben
Salz, Pfeffer
Butter zum Bestreichen der Form

Butter zergehen lassen, Mehl darin andämpfen. Die erwärmte Milch nach und nach unter tüchtigem Rühren zugiessen, rühren, bis die Masse glatt ist. Unter ständigem Rühren 5 Min. kochen. Pfanne von der Herdplatte nehmen, die Masse würzen und etwas auskühlen lassen. Die Eigelbe einzeln, danach den Käse daruntermischen. Eiweiss mit einer Prise Salz sehr steif schlagen und sorgfältig unter die Soufflémasse ziehen. In die gut gebutterte Auflaufform einfüllen und im vorgeheizten Ofen bei 175° während 45-50 Min. backen. Nach 40 Min. die Garprobe machen; eine in die Mitte gesteckte dünne Stricknadel (oder ein Holzspiesschen) muss vollkommen trocken bleiben. Andernfalls das Soufflé noch einige Minuten im Ofen lassen. Sofort servieren.

☞ Anstatt der grossen Auflaufform können Portionenförmchen verwendet werden. Die Backzeit beträgt dann nur 15-20 Min., und die in den Rezepten angegebenen Mengen reduzieren sich um die Hälfte.

SPARGELSOUFFLÉ

Zutaten: 1 kleine Zwiebel, fein gehackt
1 kleine Dose Spargeln (ca. 300 g)
60 g Butter
70 g Mehl
6 Eigelb
6 Eiweiss
4 dl Milch
Salz, 1 Prise Zitronenpfeffer
Butter zum Ausstreichen und
40 g Sbrinz, gerieben, zum Bestreuen der Form

Die Zwiebeln in der Butter andämpfen, das Mehl darüberstreuen, nach und nach mit der erwärmten Milch ablöschen und alles zu einer glatten, dicken Sauce verrühren. Unter Rühren 5 Min. kochen lassen. Von der Herdplatte nehmen, würzen, Eigelbe einzeln einarbeiten, die abgetropften, in kleine Stücke geschnittenen Spargeln dazugeben und zuletzt das mit einer Prise Salz sehr steif geschlagene Eiweiss sorgfältig darunterheben. In eine bebutterte und mit geriebenem Sbrinz bestreute Auflaufform einfüllen und im vorgeheizten Ofen bei 180° 45 Min. backen. Garprobe machen (siehe vorangehendes Rezept). Sofort servieren.

SCHINKENSOUFFLÉ

Zutaten: 70 g Butter
70 g Mehl
5 dl Milch
6 Eigelb
6 Eiweiss
200 g gekochter Schinken, fein gehackt
3 Essl. Schnittlauch, fein geschnitten
Muskatnuss, gerieben
Salz, Pfeffer
Butter zum Bestreichen der Form

Butter schmelzen, Mehl darin andämpfen und nach und nach die erwärmte Milch dazugiessen, fortwährend tüchtig rühren, damit keine Knollen entstehen. Unter Rühren auf kleinem Feuer kochen lassen, bis die Masse dick wird. Vom Herd nehmen, würzen und etwas auskühlen lassen. Eigelbe einzeln darunterheben, Schinken und Schnittlauch beifügen und zuletzt das mit einer Prise Salz sehr steif geschlagene Eiweiss sorgfältig darunterziehen. Diese luftige Masse in die bebutterte Form einfüllen und im vorgeheizten Ofen bei 180° während 45-50 Min. backen. Garprobe vornehmen (siehe Rezept Käsesoufflé). Sofort servieren.

CREVETTENSOUFFLÉ

Zutaten: 80 g Butter
80 g Mehl
3 dl Milch
1 dl Rahm
$\frac{1}{2}$ dl Weisswein
$\frac{1}{2}$ dl Cognac
200 g Crevetten, gekocht und geschält
6 Eigelb
6 Eiweiss
Muskatnuss, gerieben
Salz, Pfeffer

Crevetten in eine kleine, tiefe Schüssel geben, Cognac darübergiessen, $\frac{1}{2}$ Std. zugedeckt ziehen lassen. Butter schmelzen, Mehl darin andünsten, die erwärmte Milch unter stetigem Rühren nach und nach einfliessen lassen und auf kleinem Feuer 5 Min. kochen. Pfanne von der Herdplatte nehmen, würzen und etwas abkühlen lassen. Rahm, Weisswein, Eigelbe einzeln und zuletzt die Hälfte der Crevetten unter die Masse arbeiten. Das mit einer Prise Salz sehr steif geschlagene Eiweiss sorgfältig darunterziehen. Restliche Crevetten auf den Boden der vorbereiteten Auflaufform verteilen und die Soufflémasse darübergeben. Sofort in den vorgeheizten Ofen schieben und bei 180° während 40-45 Min. backen. Garprobe vornehmen (siehe Rezept Käsesoufflé). Sofort servieren.

KREBSSOUFFLÉ

Zutaten: 80 g Butter
80 g Mehl
200 g Krebsfleisch aus der Dose,
klein geschnitten
5 dl Milch
1 Teel. Tomatenketchup
1 Essl. Zitronensaft
6 Eigelb
6 Eiweiss
Salz, Peffer, Paprika
Butter zum Bestreichen der Form

Butter schmelzen, Mehl darin andämpfen und nach und nach unter stetigem Rühren die erwärmte Milch dazugiessen. Die glattgerührte, dicke Masse auf kleinem Feuer während 5 Min. unter Rühren kochen. Vom Feuer nehmen, würzen, Tomatenketchup und Zitronensaft dazugeben. Eigelbe einzeln sowie das Krebsfleisch in die Masse einarbeiten und zuletzt das mit einer Prise Salz sehr steif geschlagene Eiweiss darunterheben. In die vorbereitete Auflaufform einfüllen und im vorgeheizten Ofen bei 175° während ca. 45 Min. backen. Garprobe vornehmen (siehe Rezept Käsesoufflé). Sofort servieren.

DER HAUPTGANG

Lösen Sie sich von der Vorstellung, dass bei einem festlichen Mahl der Hauptgang ausschliesslich eine zur Genüge bekannte Pièce de résistance wie Roastbeef, Filet oder Braten sein müsse. Wer oft eingeladen ist, weiss einfallsreiche und kulinarisch verlockende Gerichte besonders zu schätzen. Und es zeigt sich immer wieder, dass Hausmannskost ganz besonders schmeckt. Ihr Erfolg als Gastgeberin hängt nicht davon ab, ob das Hauptgericht aus einem Stück Renommierfleisch besteht oder nicht. Massgebend ist vor allem Ihr Bemühen, die Gäste zu verwöhnen, geschehe dies nun mit kleingeschnittenem Fleisch, mit Schnitzeln oder grösseren Stücken von Fisch, Wild, Kalbs-, Rinds- oder Schweinefleisch.

Nach einem abwechslungsreichen, schmackhaften Mahl werden Sie bei Ihren Gästen immer wieder eine behagliche, genüssliche Zufriedenheit feststellen.

RINDFLEISCH

SAFTPLÄTZLI

Zutaten: 16 Rindsplätzli von der Huft zu ca. 80 g
3 Essl. Butter oder Bratöl
4 Essl. Mehl
4 Zwiebeln, fein gehackt
1 Essl. Tomatenpüree
4 dl Apfelmost

1 Beutel gebundene Bratensauce
1 Teel. Thymian
1 Lorbeerblatt
2 Nelken
Salz, Pfeffer, Paprika

Vorbereitung: Mehl, Salz und Pfeffer in einen festen Plastiksack geben und immer 5-6 Plätzli aufs Mal darin tüchtig durchschütteln. So werden sie ohne grosse Mühe gleichmässig bemehlt. Bratensauce nach Vorschrift zubereiten.

Zubereitung: Butter oder Öl in einer Bratpfanne erhitzen, Plätzli beidseitig anbraten, herausnehmen und im restlichen Öl oder Fett die Zwiebeln etwas anrösten. Das Fleisch mit den Zwiebeln lagenweise in eine gut verschliessbare Kasserolle einschichten, Apfelmost, Tomatenpüree, Paprika und Thymian, Lorbeerblatt und Nelken dazugeben und bei schwacher Hitze 1 Std. weich dünsten. Fleisch aus der Sauce nehmen, Bratensauce zum verbliebenen Fleischjus giessen, einmal aufkochen und durch ein Sieb passieren. Beim Anrichten die Plätzli mit etwas Sauce bedecken, die restliche Sauce separat dazu servieren. Gebratene Maisschnitten oder Teigwaren passen gut dazu.

☞ Kann sehr gut im voraus zubereitet werden. Fleisch und Sauce separat warm halten.

GESCHNETZELTES RINDFLEISCH MIT EIERSCHWÄMMCHEN

Zutaten: 1,2 kg geschnetzeltes Rindfleisch
100 g Speckwürfelchen
1 Zwiebel, fein gehackt
2 dl Öl
½ dl Cognac
3 dl Rotwein

4 dl Fleischbrühe
1 Dose kleine Eierschwämmchen (500 g)
1 Lorbeerblatt, zerdrückt
1 Teel. italienische Kräutermischung
½ Teel. Majoran
Salz, Pfeffer

Vorbereitung: Fleisch in eine tiefe Schüssel geben, Öl, Cognac und Gewürze beifügen und alles gut miteinander vermischen. Zugedeckt über Nacht im Kühlschrank stehenlassen.

Zubereitung: Speckwürfelchen in einem Brattopf leicht anrösten, Zwiebel und mariniertes Fleisch dazugeben und alles gut durchmischen, bis das Fleisch seine Farbe verändert. Mit Wein und Fleischbrühe aufgiessen und zugedeckt bei schwacher Hitze 1 Std. schmoren lassen. Zuletzt die abgetropften Pilze daruntermischen und nochmals kurz erhitzen.

⤳ Sehr attraktiv ist es, wenn dieses Fleisch in einem Reisring angerichtet wird: Eine Ringform mit Butter oder Öl gut ausstreichen, den körnig gekochten Reis einfüllen, gut anpressen und auf eine flache, runde Platte stürzen. Fleisch einfüllen, mit etwas Sauce benetzen, restliche Sauce in einer Sauciere separat dazu reichen.

BŒUF STROGANOFF

Zutaten: 1,2 kg Rindsfilet oder Rindshuft,
in längliche Streifen geschnitten
4 Essl. Bratöl
1 Zwiebel, fein gehackt
400 g Champignons, blättrig geschnitten
2 Gewürzgurken, klein geschnitten

2 Tomaten, geschält, entkernt,
in Würfel geschnitten, oder
2 Teel. Tomatenpüree
4 dl Sauerrahm
1 Teel. Senf
Salz, Pfeffer, Paprika

Zwiebeln in 2 Essl. Bratöl andämpfen, Champignons beigeben und gut durchdünsten, sich bildende Flüssigkeit einkochen lassen. Tomaten oder Tomatenpüree, Gurken, Sauerrahm und Senf beifügen, aufkochen und pikant mit Salz, Pfeffer und Paprika abschmecken. In einer zweiten Pfanne das Fleisch im restlichen Öl bei grosser Hitze rasch anbraten, würzen und zu den Champignons geben. Alles miteinander vermengen und nochmals knapp vors Kochen bringen.

Ein luftiges Kartoffelpüree oder Trockenreis passt gut dazu.

⤳ Die Champignons können zubereitet, das Fleisch angebraten werden. Erst kurz vor dem Servieren wird beides zusammen nochmals erhitzt.

TOURNEDOS IM TEIG

Zutaten: 8 Rindsfiletsteaks
1 Dose (ca. 100 g) Geflügelleberaufstrich (Pain)
2 Essl. Butter
1 Zwiebel, fein gehackt
400 g Champignons, fein gehackt
1 Büschel Petersilie, gehackt
750 g Blätterteig
4 Specktranchen, halbiert
je 1 Teel. Majoran und Thymian
Salz, Pfeffer, Streuwürze
1 Eigelb mit 1 Teel. Milch zum Bestreichen

Für die Sauce:
1 Essl. Butter
1 kleine Zwiebel, fein gehackt
2 dl Portwein
1 Beutel gebundene Bratensauce
Salz, Pfeffer

Vorbereitung: Steaks mit Salz, Pfeffer und Streuwürze einreiben und in Butter beidseitig je 1 Min. kräftig anbraten. Aus der Pfanne nehmen, erkalten lassen. In derselben Pfanne Zwiebeln und Champignons andünsten, Pfeffer, Salz, Streuwürze, Thymian und Majoran darüberstreuen, den sich bildenden Saft einkochen. Petersilie dazugeben, die Füllung erkalten lassen, danach den Geflügelleberaufstrich daruntermischen.

Zubereitung: Blätterteig ca. 3 mm dick ausrollen, 8 kleinere und 8 grössere Teigrondellen ausstechen, welche sich nach der Grösse der Steaks richten, da sie als Boden und Deckel zum Einpacken des Fleisches benützt werden. Tournedos auf die kleineren Teigrondellen legen (den in der Platte zurückbleibenden Fleischsaft für die Sauce aufbewahren). Champignonfüllung auf die Steaks verteilen, Specktranche darauf legen, Teigrand mit Eiweiss bestreichen und mit der grösseren Teigrondelle bedecken. Die Teigränder gut zusammendrücken. Den Teigdeckel mit ausgestochenen oder ausgeschnittenen Teigresten verzieren und mit Eigelb bestreichen. Auf einem Backblech im vorgeheizten Ofen bei 220° während ca. 20 Min. goldbraun überbacken.

Für die Sauce Butter schmelzen, Zwiebeln darin hellbraun anrösten, Portwein dazugiessen und auf die Hälfte reduzieren (d. h. einkochen lassen). Bratensauce, nach Vorschrift zubereitet, und Saft der Steaks dazugeben und nochmals etwas kochen lassen. Wenn nötig mit Salz und Pfeffer nachwürzen und vor dem Servieren durch ein feines Sieb passieren. Als Beilage Gemüse reichen.

☞ Diese Tournedos lassen sich sehr gut im voraus vorbereiten und in Teig verpacken. Gebacken werden sie erst, wenn die Gäste eingetroffen sind. Sie lassen sich auch fertig zubereitet einfrieren. So kann im gleichen Arbeitsgang das doppelte Quantum hergestellt und die Hälfte eingefroren werden, und Sie haben bei der nächsten Einladung fast keine Arbeit mit dem Hauptgang.

ROASTBEEF

Der Zeitaufwand für die Zubereitung dieses klassischen Bratens ist minim

Zutaten: 2 kg Roastbeef	Für die Sauce:
4 Essl. Bratöl	1 dl Rotwein
1 Karotte, in Stücke geschnitten	1 Beutel gebundene Bratensauce
1 Zwiebel, grob zerschnitten	etwas Salz und Pfeffer
1 Scheibe Sellerie	
1 Markknochen	
$1\frac{1}{2}$ Teel. Salz	
Paprika, Rosmarin, Majoran	
etwas schwarzer Pfeffer	

2 Essl. Öl mit Salz und Gewürzen vermischen und das Fleisch damit gut einreiben. Ofen auf 250° vorheizen. Restliches Öl in einer länglichen Bratkasserolle erhitzen, Fleisch mit der Fettschicht nach unten hineingeben, anbräunen lassen, wenden. Karotte, Zwiebel, Sellerie und Markknochen dazugeben, Ofenhitze auf 180° reduzieren und während 45 Min. fertigbraten. Nach beendeter Bratzeit Roastbeef auf eine Platte heben und bei geöffneter Backofentüre im abgeschalteten Ofen 10 Min. ruhen lassen. Inzwischen aus dem Bratgefäss das Fett abgiessen, den Fond mit Rotwein und der nach Vorschrift zubereiteten Bratensauce aufkochen und die Sauce durch ein Sieb passieren. Den Braten in nicht zu dicke Scheiben tranchieren,

den dabei austretenden Fleischsaft zur Sauce giessen. Die Fleischtranchen schuppenartig auf einer flachen Platte anrichten und mit verschiedenen, farblich kontrastierenden Gemüsen wie kurz gedünsteten Tomaten, Spargelspitzen, Blumenkohlröschen, kleinen grünen Bohnen usw. garnieren.

▷ Wird das Roastbeef saignant gewünscht, sollte es nur 35-40 Min. gebraten werden. Auch darf dieser Braten nie zugedeckt werden, denn dadurch verliert er innen seine schöne rosa Farbe, wird grau und manchmal sogar zäh.

RINDSFILET WELLINGTON

Zutaten: 1 ganzes Rindsfilet
750 g Blätterteig
3 Essl. Bratöl
1 Zwiebel, fein gehackt
1 Knoblauchzehe, gepresst
(kann weggelassen werden)
300 g frische Champignons, fein gehackt

100 g Schinken, fein gehackt
2 Essl. Sherry
1 Essl. Tomatenpüree
1 Büschel Petersilie, fein gehackt
$\frac{1}{2}$ Teel. Estragon
Salz, Pfeffer, Streuwürze
1 Ei zum Bestreichen

Vorbereitung: Das Filet, das von Haut und Sehnen ganz befreit sein sollte, ringsum mit Salz, Pfeffer und Streuwürze gut einreiben, Öl in der Bratpfanne erhitzen und das Fleisch von allen Seiten kräftig anbraten. Herausnehmen und abkühlen lassen.

In einer zweiten Pfanne 1 Essl. Öl erhitzen, Zwiebeln, Knoblauch und Champignons darin dämpfen, bis die sich bildende Flüssigkeit eingekocht ist. Schinken, Tomatenpüree, Petersilie, Estragon und Sherry daruntermischen, mit Pfeffer, Salz und Streuwürze abschmecken, alles nochmals erhitzen, dann erkalten lassen.

Zubereitung: Blätterteig ca. 4 mm dick zu einer grossen Teigplatte ausrollen, in die das Fleisch gut eingepackt werden kann. Auf die eine Hälfte der Teigfläche $\frac{1}{3}$ der Champignonfüllung streichen, Filet darauf legen und ringsum mit der restlichen Füllung bestreichen, die Teigränder mit etwas Wasser benetzen, Filet einwickeln, Teigenden nach unten einschlagen und gut festdrücken. Mit der Teignaht nach unten auf ein Backblech legen. Oberfläche mit etwas zurückbehaltenen Teigresten verzieren (z. B. diagonal gekreuzten Teigstreifen), mit dem verklopften Ei bestreichen und mit einer Gabel regelmässig einstechen, damit während des Backens der Dampf entweichen kann. Im vorgeheizten Ofen bei 200° während 35-40 Min. goldbraun backen. Vor dem Aufschneiden mindestens 5-10 Min. im abgeschalteten Ofen ruhen lassen.

Zu dieser festlichen Fleischplatte passen nicht nur verschiedenfarbige Gemüse, sondern auch gelbe Pfirsiche aus der Dose sehr gut.

▷ Das Filet im Teigmantel lässt sich sehr gut im voraus zubereiten. Wenn Ihre Gäste eintreffen, schieben Sie es in den vorgeheizten Ofen. Aperitifzeit so bemessen, dass beim Servieren des ersten Ganges das Filet fertig gebraten ist und der Ofen abgeschaltet werden kann. So erhalten die Fleischsäfte die nötige Ruhezeit, bevor das Gericht aufgeschnitten und köstlich duftend aufgetragen wird.

SAUERBRATEN

Auch bekannt als «Saurer Mocken»

Schon als Kind freuten wir uns, wenn im Winter bei einem festlichen Anlass dieser «Mocken» Fleisch auf den Tisch kam, begleitet von der feinen Sauce und Kartoffelpüree, mit dem wir so schöne Seelein bauen konnten. Später, bei unseren eigenen Einladungen, mussten die Seelein wegfallen. Aber dieses Gericht mundete allen so gut, dass ich es in meine Rezepte für Gäste einordnete.

Zutaten: 1½ kg Rindfleisch (Bratenstück)
50 g Speckwürfelchen
3 Essl. Bratöl
1 Karotte, in Stücke geschnitten
1 Zwiebel, grob zerschnitten
1 Stück Sellerie
1 kleiner Lauchstengel,
in Stücke geschnitten
2 Essl. Mehl
2 dl Fleischbrühe
2 dl Sauerrahm
½ Teel. Zucker
nach Belieben etwas Senf
Salz, Pfeffer, Streuwürze

Für die Marinade:
2 dl Rotweinessig
5 dl Rotwein
3 dl Wasser
1 abgeriebene Zitronenschale
1 Zitronenscheibe
4-5 Wacholderbeeren
5-6 Pfefferkörner
2-3 Nelken
1 Zwiebel, grob geschnitten
1 Lorbeerblatt
½ Teel. Rosmarinnadeln

Vorbereitung: Zutaten für die Marinade aufkochen und abkühlen lassen. Fleischstück in eine tiefe Schüssel legen, mit der erkalteten Beize übergiessen und zugedeckt an einem kühlen Ort 3-4 Tage marinieren lassen. Falls die Flüssigkeit das Fleisch nicht ganz bedeckt, dieses jeden Tag einmal wenden.

Zubereitung: Fleisch aus der Marinade nehmen, mit Küchenpapier gut trocknen, mit Salz, Pfeffer und Streuwürze einreiben und im heissen Bratöl auf allen Seiten kräftig anbraten. Speckwürfelchen und Mehl kurz mitrösten, mit Fleischbrühe und 4 dl Marinade ablöschen, Gemüse beifügen und alles 1½-2 Std. schmoren lassen. Fleisch herausheben, warm stellen, Sauce mit Senf, Zucker und Sauerrahm verfeinern, nochmals aufkochen und durch ein Sieb passieren.

Zu diesem Braten passen sehr gut Kartoffelpüree, Spätzli oder Teigwaren sowie Apfelmus und Rotkraut.

Seit unserer Libyenzeit mische ich unter die fertige Sauce ab und zu noch 100 g entsteinte schwarze Oliven. Sie werden am Schluss kurz in der Sauce erhitzt.

☞ Dieser Braten kann ohne Qualitätseinbusse längere Zeit in der Sauce warm gehalten werden.

KALBFLEISCH

RAHMSCHNITZEL

Zutaten: 16 Kalbsschnitzel zu je ca. 80 g
3 Essl. Butter
3 Essl. Mehl
2 dl Weisswein
2 dl Fleischbrühe
2 dl Rahm
Salz, Pfeffer, Streuwürze

Mehl und Gewürze in einen festen Plastiksack geben, immer 5-6 Kalbsschnitzel aufs Mal beifügen und tüchtig schütteln. So wird das Fleisch sehr gleichmässig und schnell bemehlt. Schnitzel anschliessend in heisser Butter beidseitig hellbraun anbraten, herausnehmen und zugedeckt auf einer Platte im Ofen warm halten. Den im Plastiksack verbliebenen Rest Mehl im Bratensatz hellbraun anrösten, mit Weisswein ablöschen, Fleischbrühe dazugiessen und während ca. 10 Min. auf die Hälfte einkochen lassen. Rahm zufügen. Die Sauce soll gebunden, aber nicht dick sein. Durch ein Sieb passieren. Den in der Platte angesammelten Fleischsaft ebenfalls in die Sauce geben, diese nochmals gut verrühren und über das Fleisch giessen.

Reis passt gut zu diesem Gericht. Versuchen Sie einmal, ihn als Reisköpfchen zu servieren. Timbaleförmchen oder kleine Tassen mit Butter ausstreichen, gekochten Reis einfüllen, gut andrücken, Förmchen auf eine Platte stürzen, jedes Reisköpfchen mit einer Scheibe Gewürzgurke und einem kleinen Dreieck aus roter Peperoni belegen.

PICCATA ALLA MILANESE

Zutaten: 16 Kalbsschnitzel zu je ca. 80 g
4 Eier
3 Essl. Mehl
100 g Sbrinz oder Parmesan, gerieben
4-5 Essl. Bratöl
Saft einer Zitrone
Salz, Pfeffer, Streuwürze
$\frac{1}{2}$ Teel. Butter zum Ausstreichen der Platte

Vorbereitung: Schnitzel mit Zitronensaft beträufeln, mit Streuwürze bestäuben und kurze Zeit aufeinandergeschichtet liegenlassen. Mehl, Salz und Pfeffer in einen Plastiksack geben, immer 5-6 Schnitzel aufs Mal darin gut durchschütteln, bis alle gleichmässig bemehlt sind.

Zubereitung: Eier und Käse zusammen verklopfen, Schnitzel darin wenden und im heissen Öl beidseitig goldbraun braten. Auf eine mit Butter ausgestrichene

119

Platte anrichten und im Ofen bis zum Anbieten warm halten. Zum Servieren auf eine frische Platte legen und mit Zitronenschnitzen garnieren.

Risotto passt gut dazu.

▷ Schnitzel ziehen beim Warmhalten im Ofen etwas Saft. Beim Anrichten auf die Servierplatte darauf achten, dass die Panade nicht zerstört wird, da sie unten ein wenig weich geworden ist.

MARSALA-SCHNITZEL

Zutaten: 16 Kalbsschnitzel zu je ca. 80 g
3 Essl. Mehl
4 Essl. Bratöl
1½ dl Marsala (Süsswein aus Sizilien)
1 Beutel gebundene Bratensauce
2 dl Rahm
Salz, Pfeffer

In einen festen Plastiksack Mehl, Salz, Pfeffer und Schnitzel in Portionen geben, alles gut durchschütteln, bis das Fleisch gleichmässig bemehlt ist. Öl in der Bratpfanne erhitzen, Schnitzel darin beidseitig goldbraun anbraten, auf eine Platte geben und zugedeckt warm halten. Bratöl abgiessen, Bratensatz mit Marsala auflösen und auf die Hälfte einkochen. Mit Bratensauce und Rahm auffüllen und zur gewünschten Dicke einkochen. Sauce am Schluss evtl. nachwürzen und über die Schnitzel giessen. Als Beilage passen feine Nudeln oder Trockenreis.

KALBSROULADEN

Zutaten: 16 Kalbsschnitzel zu je ca. 80 g
6 Scheiben Rohschinken, halbiert
32 frische Salbeiblätter oder
4 Teel. Salbeipulver
3 Essl. Mehl ⎫ zu Mehlbutter geknetet
3 Essl. Butter ⎭
3 Essl. Bratöl
2 dl Weisswein
2 dl Rahm
1 dl Fleischbrühe
Salz, Pfeffer
16 Zahnstocher

Schnitzel mit Salz und Pfeffer würzen. Auf jedes Fleischstück zwei Salbeiblättchen (oder ¼ Teel. Salbeipulver) und eine halbe Scheibe Rohschinken legen, aufrollen und mit einem Zahnstocher fixieren. Herausragende Holzenden etwas abknipsen, damit die Fleischröllchen rundum gleichmässig angebraten werden können. Bratöl erhitzen, Rouladen goldbraun anbraten, mit Weisswein und Fleischbrühe ablöschen und ¼ Std. leicht köcheln lassen. Fleisch herausnehmen, warm stellen. Mehlbutter mit einem Schwingbesen in der Sauce auflösen, mit Rahm verfeinern. Evtl. etwas nachwürzen. Zum Servieren etwas Sauce über die angerichteten Rouladen giessen, den Rest separat dazu reichen.

Safranrisotto, gedämpfter Spinat und Karotten sind farbenfrohe, appetitliche Beilagen.

▷ Diese Rouladen können im voraus fertig zubereitet werden. Vor dem Servieren wird der Brattopf kurz in den heissen Ofen gestellt.

WIENER KALBSGULASCH

Zutaten: 1½ kg Kalbfleisch,
in 2 cm grosse Würfel geschnitten
¾ l Fleischbrühe
1 Lorbeerblatt
3 Nelken
2 Tomaten, geschält, entkernt, klein gewürfelt
50 g Butter ⎱ zu Mehlbutter geknetet
30 g Mehl ⎰

6 dl Milch
500 g Champignons,
die grösseren halbiert
2 Essl. Weisswein
½ dl Cognac
1 abgeriebene Zitronenschale
2 Teel. Currypulver
Salz, Pfeffer

Fleischbrühe zum Kochen bringen, Fleisch, Lorbeerblatt und Nelken hineingeben und 40 Min. leicht kochen lassen. In einer zweiten Pfanne Milch erhitzen, Mehlbutter mit dem Schwingbesen daruntermischen, Weisswein, Cognac, Zitronenschale, Tomaten und Champignons beigeben, mit Curry überstreuen und unter Rühren aufkochen. Fleisch mit der Lochkelle aus der Brühe schöpfen (Lorbeerblatt und Nelken entfernen) und in die feine Champignonsauce geben. Sollte diese zu dick sein, kann sie mit etwas Kochbrühe verdünnt werden. Alles zusammen einmal aufkochen.

Kartoffelpüree, Reis oder Nudeln passen gut dazu.

↪ Dieses Gulasch sollte nicht zu lange warm gehalten werden, sonst verflüchtigt sich der Cognacgeschmack. Trotz der relativ einfachen Zubereitung schmeckt das Fleisch sehr apart. Auch als Kochanfängerin können Sie damit glänzen.

KALBSMEDAILLONS IM OFEN

Zutaten: 16 kleine Tranchen Kalbsfilet,
ca. 2 cm dick
16 Scheiben magerer Speck
1 Zwiebel, fein gehackt
1 Knoblauchzehe, gepresst
(kann weggelassen werden)

2½ dl Rahm
20 g Butter
Salz, Pfeffer, Paprika
Butter zum Ausstreichen der Form

Filets beidseitig mit Salz und Pfeffer würzen, je eine Speckscheibe darum wikkeln, nebeneinander in eine ausgebutterte Gratinform legen und Paprika darüberstreuen. Zwiebel, Knoblauch und einige Butterflöcklein über das Fleisch verteilen und im vorgeheizten Ofen bei 200° ca. 25 Min. braten. Kurz vor dem Servieren den in einem Pfännchen erwärmten Rahm darübergiessen. Trockenreis und Dosenfrüchte (z. B. Pfirsiche, Mangos) passen gut dazu.

↪ Dieses Gericht kann im Ofen auf die Gäste warten. Die geöffnete Dose mit den Früchten kann zum Erwärmen ebenfalls in den Ofen gestellt werden. Trockenreis mit Früchten garnieren und Fleisch separat dazu reichen.

KALBSMEDAILLONS AN MORCHELSAUCE

Zutaten: 16 Kalbsschnitzel zu je ca. 70 g
3 Essl. Butter
60 g getrocknete Morcheln
2 Essl. Mehl
2 Essl. Butter | zu Mehlbutter geknetet

3 dl Hühnerbrühe
2 dl Rahm
2 Essl. Cognac
2 Teel. Salbei
Salz, Pfeffer

Vorbereitung: Morcheln mindestens 1 Std. in lauwarmes Wasser einlegen, anschliessend gut durchwaschen, um allfällige Sandrückstände wegzuspülen, und etwas zerkleinern.

Zubereitung: Schnitzel in heisser Butter beidseitig braun braten, mit Salz und Pfeffer würzen, aus der Pfanne nehmen und warm stellen. Morcheln in der gleichen Pfanne kurz dünsten, mit Hühnerbrühe ablöschen, mit einem Schwingbesen die Mehlbutter unter die Sauce arbeiten, Rahm und Cognac dazugiessen, mit Salz, Pfeffer und Salbei würzen und 10 Min. leicht kochen lassen. Kurz vor dem Anbieten die Medaillons in der Sauce erwärmen.

Trockenreis oder Nudeln sind empfehlenswerte Beigaben.

GESCHNETZELTES KALBFLEISCH NACH ZÜRCHER ART

Dieses über die Landesgrenzen hinaus bekannte Gericht wurde von ausländischen Gästen immer wieder gewünscht

Zutaten: 1,3 kg Kalbfleisch, von Hand in kleine, flache Stücke geschnitten
1 Zwiebel, fein gehackt
500 g Champignons, blättrig geschnitten
3 Essl. Bratöl
3 dl Weisswein
2 dl Rahm
30 g Butter
30 g Mehl | zu Mehlbutter geknetet
Salz, Pfeffer

Öl in einer Bratpfanne erhitzen, Fleisch darin portionenweise anbraten, bis es die Farbe verliert. Zwiebel und Champignons beifügen und alles zusammen kurz weiterbraten. Wein zugiessen, Mehlbutter beigeben, salzen und pfeffern. Unter Rühren kochen, bis die Sauce schön gebunden ist. Sollte sie zu dick werden, etwas Weisswein nachgiessen. Zum Schluss den Rahm beimischen, aufkochen, und schon ist dieses köstlich mundende Fleischgericht servierbereit.

Die klassische Beilage dazu ist Rösti.

☞ Das Gericht kann im Ofen zugedeckt bei 50° bis zur Verwendung warm gehalten werden.

RIZ CASIMIR

Zutaten: 500 g Trockenreis, gekocht
1,2 kg Kalbfleisch, geschnetzelt
4 Essl. Butter
1 Zwiebel, fein gehackt
2 Essl. Currypulver
2 dl Weisswein
3 dl Fleischbrühe
1 Teel. Kartoffelmehl oder Maizena
Saft einer halben Zitrone

2 Bananen, in Scheibchen geschnitten
1 kleine Dose Ananas, in Würfel geschnitten
1 rote Peperoni, entkernt, klein geschnitten
Salz, Pfeffer, Streuwürze

Für die Garnitur:
60 g Mandelsplitter, geröstet
1 Dose gelbe Pfirsiche (ca. 800 g)

Fleisch in 2 Essl. Butter anbraten, aus der Pfanne nehmen und mit Salz, Streuwürze und Pfeffer würzen. Restliche Butter in der Pfanne schmelzen, Zwiebeln und Currypulver darin andämpfen, Bananen, Peperoni und Ananas beigeben, alles locker vermischen und andämpfen. Weisswein und Fleischbrühe dazugiessen und etwas einkochen lassen. Sauce mit dem in wenig Wasser kalt angerührten Kartoffelmehl oder Maizena binden und Zitronensaft dazugeben. Fleisch beifügen und alles zusammen während einiger Minuten erhitzen und durchmischen. Den gekochten, warmen Reis kranzartig auf eine grosse, runde Platte anrichten, Fleisch in die Mitte geben und mit etwas Sauce überziehen. Mit den gut abgetropften, in Schnitze geschnittenen Pfirsichen garnieren, mit Mandelsplittern überstreuen und sofort servieren. Restliche Sauce separat anbieten.

KALBSFILET

Zutaten: 2 Kalbsfilets zu je ca. 750 g
reichlich Bratöl
einige frische Salbeiblätter oder
1 Teel. Salbeipulver
Salz, Pfeffer

1 Tasse Wasser
1 Zwiebel, geschält,
mit 3 Nelken besteckt
1 dl Weisswein
1 dl klare Bratensauce

Die beiden Filets mit Salz und Pfeffer grosszügig einreiben und in reichlich Bratöl rundum kräftig anbraten. Ofen auf 200° vorheizen. Das Fleisch mit den Salbeiblättern belegen, in eine Bratenkasserolle geben und zugedeckt in den Ofen schieben. Nach 15 Min. die Temperatur auf 175° zurückstellen, Wasser und Zwiebel dazugeben und die Filets abgedeckt während 30-40 Min. fertigbraten. Die Filets warm stellen, den Bratensatz mit Weisswein aufkochen, Bratensauce zufügen und nochmals aufkochen. Diese Sauce durch ein Sieb passieren und separat servieren. Das Fleisch in nicht zu dicke Tranchen schneiden und schuppenartig auf einer vorgewärmten Platte anrichten.

In Butter geschwenkte Kartoffeln und frische Erbsen mit Karotten schmecken sehr gut dazu.

GEFÜLLTE, GEROLLTE KALBSBRUST

Zutaten: 1,2 kg Kalbsbrust
1 Zwiebel, mit 3 Nelken besteckt
1 Lorbeerblatt
1 Karotte
1 Scheibe Sellerie
3 Essl. Bratöl
2 dl Fleischbrühe
2 dl Weisswein

Für die Füllung:
2 Zwiebeln, fein gehackt
1 Büschel Petersilie, fein gehackt
2 Essl. Butter
500 g Kalbsnieren
je $\frac{1}{2}$ Teel. Basilikum und Majoran
Salz, Pfeffer

Für die Sauce:
1 Beutel gebundene Bratensauce
2 dl Rahm
Salz, Pfeffer

Vorbereitung: Zwiebeln und Petersilie in heisser Butter andämpfen. Kalbsbrust auf dem Tisch flach auslegen, mit Salz, Pfeffer und Paprika bestreuen, Zwiebeln und Petersilie darüber verteilen, vorn über die ganze Breite die Kalbsnieren verteilen, mit Basilikum und Majoran bestäuben, Kalbsbrust von vorn nach hinten satt einrollen und mit starkem Faden gut verschnüren.

Zubereitung: Bratöl in einer Bratkasserolle erhitzen, den Rouladenbraten allseitig goldbraun anbraten, Karotte, Zwiebel, Sellerie und Lorbeerblatt beifügen und die Fleischbrühe dazugiessen. Mit Salz und Pfeffer bestreuen und in den auf 220° vorgeheizten Ofen schieben. Nach 10 Min. Bratzeit Hitze auf 180° zurückstellen. Nach 30 Min. den Weisswein zugiessen. Gesamte Bratdauer: 2 Std. Danach das Fleisch aus der Kasserolle nehmen und zugedeckt 10 Min. ruhen lassen. Unterdessen den Bratensatz mit etwas Wasser auflösen, die nach Vorschrift aufgelöste Bratensauce und den Rahm dazugiessen und unter Rühren aufkochen. Den aus dem Fleisch ausgetretenen Saft ebenfalls dazugeben, evtl. mit Salz und Pfeffer nachwürzen. Den Braten erst kurz vor dem Servieren in ca. $\frac{1}{2}$ cm dicke Scheiben schneiden, schuppenartig auf einer länglichen Platte anordnen, mit etwas Sauce benetzen, Rest der Sauce separat dazu anbieten.

Kartoffelkroketten oder -bällchen und verschiedenfarbene Gemüse passen gut dazu.

KALBSBRATEN

Zutaten: 2,8-3 kg Kalbsrücken
2 Kalbsnieren
reichlich Bratöl
2 Essl. Butter
8 frische Salbeiblätter oder
1 Teel. Salbeipulver

1 Teel. Rosmarin
Salz, Pfeffer
1 dl Wasser
1 dl Weisswein
1 dl Fleischbrühe

Vorbereitung: Den Kalbsrücken vom Metzger häuten lassen. Mit Küchenschnur zusammenbinden, damit das Fleisch beim Braten nicht vom Knochen fällt.

Zubereitung: Den Braten mit reichlich Salz und Pfeffer einreiben. In einer Kasserolle das Bratöl erhitzen und das Fleisch ringsum kräftig anbraten. Ofen auf 250° vorheizen. Kalbsrücken mit Rosmarin und Salbei würzen und in den Ofen schieben. Nach 15 Min. die Temperatur auf 180° zurückschalten, 1 dl Wasser zum Braten giessen und ihn in 2 Std. fertigbraten. Während der letzten 30 Min. die Kalbsnieren mitbraten. Fleisch und Nieren warm stellen, aus der Bratenkasserolle das Fett abgiessen, die Butter hineingeben und den Bratensatz mit Weisswein und Fleischbrühe aufkochen. Diese Sauce separat zum Braten reichen. Das Fleisch vom Knochen lösen, in schräge Scheiben schneiden, diese wieder in die ursprüngliche Lage auf den Knochen legen und mit den in dünne Scheiben geschnittenen Nieren garnieren.

Mit Gnocchi oder Nudeln, Blumenkohl, Karotten und Zucchini servieren.

↪ Da dieser Braten bei nicht zu grosser Hitze im Ofen schmort, braucht er nicht begossen zu werden und bleibt dennoch saftig. Man kann ihn auch in einer Bratfolie zubereiten.

SCHWEINEFLEISCH

SCHWEINEBRATEN MIT SCHÖNER KRUSTE

Zutaten: 1,8 kg Schweinebraten von der Schulter,
mit Schwarte
1 Zwiebel, in Stücke geschnitten
2 Tomaten
1 Karotte, längs halbiert
1 kleiner Lauch, in Stücke geschnitten
2 Essl. Mehl
3 dl Weisswein
3 dl Fleischbrühe
einige Salbeiblätter, frisch oder getrocknet
Salz, Pfeffer

Die Schwarte mit einem scharfen Messer bis aufs Fleisch gitterartig einschneiden. Fleisch mit reichlich Salz und Pfeffer einreiben und mit der Schwarte nach unten in eine Bratkasserolle legen. Gemüse und Salbeiblätter dazugeben und in den auf 250° vorgeheizten Backofen schieben. Nach ca. 15 Min. ist die Schwarte leicht gebräunt. Nun das Fleisch wenden, Weisswein und die Hälfte der Fleischbrühe dazugiessen, Hitze auf 180° zurückstellen und das Fleisch zugedeckt während 1½ Std. im Ofen schmoren lassen. Kasserolle abdecken und die Kruste unter dem Grill während 10 Min. schön braun werden lassen. Herausnehmen, Braten warm stellen. Über den Bratensatz in der Kasserolle das Mehl streuen und etwas anrösten, restliche Fleischbrühe darübergiessen, aufkochen, die Sauce durch ein Sieb passieren und separat servieren. Den Braten tranchieren (Skizze Seite 126) und mit Bratkartoffelchen und frischem Saisongemüse auftragen.

Das Tranchieren eines Bratens

SCHWEINEBRATEN MIT GEDÖRRTEN PFLAUMEN

Zutaten: 1,6 kg Schweinebraten
300 g gedörrte Pflaumen, entsteint
1 dl Cognac
1 dl Wasser
1 Zwiebel, mit 3 Nelken besteckt
1 Karotte, längs halbiert
1 Lorbeerblatt
3 Essl. Senf
3 dl Fleischbrühe
je ½ Teel. Thymian und Basilikum
3 Essl. Butter
Salz, Pfeffer

Vorbereitung: Pflaumen über Nacht zugedeckt in Cognac und Wasser einlegen. Schweinebraten von beiden Schnittseiten her mit tiefen Einschnitten versehen (der Abziehstahl zum Schleifen der Messer ist hiefür besonders geeignet) und in diese die abgetropften Pflaumen stopfen. Einlegesaft aufheben. Fleisch mit Senf bestreichen und ringsum mit Basilikum, Thymian, Pfeffer und Salz reichlich würzen.

Zubereitung: Fleisch in erhitzter Butter auf allen Seiten kräftig anbraten. In eine Bratkasserolle legen, Karotte, Zwiebel und Lorbeerblatt beifügen, Einlegesaft der Pflaumen dazugiessen und zugedeckt im vorgeheizten Ofen bei 180° 1 Std. schmoren lassen. Nach Bedarf etwas Fleischbrühe dazugeben. Eine weitere halbe Stunde abgedeckt fertigbraten. Fleisch herausnehmen und warm stellen. Bratensatz mit Fleischbrühe auflösen und aufkochen, Jus durch ein Sieb passieren und separat zum aufgeschnittenen Braten servieren.

Duchessekartoffeln, Rosenkohl und Karotten passen gut als Beilagen zu diesem aparten Braten.

SCHWEINEBRATEN MIT ANANAS

Zutaten: 1½ kg Schweinerücken   2 Essl. Worcestersauce
2 Essl. Bratöl   1 Essl. brauner Zucker
3 dl Ananassaft   1 Teel. gemahlener Ingwer
8 Ananasringe, halbiert   1 dl Fleischbrühe
2 Essl. Honig   1 dl Weisswein
2 Essl. Wasser   Salz, Pfeffer

Vorbereitung: Ananassaft, Honig, Wasser, Worcestersauce, Zucker und Ingwer zusammen gut verrühren und das Fleisch einige Stunden in diese Marinade legen. Mindestens einmal wenden. Herausnehmen und abtropfen lassen. Marinade aufbewahren.

Zubereitung: Fleisch in eine längliche Bratkasserolle legen, mit dem erhitzten Öl begiessen und in den auf 220° vorgeheizten Ofen schieben. Hitze auf 175° zurückschalten und den Braten ab und zu mit Marinade begiessen. Nach 1 Std. herausnehmen, mit einem scharfen Messer in Abständen von ca. 1 cm tiefe Schlitze in das Fleisch schneiden, in jeden Schlitz eine halbe Ananasscheibe mit der Rundung nach oben einstecken, den Braten zurück in den Ofen geben, mit Marinade begiessen und bei 175° während ca. 40 Min. fertigbraten. Den während des Einschneidens ausgetretenen Fleischsaft aufbewahren. Braten warm stellen, Bratensatz mit Fleischbrühe und Weisswein aufkochen, Fleischsaft dazugeben, evtl. nachwürzen, 5 Min. kochen lassen. Diese Sauce separat zum Fleisch reichen.

Als Beilage eignen sich Petersilienkartoffeln.

SÜSS-SAURES SCHWEINEFLEISCH

Zutaten: 1½ kg Schweinsfilet,   1 grüne Peperoni, entkernt,
in ca. 1½ cm grosse Würfel geschnitten   in kleine Stücke geschnitten
1 Fläschchen Sojasauce (1,5 dl)   2 dl Fleischbrühe
100 g Maizena   1 dl Sherry
5 Essl. Bratöl   ½ dl Essig
1 Dose Ananasstückchen (ca. 500 g)   1 dl Ananassaft aus der Dose
1 rote Peperoni, entkernt,   1 Teel. Sambal Oelek
in kleine Stücke geschnitten   Salz, Pfeffer

Fleisch mit ½ Fläschchen Sojasauce, Salz (mindestens 1 Teel.) und Pfeffer mischen, in 60 g Maizena wenden und in 4 Essl. heissem Öl ringsum braun anbraten, warm stellen. In einer zweiten Pfanne 1 Essl. Öl erhitzen, Peperoni und abgetropfte Ananasstückchen darin andünsten. Fleischbrühe, restliche Sojasauce, Sherry, Essig und Ananassaft dazugiessen, die Sauce mit 40 g in etwas kaltem Wasser angerührtem Maizena binden, d. h. köcheln lassen, bis sie etwas eindickt, und mit Salz und Sambal Oelek würzen (mit 1 Teel. Sambal Oelek wird das Gericht schon ziemlich scharf). Fleisch beigeben und alles zusammen aufkochen.

Trockenreis passt am besten zu diesem Fleischgericht nach chinesischer Art.

☞ Kann gut im voraus zubereitet und warmgehalten werden.

SCHWEINSFILET MIT EIERSCHWÄMMCHEN

Abbildung Seite 142

Zutaten: 2 Schweinsfilets zu je ca. 600 g
3 Essl. Bratöl
2 dl Weisswein
1 Beutel gebundene Bratensauce
3 Teel. Senf
3 dl Rahm
½ dl Madeirawein

Für die Garnitur:
20 g Butter
1 Zwiebel, fein gehackt
1 Knoblauchzehe, gepresst
(kann weggelassen werden)
1 Büschel Petersilie, gehackt
400 g kleine Eierschwämmchen

Schweinsfilets in Medaillons schneiden, mit Salz und Pfeffer einreiben, im heissen Öl beidseitig braten, warm stellen. Öl abgiessen, Bratensatz mit Weisswein ablöschen, die nach Vorschrift zubereitete Bratensauce beifügen und aufkochen. Senf und Rahm dazurühren, die Sauce sämig einkochen, mit Madeira abschmekken und über die Medaillons giessen.

Für die Garnitur Zwiebeln und Knoblauch in Butter andämpfen, Eierschwämmchen und Petersilie dazugeben, kurz erhitzen, evtl. mit etwas Salz und Pfeffer abschmecken und über das Fleisch verteilen.

Nudeln oder Spätzli dazu servieren.

SCHWEINSFILET AN ZITRONENPFEFFERSAUCE

Zutaten: 2 Schweinsfilets zu je ca. 600 g
1 Glas Silberzwiebeln (350 g)
3 Essl. Mehl
2 Päckchen Safranfäden
2 Teel. Zitronenpfeffer
30 g Butter | zu Mehlbutter geknetet
25 g Mehl |

4 dl Hühnerbrühe
2 Essl. Zitronensaft
2 Essl. Zitronenschale, fein gehackt
2 dl Sherry
2 Essl. Senf
1 Teel. Salz

Mehl, Safran, Salz und Zitronenpfeffer in eine feste Plastiktüte geben, die Filets nacheinander darin tüchtig schütteln und so gleichmässig bemehlen. Butter erhitzen und das Fleisch auf beiden Seiten leicht braun anbraten. Abgetropfte

Silberzwiebeln zugeben, mit Hühnerbrühe ablöschen, Zitronensaft, Zitronen-schale und Sherry beifügen und während ca. 20 Min. zugedeckt gar schmoren. Das Fleisch sollte innen noch leicht rosa sein. Aus der Pfanne heben und warm stellen. Senf und Mehlbutter unter Rühren mit dem Schwingbesen in der Sauce auflösen. Etwas eindicken lassen, nach Bedarf nachwürzen. Filets in ca. 1 cm dicke Scheiben schneiden, Zwiebelchen daneben anordnen und alles mit etwas Sauce überziehen. Restliche Sauce separat dazu reichen.

Trockenreis schmeckt gut zu diesem Gericht.

↪ Kann gut im voraus zubereitet werden. Es ist jedoch empfehlenswert, beim Aufkochen nochmals 1 Essl. Sherry beizufügen, da sich dessen Aroma durch das Warmhalten etwas verflüchtigt.

SCHWEINSFILET IM BLÄTTERTEIG

Zutaten: 2 Schweinsfilets zu je ca. 600 g
800 g Blätterteig
6 Speckscheiben
250 g Champignons, gehackt
1 Büschel Petersilie, gehackt
1 Zwiebel, fein gehackt
150 g Kalbsleberwurst oder
Leberparfait aus der Tube
4 Essl. Butter
Muskatnuss, gerieben
Salz, Pfeffer
1 Eiweiss zum Bestreichen
1 Ei und 1 Eigelb, verklopft, zum Bestreichen

Vorbereitung: Schweinsfilets mit Salz und Pfeffer einreiben, in 2 Essl. heisser But-ter anbraten und erkalten lassen. Für die Füllung restliche Butter in einer Pfanne erhitzen, Champignons, Petersilie und Zwiebel darin andämpfen, Leberwurst oder Parfait beimischen und mit Muskatnuss, Salz und Pfeffer gut würzen.

Zubereitung: Je 400 g Blätterteig zu einem ca. 3 mm dicken Rechteck auswallen, welches so gross ist, dass darin ein Filet gut eingepackt werden kann. Je 3 Speck-scheiben in die Mitte der Rechtecke legen, Filets mit Füllung bestreichen und auf die Specktranchen setzen. Teigränder mit Eiweiss bestreichen. Filets locker ein-schlagen, Ränder gut andrücken und die Pakete mit den Nähten nach unten auf das Beckblech legen. Mit einer Gabel in regelmässigen Abständen in den Teig ste-chen, damit beim Backen der Dampf entweichen kann. Teigoberflächen mit ver-klopftem Ei bestreichen, mit ausgestochenen oder ausgeschnittenen Teigresten verzieren, diese ebenfalls mit Ei bepinseln und die Filets im vorgeheizten Ofen bei 200-220° während 40 Min. backen. Bevor das Fleisch aufgeschnitten wird, unbe-dingt 10 Min. im abgeschalteten Ofen bei offener Backofentüre ruhen lassen.

Feine grüne Bohnen und ein in Rotwein gekochtes, mit Zimt und Zucker gewürztes Apfelmus schmecken gut dazu.

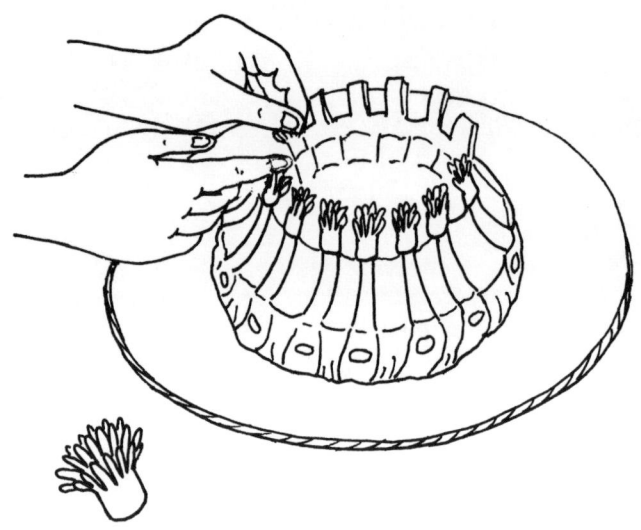

KRONENBRATEN AUS SCHWEINSKOTELETTEN

Zutaten: 14-16 Schweinskoteletten am Stück   1 Karotte, längs halbiert
1-2 Teel. Senf   1 Lorbeerblatt
3 Essl. Bratöl   3 dl Weisswein
1 Knoblauchzehe, gepresst   1 Beutel gebundene Bratensauce
(kann weggelassen werden)   Salz, Pfeffer, Paprika
1 Zwiebel, in Stücke geschnitten,
mit 2-3 Nelken besteckt

Vorbereitung: Fleisch vom Metzger so präparieren lassen, dass er oben den Kamm wegschneidet und die Knochenteile spaltet, so dass nur noch die einzelnen Rippenknochen mit dem Kotelettfleisch verbunden sind. Braten zur Krone formen (Fleisch nach innen, Knochen nach aussen gewendet, siehe Skizze) und mit Nadel und einem starken Faden zusammennähen. Salz, Pfeffer, Paprika, Senf und Knoblauch mit dem Bratöl vermischen und die Krone damit einstreichen. Backofen auf 220° vorheizen.

Zubereitung: Krone mit den Stielknochen nach unten in die Bratkasserolle legen, Zwiebel, Karotte und Lorbeerblatt dazugeben und das Fleisch bei 175° während 2-2$\frac{1}{2}$ Std. im Ofen braten. Nach der ersten halben Stunde die Hälfte des Weins dazugiessen. Nach 1$\frac{1}{2}$ Std. Bratzeit das Gemüse aus der Kasserolle nehmen, in die nach Vorschrift zubereitete, mit dem restlichen Wein verdünnte Bratensauce geben, 10 Min. leicht köcheln, durch ein Sieb passieren, evtl. etwas nachwürzen. Nach Beendigung der Bratzeit die Kotelettkrone 10 Min. bei abgeschalteter Hitze und offener Türe im Ofen ruhen lassen. Knochenenden mit Papiermanschetten bestecken und den Kronenbraten vor dem Zerschneiden den Gästen auf einer Platte präsentieren. Kartoffelkroketten und Broccoli, Schwarzwurzeln oder andere frische Saisongemüse passen gut zu dieser festlichen Krone.

LAMMFLEISCH

GEBRATENER LAMMGIGOT

Abbildung Seite 143

Zutaten: 1 grosse Lammkeule mit Knochen, ca. 2 kg schwer
(einige Tage im voraus beim Metzger bestellen)
2 Knoblauchzehen (können weggelassen werden)
2 Essl. Senf
2 Essl. Bratöl
2 Essl. Butter

2 dl Weisswein
2 dl Fleischbrühe
1 Beutel gebundene Bratensauce
2 Essl. Cognac
1½ Teel. Thymian und Salbei
Salz, Pfeffer

Bei Verwendung von Knoblauch die Lammkeule mit dem Messer etwas vom Knochen lösen und entlang des Knochens zwei schmale Bahnen freilegen, in die je 1 Knoblauchzehe gedrückt wird. Fleisch mit Senf bestreichen und mit Salz, Pfeffer, Salbei und Thymian gut würzen. Backofen auf 220° vorheizen. Eine längliche Bratkasserolle mit Öl auspinseln, Gigot hineinlegen und mit der heissen Butter übergiessen. Bei kräftiger Hitze ringsum knusprig braun anbraten. Weisswein dazugiessen, zudecken, Ofenhitze auf 175° reduzieren und in ca. 1½ Std. fertigbraten. Während der letzten 30 Min. das Fleisch abgedeckt braten. Gigot aus der Kasserolle heben und warm stellen. Bratensatz mit Fleischbrühe auflösen, in eine Saucenpfanne giessen, die nach Vorschrift aufgelöste Bratensauce dazugeben und mit Cognac verfeinern.

Dieses herrliche Fleisch mundet auch Gästen, die normalerweise kein Schaffleisch essen. Als Beilage passen Bratkartöffelchen sehr gut.

In England ist es Tradition, zum Lammgigot Pfefferminzsauce (Mint Sauce) zu reichen, die zu Lammfleisch köstlich schmeckt. Ein Versuch lohnt sich!

Zutaten: 4 Essl. Wasser
2 Essl. Zucker
1 dl Essig

1 kleine Tasse frische
Pfefferminzblätter, gehackt

Wasser in einem Pfännchen erhitzen, Zucker darin auflösen, abkühlen und mit Pfefferminzblättern und Essig vermischen. Die Sauce vor der Verwendung mindestens 30 Min. ziehen lassen.

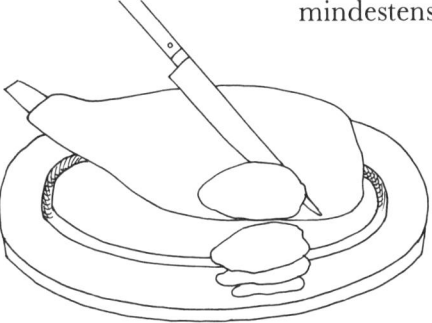 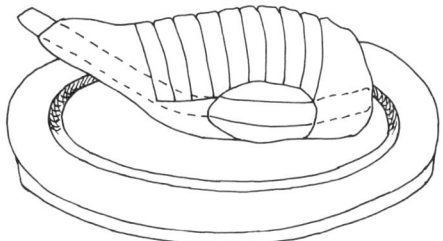

Das Tranchieren des Lammgigots: Zuerst die hintere und die vordere Nuss bis zum Knochen in Tranchen schneiden. Dann die obere, breite Fleischschicht in leicht schräge Scheiben schneiden.

131

GEFLÜGEL

HÄHNCHEN VOM GRILL

Zutaten: 2 frische Poulets zu je ca. 1,2 kg
2 Essl. Butter
Hickory-Rauchsalz, Paprika, Pouletgewürz
Salz, Pfeffer

Poulets innen salzen und je 1 Essl. Butter hineingeben. Mit Küchenfaden zusammenbinden (siehe Skizze Seite 133), mit Gewürzen, Pfeffer und Salz gut einreiben, auf den Grillspiess stecken, Auffangschale in den Ofen schieben. Die Hähnchen unter dem vorgeheizten Grill bei 250° während 50 Min. drehen lassen. Nach 15 Min. Hitze auf 220° zurückstellen.

Ist kein Grill vorhanden, die Hähnchen auf geölten Rost legen und im vorgeheizten Ofen bei 200° während 1 Std. braten, wobei sie nach jeder Viertelstunde um ein Viertel gedreht werden (am Schluss sollten sie mit den Brüstchen nach oben liegen). Auch nach dieser Methode werden die Poulets auf allen Seiten gleichmässig braun.

Vor dem Tranchieren bei abgeschaltetem Ofen und geöffneter Türe mindestens 5 Min. ruhen lassen. Die Hähnchen gemäss Skizzen Seite 133 zerlegen.

Gedünsteter Blattspinat und Bratkartöffelchen eignen sich gut als Beilagen.

HÄHNCHEN IN ROTWEIN (Coq au vin)

Zutaten: 2 frische Poulets zu je ca. 1,2 kg
3 Essl. Butter
3 Essl. Mehl
150 g magere Speckwürfelchen
1 Glas Silberzwiebelchen (ca. 250 g)
400 g frische Champignons,
grössere halbiert

1 Flasche Rotwein zu 7 dl
1 Lorbeerblatt
2 Essl. Tomatenpüree
1 kleines Büschel Petersilie, gehackt
wenig Thymian
Salz, Pfeffer

Hähnchen in Stücke zerschneiden, in 2 Essl. Mehl wenden, mit Salz, Thymian und Pfeffer einreiben und in heisser Butter ringsum goldbraun anbraten. Am Schluss Speckwürfelchen und Silberzwiebelchen mitrösten. 1 Essl. Mehl darüberstreuen und mit dem Wein ablöschen. 35-40 Min. schwach kochen lassen. 10 Min. vor Schluss die Champignons beifügen. Mit Petersilie bestreut servieren.

Dazu können schmale Nudeln oder Reis gereicht werden.

↪ Verwenden Sie für diese Geflügelspezialität keinen billigen Literwein. Es lohnt sich, einen bouquetreichen Rotwein zu benutzen wie Beaujolais oder Dôle. Ganz ausgezeichnet wäre eine Flasche Chambertin.

Das Gericht kann variiert werden, indem der Rotwein durch Weisswein ersetzt wird. In diesem Falle sollte das Tomatenpüree weggelassen werden.

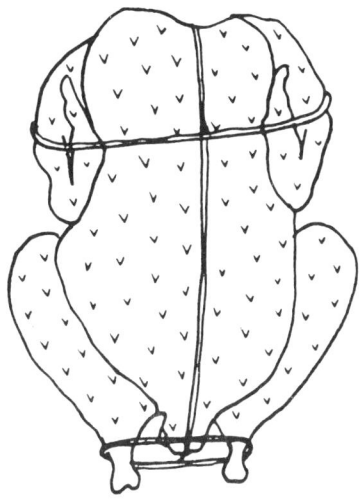

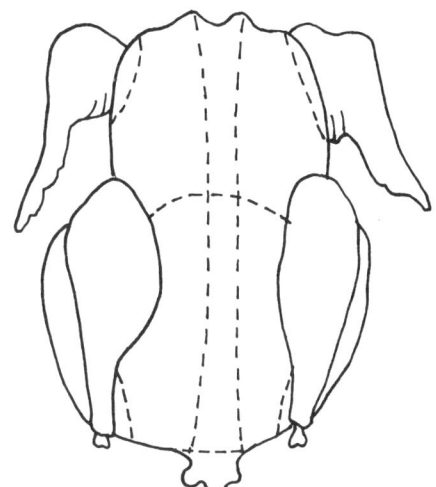

Das Binden eines Hähnchens
vor dem Braten oder Grillieren

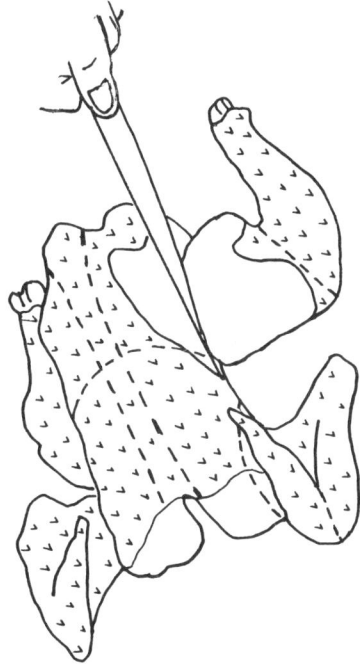

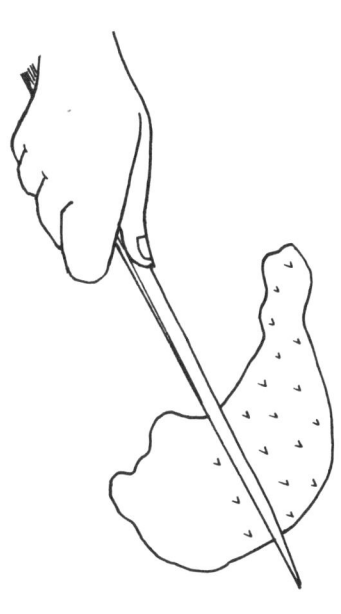

Das Tranchieren eines Hähnchens:
Die Flügel zusammen mit wenig Brustfleisch wegschneiden.
Die Schenkel von den Oberschenkeln abtrennen (fühlen, wo der Unterschenkelknochen endet).
Die Oberschenkel wegschneiden.
Das Bruststück in der Mitte entzweischneiden und vom Rückgrat trennen. Ist das Hähnchen gross,
wird jede Hälfte in drei Stücke zerteilt, sonst nur halbiert.
Das fertig tranchierte Hähnchen beim Anrichten wieder appetitlich zusammenfügen.

CHICKEN MARENGO

Zutaten: 8 Oberschenkel und 12 Brustteile vom Poulet
(Fleisch ausgebeint, enthäutet und in Stücke zerteilt)
2 Essl. Oliven- oder Bratöl
1 grosse Zwiebel, gehackt
2 Knoblauchzehen
(können weggelassen werden)
1 Lorbeerblatt
1 Büschel Petersilie, fein gehackt
2 Tomaten, geschält, entkernt, gehackt
1 Teel. Thymian
Salz, Pfeffer

Für die Sauce:
250 g frische Champignons,
blättrig geschnitten
1 Essl. Mehl
1 Essl. Butter
2 dl Weisswein
2 dl Hühnerbrühe
1 kleine grüne Pfefferschote, ganz
½ Tasse Petersilie, gehackt
2 Essl. Tomatenpüree

Hühnerteile mit Küchenpapier gut abtrocknen und bei grosser Hitze im heissen Öl goldbraun anbraten. Zwiebel, Knoblauch, Lorbeerblatt, Tomaten, Petersilie, Thymian, Salz und Pfeffer zugeben, wenn nötig auch ganz wenig Wasser (bei saftigen Tomaten erübrigt sich dies meistens), und zugedeckt auf kleinem Feuer 20-30 Min. schmoren lassen.

Für die Sauce die Champignons in der Butter dünsten, Mehl darüberstreuen, gut mischen und mit Weisswein ablöschen. Hühnerbrühe, Pfefferschote und Tomatenpüree beifügen und während 5 Min. auf kleinem Feuer köcheln lassen. Pfefferschote entfernen, Petersilie einstreuen und die fertige Sauce über das Hühnerfleisch giessen. Alles zusammen kurz aufkochen.

Reis oder Kartoffelpüree passen gut zu diesem feinen Pouletgericht.

TANDOORI CHICKEN

In Indien haben wir diese köstliche Spezialität oft und gerne gegessen. Es gibt dort kleine Essbuden, die nur dieses Gericht zubereiten. Vom Besitzer einer solchen habe ich das nachfolgende Rezept erhalten.

Zutaten: 2 frische Hähnchen zu je 1 kg,
enthäutet
1 Teel. Salz
2 Päckchen Safran
1 Essl. Essig
2 Teel. Zitronensaft

Für die Paste:
2 Teel. Koriander ⎤
2 Teel. Kümmel ⎦ im Mörser fein zerstossen
½ Teel. schwarzer Pfeffer (aus der Mühle)
1 Essl. Zwiebel, auf der Bircherraffel gerieben
4 Knoblauchzehen, gepresst
1 Essl. Ingwersaft, aus frischer Wurzel gepresst
2 Teel. Senf
1 Teel. Zucker
2 Teel. Tomatenpüree
250 g Joghurt

Vorbereitung: Hähnchen mit Essig, Salz und Safran einreiben und mindestens 1 Std. ruhen lassen. Anschliessend alle Pastenzutaten gut zusammen vermischen und Poulets darin während 24 Std. marinieren. Von Zeit zu Zeit wenden.

Zubereitung: Hähnchen aus der Marinade heben, leicht abtupfen und im vorgeheizten Ofen bei 180° während 35-40 Min. knusprig braten. Vor dem Servieren mit Zitronensaft beträufeln.

In Indien wird zum Tandoori Chicken Fladenbrot gereicht. Trockenreis und grüner Salat passen aber ebenfalls gut dazu.

POULET IN ESTRAGONSAUCE

Dieses Rezept stammt von meinem Schwiegersohn.
Er ist passionierter Hobbykoch und Liebhaber ausgesuchter Gerichte.

Zutaten: 2 frische Poulets zu je ca. 1,2 kg,
in Stücke zerteilt
3 Essl. Butter
2 Zwiebeln, fein gehackt
$\frac{1}{2}$ dl Cognac
4 dl Weisswein
300 g frische Champignons,
in Scheiben geschnitten
1 Glas Silberzwiebelchen (ca. 250 g)
2 Knoblauchzehen, durchgepresst
(können weggelassen werden)
1 Essl. Butter
1 kleines Büschel Petersilie, gehackt
2 Eigelb
2 dl Rahm
1 Essl. Estragon, gehackt
1 Essl. Zitronensaft
$1\frac{1}{2}$ Teel. Pouletgewürz
Salz, Pfeffer

3 Essl. Butter zergehen lassen, Pouletstücke darin knapp Farbe annehmen lassen, aus der Pfanne nehmen, Zwiebeln hineingeben und andämpfen, Pouletteile wieder beifügen, erhitzen, mit dem erwärmten Cognac begiessen und flambieren. Weisswein dazugiessen, mit Pouletgewürz, Pfeffer und Salz überstreuen und 30 Min. auf kleinem Feuer zugedeckt schmoren lassen. In einer zweiten Pfanne 1 Essl. Butter schmelzen, Champignons und Silberzwiebelchen darin dämpfen, bis der sich bildende Saft verdunstet ist. Vom Feuer nehmen und warm stellen. Die Pouletstücke, sobald sie gar sind, herausheben, ebenfalls warm stellen, in die verbliebene Flüssigkeit Knoblauch und Petersilie geben und auf ca. 2 dl einkochen. Pfanne von der Herdplatte wegziehen, Eigelb und Rahm gut vermischen und unter beständigem Rühren in die Sauce geben. Pfanne wieder aufsetzen und bis knapp *vors* Kochen bringen. Estragon und Zitronensaft mit dem Schwingbesen unterrühren. Sauce über die Pouletstücke anrichten, mit Champignons und und Silberzwiebelchen garnieren.

Trockenreis oder Kartoffelpüree schmecken ausgezeichnet dazu.

TRUTHAHNSCHNITZEL MIT GEMÜSE (gratiniert)

Zutaten: 8 Truthahnschnitzel
3 Essl. Butter
500 g frische Champignons, grössere halbiert
1 kleine Dose Erbsen mit Karotten
2 Essl. Butter ⎫
2 Essl. Mehl ⎭ zu Mehlbutter geknetet

4 dl Hühnerbrühe
2 dl Weisswein
2 Essl. Sherry
2 dl Rahm
1 Teel. Pouletgewürz
Streuwürze, Salz, Pfeffer

Vorbereitung: Truthahnschnitzel mit Streuwürze, Salz und Pfeffer einreiben und in 2 Essl. Butter goldgelb anbraten. Champignons in 1 Essl. Butter ca. 5 Min. braten, dabei die Pfanne immer wieder rütteln, um ein Ankleben zu verhindern. Nicht zudecken, damit die Champignons sich nicht verfärben und keinen Saft abgeben.

Hühnerbrühe und Weisswein aufkochen, Mehlbutter unter fortwährendem Rühren mit dem Schwingbesen dazugeben, Sherry und Rahm beifügen, mit Pouletgewürz, Salz und Pfeffer pikant abschmecken und 10 Min. leise kochen lassen.

Zubereitung: Eine längliche Gratinform mit Butter auspinseln, die Hälfte der Truthahnschnitzel hineingeben, abgetropftes Gemüse aus der Dose und Champignons darüber verteilen, die restlichen Schnitzel darauf legen, mit Sauce übergiessen und im Ofen bei 175° während ca. 30 Min. überbacken.

☞ Dieses Gericht eignet sich auch gut zum Einfrieren. Es muss dann ca. 3 Std. vor dem Gratinieren aus dem Tiefkühler geholt werden.

GEFÜLLTER TRUTHAHN

Für 10-12 Personen

Zutaten: 1 Truthahn, ca. 5 kg schwer
100 g Butter
Salz, Pfeffer

Für die Sauce:
2 Essl. Butter
2 Essl. Mehl
2 dl Fleischbrühe
1 dl Bratensauce
1 dl Rahm
evtl. 1 Teel. Maizena, aufgelöst in $\frac{1}{2}$ dl Wasser
Salz, Pfeffer

Für die Füllung:
Innereien des Truthahns, klein gewürfelt
1 grosse Zwiebel, fein gehackt
2 Essl. Butter
2 dünne Scheiben Weissbrot, klein gewürfelt
1 Büschel Petersilie, gehackt
$\frac{1}{2}$ Tasse Sellerie, gehackt
1 Teel. Basilikum, frisch gehackt oder getrocknet
80 g Nüsse, gehackt
2 Eier
1 dl Milch oder Hühnerbrühe
1 Teel. Salz
$\frac{1}{2}$ Teel. Paprika
$\frac{1}{4}$ Teel. Muskatnuss, gerieben

Vorbereitung: 2 Essl. Butter zergehen lassen, Zwiebeln darin andämpfen. Milch oder Hühnerbrühe erhitzen und über das Weissbrot giessen. Zwiebeln und Brot zusammen mit den übrigen Zutaten für die Füllung in eine tiefe Schüssel geben und alles gut miteinander vermischen. Kropf und Bauchhöhle des Truthahns mit der Füllung stopfen, dann die Öffnung mit starkem Küchenfaden zunähen. 100 g Butter zergehen lassen und damit ein Leinen- oder Baumwolltuch durchtränken, das gross genug ist, um den Truthahn zu bedecken. Truthahn mit Salz und Pfeffer überstreuen.

Zubereitung: Ofen während 10 Min. auf 250° vorheizen. Hitze auf 175° zurückstellen und den Truthahn auf dem Bratrost in den Ofen geben (Auffangschale darunterschieben). Nach der ersten halben Stunde Bratzeit den Kropf des Truthahns mit einem Stück Alufolie abdecken und das mit Butter durchtränkte Tuch über den Vogel legen. Tuch vor der letzten halben Stunde entfernen. Nach knapp 3½ Std. ist der Truthahn durchgebraten. Für die Sauce aus der Auffangschale allfälliges Fett weggiessen und den Bratensatz mit wenig Wasser auflösen. In einem Saucenpfännchen Butter zergehen lassen, Mehl darin andämpfen, ohne es zu bräunen, langsam unter stetigem Rühren Fleischbrühe, aufgelösten Bratensatz und Bratsauce einrühren auf die Hälfte einkochen, mit Salz und Pfeffer würzen. Falls Reste der Füllung übriggeblieben sind, diese mitkochen. Vor dem Anrichten die Sauce durch ein Sieb passieren und mit Rahm verfeinern. Wenn die Sauce dicker gewünscht wird, nach dem Durchpassieren das aufgelöste Maizena dazugeben, nochmals aufkochen und erst am Schluss den Rahm beigeben.

▷ Für einen ungefüllten Truthahn wird im allgemeinen 20 Min., für einen gefüllten 25 Min. Bratzeit pro Pfund gerechnet. Ist der Vogel noch schwerer als 5 kg, genügen 15 Min. Bratzeit pro Pfund, wobei die Ofenhitze sogar auf 150° zurückgestellt werden kann. Diese tiefen Brattemperaturen tragen dazu bei, dass das Truthahnfleisch wunderbar saftig bleibt.

Das Zerlegen des Truthahns: Flügel und Keulen abtrennen, grosse Keulen in Scheiben schneiden. Das Brustfleisch links und rechts vom Brustbein lösen und gemäss Zeichnung in Tranchen schneiden.

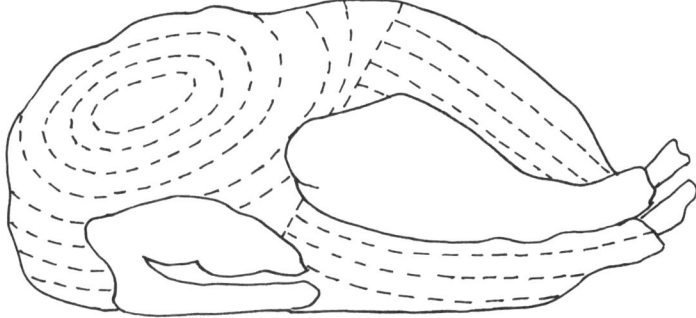

CANARD A L'ORANGE *(Ente mit Orangen)*

Zutaten: 2 junge Mastenten zu je ca. 1,6 kg
4 Orangen
2 Äpfel
1 Zwiebel, in grobe Stücke geschnitten
1 Karotte, in Würfel geschnitten
1 Scheibe Sellerie, in Würfel geschnitten
6-8 Salbeiblätter
2 Essl. Bratöl
Salz, Pfeffer

Für die Sauce:
2 Essl. Zucker
4 Essl. Wasser
2 dl Orangensaft, frisch gepresst
3 dl Weisswein
1 Beutel Bratensauce
etwas Salz und Pfeffer

Vorbereitung: Innereien aus den Enten nehmen und in kleine Stücke schneiden. Enten auswaschen und mit Küchenpapier trocknen, innen und aussen salzen und pfeffern. Pro Ente je 1 Orange und 1 Apfel samt Schale (Orangen vorher unter heissem Wasser gut waschen und trockenreiben) in Viertel schneiden und zusammen mit je 3-4 Salbeiblättchen in die Bauchhöhle der Enten geben. Öffnungen mit Küchenfaden zunähen. Zucker in einem Saucenpfännchen hellbraun karamelisieren lassen, mit heissem Wasser auflösen, Orangensaft sorgfältig dazugiessen (Vorsicht, es spritzt!) und während ca. 10 Min. zu dickem Sirup einkochen.

Zubereitung: Ofen auf 230° vorheizen, Öl in der Bratkasserolle erhitzen, Enten mit Innereien und Gemüse hineinlegen und in den Ofen schieben. Nach 10 Min. die Hitze auf 180° zurückstellen und die Enten während 1 Std. und 10 Min. fertigbraten. Das Geflügel von Zeit zu Zeit mit Bratöl übergiessen, um eine schöne, knusprige Kruste zu erhalten. Aus dem Ofen nehmen, Füllung herausnehmen und für die Sauce aufbewahren. Enten warm stellen. Öl aus der Bratenpfanne weggiessen, den Bratensatz mit Weisswein auflösen und zusammen mit den Orangen- und Apfelvierteln in den Orangensirup geben. Bratensauce beifügen und auf mittlerem Feuer 10 Min. leicht köcheln lassen. Die Sauce durch ein feines Sieb passieren, evtl. mit Salz und Pfeffer nachwürzen und separat zum Gericht reichen. Die restlichen Orangen mit einem scharfen Messer bis aufs Fruchtfleisch schälen, in ca. $\frac{1}{2}$ cm dicke Scheiben schneiden und diese halbieren. Enten gemäss Skizze in Stücke zerlegen, auf eine vorgewärmte Platte anrichten, mit etwas Sauce begiessen und mit den Orangenscheiben garnieren.

Bratkartöffelchen oder Kartoffelkroketten und frische Saisongemüse passen gut zu diesem klassischen französischen Gericht.

Das Zerlegen der Ente:
Die Beine abtrennen, möglichst mit einer Geflügelschere, da die Beine ziemlich weit unten am Rücken liegen und sonst nur mit Mühe durchtrennt werden können.
Die Flügelknochen entfernen. Beidseitig vom Brustbein das Fleisch lösen und gemäss Skizze in Tranchen schneiden. Diese wieder in die ursprüngliche Position zurücklegen und die abgetrennten Beine an die Seite des Vogels legen.

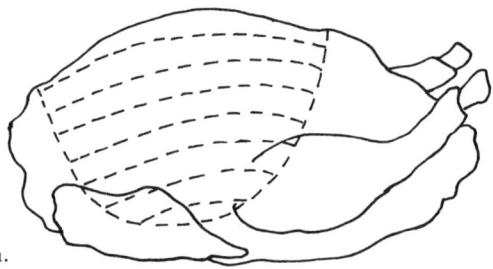

FASAN MIT SAUERKRAUT

Zutaten: 1,5 kg gekochtes Sauerkraut
(Rezept Seite 159)
4 junge, zarte Fasane,
küchenfertig präpariert
4 Scheiben Spickspeck
2 Essl. Bratöl
Salz, Pfeffer

Für die Sauce:
3 dl Weisswein
2 dl Sauerrahm
1 Beutel Bratensauce
2 Essl. Cognac
Salz, Pfeffer, Paprika

Für die Garnitur:
je 100 g blaue und weisse Traubenbeeren

Fasane innen und aussen mit Salz und Pfeffer einreiben, über die Brust je 1 Scheibe Spickspeck legen, Öl im Bratentopf erhitzen, Fasane hineingeben und im vorgeheizten Ofen 5 Min. bei 250° und weitere 25 Min. bei 200° braten. Das Fasanenfleisch sollte innen noch leicht rosa sein. Die Vögel warm stellen, Öl aus dem Topf giessen, den Bratensatz mit Weisswein auflösen, in ein Saucenpfännchen geben und auf die Hälfte einkochen. Cognac, nach Vorschrift zubereitete Bratensauce und Sauerrahm beifügen, mit Salz, Pfeffer und Paprika nachwürzen, Traubenbeeren kurz in der Sauce erhitzen, Sauce durch ein Sieb giessen, Traubenbeeren zurückbehalten. Spickspeck entfernen, die Fasane halbieren, auf das Sauerkraut anrichten und mit den Traubenbeeren hübsch garnieren.

Salzkartoffeln oder Kartoffelpüree sind die klassischen Beilagen.

GEBRATENE TAUBEN

Zutaten: 8 junge Tauben, pfannenfertig zubereitet
1 Scheibe Sellerie, gerieben
8 Scheiben Spickspeck, dünn geschnitten
1 halber Apfel, geschält, entkernt, gerieben
1 Sträusschen Petersilie, gehackt
1 kleine Zwiebel, fein gehackt
½ Teel. abgeriebene Zitronenschale
1 Ei

2 Essl. Cognac
1 Essl. Paniermehl
1 Essl. gemischte Kräuter,
z. B. Majoran, Basilikum
Salz, Pfeffer
2 Essl. Bratöl
8 Weissbrotscheiben, getoastet

Vorbereitung: Magen, Herz und Leber der Tiere mit dem Wiegemesser kleinschneiden, mit Sellerie, Apfel, Petersilie, Zwiebel, Zitronenschale, Ei, Cognac, Paniermehl und Kräutern mischen und die Tauben damit füllen. Die Öffnung mit einem Zahnstocher zustecken und den Spickspeck umbinden.

Zubereitung: Bratkasserolle einölen, Ofen während 10 Min. auf 250° vorheizen, Hitze auf 180° reduzieren und die Tauben während 40 Min. braten. Die Toastscheiben auf eine vorgewärmte Platte legen und auf jede ein gebratenes Täubchen setzen (Spickspeck entfernen).

Dazu wilden Reis, grüne Bohnen und gedämpfte Tomaten servieren.

REHRÜCKEN

Abbildung Seite 143

Zutaten: 1 Rehrücken zu ca. 1,6 kg, Haut und Sehnen entfernt
100 g dünne Scheiben Spickspeck
3 Essl. Bratöl
1 dl Rotwein
1 dl Fleischbrühe
1 Beutel gebundene Bratensauce
2 dl Sauerrahm
1 Karotte, längs halbiert
1 Scheibe Sellerie, halbiert
1 Zwiebel, in Stücke geschnitten
5 Wacholderbeeren, mit dem Messer zerdrückt
Salz, Pfeffer, Thymian

Rehrücken mit Wacholderbeeren, Salz, Pfeffer und Thymian einreiben und mit Spickspeck belegen. Ofen während 10 Min. auf 250° vorheizen, Öl in der Bratenkasserolle erhitzen, Fleisch und Gemüse hineingeben, Ofen auf 200° zurückschalten und den Rehrücken während 40-45 Min. braten. Danach das Fleisch, das innen noch rosa sein sollte, aus dem Bratgeschirr nehmen und warm stellen. Den Bratensatz mit Rotwein auflösen, in ein Saucenpfännchen giessen, mit Fleischbrühe und der nach Vorschrift zubereiteten Bratensauce aufkochen, den Sauerrahm dazurühren und nochmals aufkochen. Die Sauce wird separat serviert. Das Fleisch auf beiden Seiten sorgfältig vom Rückgrat lösen, in schräge Tranchen schneiden und diese wieder in die ursprüngliche Lage auf den Knochen legen. Den Rehrücken auf einer angewärmten Platte anrichten und garnieren mit halbierten, knapp gar gedämpften halben Äpfeln, gefüllt mit Preiselbeerkompott oder Johannisbeergelee.

Spätzli oder Nudeln sowie Rosenkohl, evtl. Kastanien, gehören ebenfalls zu dieser herrlichen Wildspezialität.

INDISCHER CURRY (REZEPT SEITE 204)

FISCHFILETS MIT ORANGEN (REZEPT SEITE 102)

SCHWEINSFILET MIT EIERSCHWÄMMCHEN (REZEPT SEITE 128)

REHRÜCKEN (REZEPT SEITE 140)

LAMMGIGOT (REZEPT SEITE 131)

SAUERKRAUT NACH BERNER ART (REZEPT SEITE 191)

KÄSE-FONDUE (REZEPT SEITE 214)

144

BEILAGEN ZUM HAUPTGERICHT
KARTOFFELN, TEIGWAREN, GETREIDESPEISEN

KLEINE SALZKARTOFFELN

Zutaten: pro Person ca. 4 kleine Kartoffeln
auf 2 dl Wasser ¼ Teel. Salz

Kartoffeln schälen und mit wenig Wasser in die Pfanne geben. Salzen und in ca. 10-15 Min. weich kochen.

☞ Zum Warmhalten Wasser abgiessen und die Kartoffeln in einer feuerfesten Schüssel mit Deckel in den 50° warmen Ofen stellen. Es gibt diese Kartöffelchen auch als Konserve zu 1 kg. Sind Sie in Eile, verwenden Sie diese. Vor Gebrauch den Saft abgiessen und die Kartoffeln in Butter erhitzen und kurz anbraten.

KARTOFFELBÄLLCHEN *(Pariser Kartoffeln)*

Zutaten: 2 kg grosse Kartoffeln
1 Teel. Salz

Mit dem Kartoffelausstecher kleine Bällchen aus den geschälten Kartoffeln ausstechen (siehe Skizzen) und in wenig Salzwasser in 10 Min. knapp weich kochen.

☞ Den Kartoffelausstecher gibt es in Haushalt- oder Eisenwarengeschäften zu kaufen. Er kann ebenfalls zum Ausstechen von Melonenbällchen verwendet werden, welche als Garnitur zu Vorspeisen hübsch aussehen.

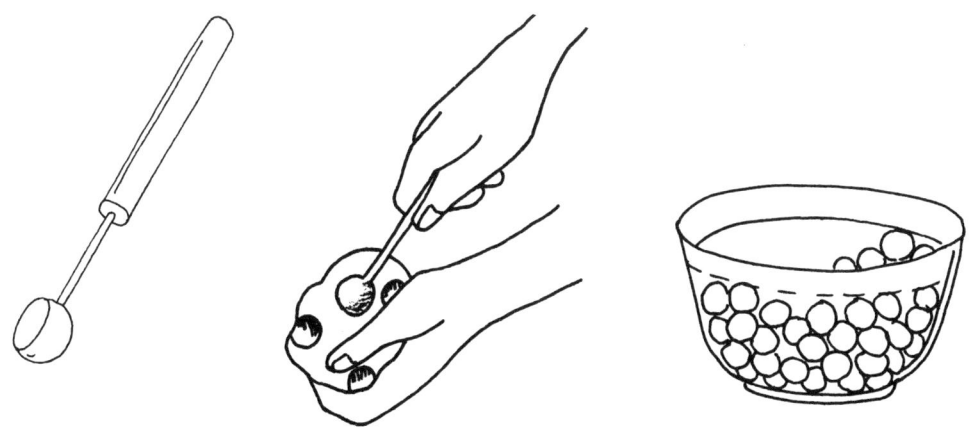

Der Kartoffelausstecher   Das Ausstechen der Kartoffelbällchen

145

KARTOFFELPÜREE

Zutaten: 1½ kg Kartoffeln
ca. 6-8 dl Milch
50 g Butter
1½ Teel. Salz
Muskatnuss, gerieben
ein Hauch Pfeffer

Kartoffeln schälen, in Stücke schneiden und im Salzwasser während ca. 20 Min. weich kochen. In ein Lochsieb abgiessen, etwas verdampfen lassen, durch das Passevite in eine grosse Pfanne treiben oder mit dem Handmixer in der Pfanne zerstossen (mit dem Mixer wird das Püree nicht so fein wie mit dem Passevite). Milch, Butter, Muskatnuss, wenn nötig etwas Salz und einen Hauch Pfeffer beifügen. Mit dem Schwingbesen oder Handmixer kräftig rühren und gut durcharbeiten, bis das Püree luftig ist.

⮞ Kartoffelpüree kann im voraus zubereitet und bis zur Verwendung in der Pfanne warmgehalten werden, indem diese in eine grössere, mit etwas heissem Wasser gefüllte Pfanne gestellt wird. Eine andere Möglichkeit besteht darin, eine feuerfeste Platte mit etwas Butter auszupinseln, den Kartoffelbrei hineinzugeben, mit etwas Rahm zu bestreichen und im Ofen warm zu halten. Bis zum Servieren hat das Püree dann etwas Farbe angenommen.

KARTOFFELKROKETTEN

Zutaten: 1½ kg Kartoffeln
3 Eigelb
3 Essl. Butter
150 g Mehl
Muskatnuss, gerieben
Salz
100 g Paniermehl

Kartoffeln schälen, in Stücke schneiden, im Salzwasser weich kochen, danach abgiessen und sehr gut abtropfen lassen. Durch das Passevite treiben, Eigelb und Mehl dazugeben und alles gut mischen. Die Masse zu einem einzigen, grossen Kloss verarbeiten, dem bei Bedarf vorsichtig ein wenig Milch zugefügt wird. Kroketten formen, im Paniermehl wenden und im heissen Öl schwimmend in ca. 3 Min. goldbraun backen. Immer nur etwa 12 Stück auf einmal hineingeben.

⮞ Aus der Kartoffelmasse können zur Abwechslung auch runde Plätzchen geformt und in der Bratpfanne gebraten werden.

Sind Sie in Eile, können Sie im Lebensmittelgeschäft eine Fertigmischung für Kroketten kaufen und sie nach Anleitung zubereiten.

DUCHESSE-KARTOFFELN

Zutaten: 1 kg Kartoffeln   ca. 1 dl Milch
50 g Butter   Muskatnuss, gerieben
3 Eigelb   Salz, Pfeffer

Kartoffeln schälen, in Stücke schneiden und im Salzwasser weich kochen. Wasser abgiessen, Kartoffeln gut verdampfen lassen und durch das Passevite treiben. Mit Eigelb, Butter, Milch und Gewürzen zu einer Masse vermischen, die sich leicht durch einen Dressiersack pressen lässt. Ist sie zu dick, etwas mehr Milch dazugeben. In den Dressiersack mit grosser Sterntülle einfüllen und kleine Häufchen auf ein gefettetes Blech dressieren (siehe Skizzen). Kurz vor dem Servieren die Duchesse-Kartoffeln im Ofen bei starker Oberhitze erwärmen und anbräunen. Sie eignen sich hervorragend als dekorative Beilage zu festlichen Braten.

Das dreistufige Falten
des Dressiersacks

Das Aufsetzen der
Duchesse-Kartoffeln auf das Backblech

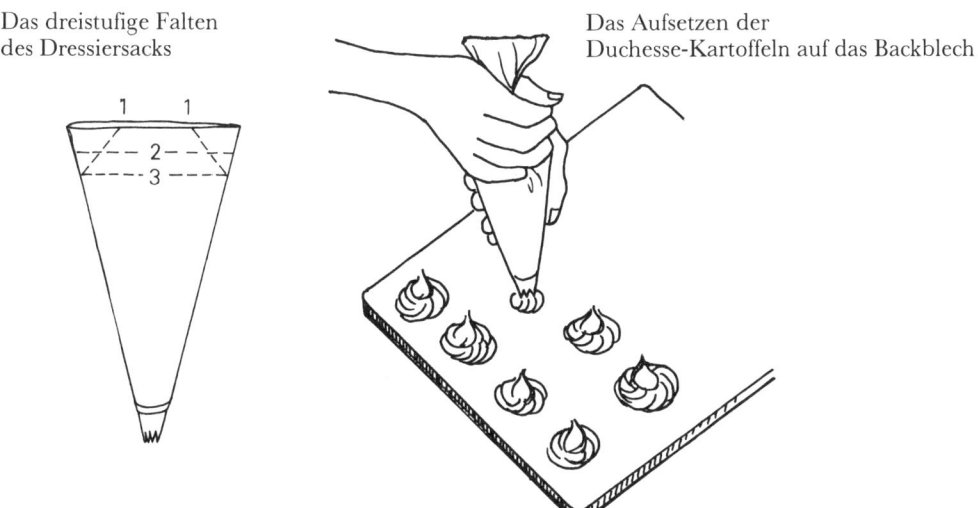

BAKED POTATOES *(im Ofen gebackene Kartoffeln)*

Zutaten: pro Person 1-2 gleichmässig grosse Kartoffeln
4 dl Sauerrahm
3 Essl. Schnittlauch, fein geschnitten
Salz, Pfeffer, Streuwürze

Kartoffeln gut waschen und bürsten. In Alufolie einpacken und im vorgeheizten Ofen bei 200° während 45-60 Min. backen. Sauerrahm mit Schnittlauch, Salz, Pfeffer und Streuwürze vermischen und zu den Baked Potatoes servieren.

KARTOFFELGRATIN MIT WEIN

Zutaten: 1½ kg Kartoffeln
2 Knoblauchzehen, durchgepresst
(können weggelassen werden)
1 grosse Zwiebel, fein gehackt
250 g Greyerzerkäse, gerieben

50 g Butter
4 dl Weisswein
2 dl Rahm
Muskatnuss, gerieben
Salz, Pfeffer

Kartoffeln schälen und in Scheiben schneiden. Mit Knoblauch, Zwiebeln, Salz, Pfeffer und Muskatnuss vermischen, in eine ausgebutterte Gratinform füllen, mit Weisswein übergiessen und zugedeckt im Ofen während 30 Min. bei 220° garen. Anschliessend abdecken, mit Käse bestreuen, den Rahm darübergiessen, eine Stufe höher wieder in den Ofen schieben und in 15 Min. goldbraun überbacken.

RÖSTI NACH BERNER ART

Selber im Kanton Bern aufgewachsen, lernte ich dieses Gericht schon als Kind zubereiten. Bei den Bauern stand es früher täglich auf dem Tisch. Interessanterweise findet es überall viele Liebhaber. Immer wieder wurde ich im Ausland gebeten, doch Rösti mit Geschnetzeltem zu servieren.

Zutaten: 1½ kg Kartoffeln,
am Vortag in der Schale gekocht
1½-2 Teel. Salz
3 Essl. Wasser
4 Essl. Bratöl
6 Essl. Butter

Kartoffeln schälen und auf der Röstiraffel reiben oder von Hand in feine Scheibchen schneiden. Für die angegebene Menge zwei Bratpfannen verwenden. In jeder 2 Essl. Bratöl erhitzen, Kartoffeln zugeben, Salz in einem Häufchen obenauflegen, mit Wasser auflösen. Nun die Kartoffeln drehen und wenden, Butter in Flocken am Rand zufügen und die Rösti bei Mittelhitze gut durchbraten. Damit sie schön saftig wird, sollten die Bratpfannen während mindestens 10 Min. zugedeckt werden. Um die typische Kuchenform der Rösti zu erhalten, müssen die Kartoffeln mit der flachen Bratschaufel vom Rand gelöst und etwas zusammengeschoben werden. Nochmals gut durchbraten, so dass unten eine schöne, braune Kruste entsteht. Hitze kontrollieren, damit die Rösti nicht anbrennt; die Kruste sollte sich langsam bilden. Vor dem Anrichten eine flache, runde Platte (oder eine spezielle Röstiplatte) auf die Bratpfanne legen, Rösti mit der knusprigen Seite nach oben auf die Platte stürzen und servieren.

☞ Sobald die Rösti zum Kuchen geformt ist, Feuer klein stellen. Die Kruste bildet sich durch das Warmhalten von selbst. Evtl. etwas Butter zugeben, damit die Rösti nirgends am Pfannenboden klebt und mühelos gestürzt werden kann.

KARTOFFEL-GNOCCHI

Zutaten: 1 kg Kartoffeln · Muskatnuss, gerieben
150 g Mehl · Salz, Pfeffer
3 Eier, verklopft · 60 g Parmesan oder Sbrinz, gerieben
2 Essl. Butter · etwas Butter zum Bestreichen und Belegen

Kartoffeln schälen, in Stücke schneiden und im Salzwasser oder Dampfkochtopf weich kochen. Wasser abgiessen, Kartoffeln im warmen Backofen etwas trocknen lassen, dann durch das Passevite treiben. Mehl, Butter, Eier und Gewürze unter die Kartoffeln mischen und rühren, bis die Masse glatt ist. In einer Pfanne ca. 2 l Salzwasser zum Sieden bringen, mit einem Esslöffel vom Gnocchi-Teig nussgrosse, ovale Stücke abstechen und in das sprudelnde Wasser geben. Die Gnocchi ca. 3-5 Min. ziehen lassen. Sobald sie obenauf schwimmen, mit einer Schöpfkelle herausheben und in eine mit Butter ausgestrichene Gratinform anrichten. Mit Parmesan oder Sbrinz bestreuen, mit Butterflöckchen belegen und bei ca. 180° Oberhitze während 15-20 Min. im Ofen gratinieren.

NUDELN

Zutaten: pro Person ca. 100 g Nudeln
reichlich Salzwasser

Nudeln im sprudelnden Salzwasser 8-10 Min. kochen. Von Zeit zu Zeit umrühren. Nach 8 Min. prüfen, ob die Teigwaren schon «al dente» sind. Sie sollten noch «Biss» haben und nicht breiig zerkocht sein.

↪ Nudeln sind eine geeignete Beigabe zu manchem Hauptgericht. Sie können gut im voraus knapp weich gekocht und unter kaltem Wasser durchgespült werden, damit sie nicht zusammenkleben. Kurz vor dem Servieren werden sie in der Bratpfanne in zerlassener Butter durchgeschwenkt, bis sie heiss sind.

NUDELN IM OFEN

Zutaten: 1 kg Nudeln · 1 grosse Zwiebel, fein gehackt
200 g Rahmquark · 150 g Käse, gerieben
2 dl Rahm · Salz, Pfeffer, Streuwürze
2 Knoblauchzehen, gepresst · etwas Butter zum Ausstreichen der Form
(können weggelassen werden)

Nudeln in viel Salzwasser knapp weich kochen. Wasser abgiessen, Teigwaren mit Rahmquark, Rahm, Zwiebeln, Knoblauch und den Gewürzen vermischen, in eine feuerfeste, ausgebutterte Form geben, mit Käse bestreuen und 10 Min. im vorgeheizten Ofen bei 220° überbacken. Passt gut zu Saucenfleisch.

SPÄTZLI ODER KNÖPFLI

Zutaten: 700 g Mehl
3 dl Milchwasser
(halb Milch, halb Wasser)
4 Eier, verklopft
1 Teel. Salz

Vorbereitung: Mehl in eine grosse Schüssel geben. In der Mitte eine Mulde formen, Salz und Eier hineingeben, mit etwas Mehl verrühren, nach und nach das Milchwasser dazuarbeiten, so dass ein dickflüssiger Teig entsteht. So lange rühren, bis er glatt ist und Blasen wirft. Den Teig mindestens 1 Std. ruhen lassen.

Zubereitung: In einer grossen Pfanne mindestens 3 l Salzwasser zum Kochen bringen. Die Zubereitung der Spätzli kann auf zwei Arten erfolgen:

1. Teig portionenweise auf ein Brett geben und mit einem Messer möglichst gleich grosse, nudelförmige Streifchen vom Brett ins Wasser fallen lassen.

2. Teig portionenweise in ein Spätzlisieb (z. B. Passevite mit speziellem Einsatz) geben und durch Umrühren mit einer Kelle ins Salzwasser streichen. Sieb hoch genug über der Pfanne halten, damit genügend Raum bleibt zwischen Sieb und Wasser. Sobald der Spätzliteig mit dem kochenden Wasser in Berührung kommt, wird er fest. Die Spätzli sind gar, wenn sie an der Oberfläche schwimmen. Spätzli mit der Schaumkelle aus dem Wasser heben und in ein in kaltem Wasser stehendes Sieb geben, damit sie nicht kleben. Kurz vor dem Servieren werden sie in etwas Butter geschwenkt und erwärmt.

▷ Spätzli eignen sich hervorragend für eine Einladung, da sie schon am Vormittag oder sogar am Vortag hergestellt werden können. Auch lassen sie sich problemlos einfrieren, so dass Sie, auch wenn unerwartet Gäste eintreffen, immer schnell etwas zur Hand haben.

MAIS- ODER GRIESS-SCHNITTEN MIT KÄSE

Zutaten: Für Mais-Schnitten:	Für Griess-Schnitten:
1 l Wasser	1½ l Milch
½ l Milch	375 g Griess
500 g feiner Maisgriess	1-2 Eier
1½ Teel. Salz	1½ Teel. Salz
1 Zwiebel, fein gehackt	Muskatnuss, gerieben
150 g Käse, gerieben	150 g Käse, gerieben
3-4 Essl. Butter	3-4 Essl. Butter

Vorbereitung: Milchwasser und Zwiebel bzw. Milch sowie Salz in die Pfanne geben. Mais oder Griess unter ständigem Rühren langsam einstreuen und zum Kochen bringen. Hitze klein stellen, Pfanne zudecken und die Masse etwas kochen lassen. Es soll ein sehr dicker Brei entstehen. Unter den Griessbrei die Eier rühren und mit Muskatnuss würzen. Masse auf ein mit Alufolie belegtes Blech ca. 1½ cm hoch verstreichen und erkalten lassen oder eine Cakeform mit kaltem Wasser ausspülen, Brei einfüllen und erkalten lassen.

Zubereitung: Kurz vor der Verwendung Mais- oder Griessteig sorgfältig in gleichmässige Vierecke schneiden oder Rondellen ausstechen oder den Teig aus der Cakeform lösen und in Scheiben schneiden. Die Stücke in erhitzter Butter beidseitig goldbraun braten, mit etwas geriebenem Käse bestreuen und bis zum Servieren in einer feuerfesten Form, mit Alufolie zugedeckt, im Ofen warm halten.

▷ Diese Schnitten schmecken köstlich und werden eigentlich bei Einladungen viel zu selten angeboten. Dabei lassen sie sich problemlos im voraus zubereiten.

TROCKENREIS

Zutaten: pro Person 40-50 g Reis
Wasser oder Fleischbrühe
Salz, Pfeffer, Streuwürze

Reiskörner aus einer Tasse in die Pfanne geben und mit der gleichen Tasse doppelt soviel Wasser oder Fleischbrühe wie Reis dazugiessen, mit Streuwürze, Salz und Pfeffer würzen und zum Kochen bringen. In einer Viertelstunde ist der Reis gar. Auf keinen Fall in der Pfanne rühren, sonst klebt der Reis am Pfannenboden. Auf diese Weise erhalten Sie immer trockenen, lockeren, körnigen Reis.

RISOTTO

Zutaten: 500 g Risotto-Reis (z. B. Vialone)
knapp 1½ l Wasser oder Fleischbrühe
1 Essl. Butter
1 Zwiebel, fein gehackt
evtl. 2 dl Weisswein, dafür entsprechend
weniger Wasser oder Fleischbrühe
1 Briefchen Safran
60 g Parmesankäse oder Sbrinz, gerieben
Salz, Pfeffer

Butter schmelzen, Zwiebeln und Reis darin andämpfen, mit Wasser oder Fleischbrühe ablöschen, Salz, Pfeffer und Safran zugeben, alles gut durchrühren, aufkochen und zugedeckt auf kleiner Hitze während 25 Min. kochen, ohne zu rühren. Am Schluss den Käse mit einer Gabel leicht darunterziehen.

▷ Risotto schmeckt am besten, wenn er nach beendeter Kochzeit sofort auf den Tisch kommt. Bei einem Essen für Gäste wird der Risotto in der Pfanne vorbereitet, aber erst 20 Min. vor dem Servieren gekocht. Vorbereiteter Reis saugt beim Warten schon Flüssigkeit auf, so dass er vom Zeitpunkt des Kochens an gerechnet in 10-15 Min. gar ist.

REISRING

Zutaten: 500 g Langkornreis
1 l Wasser oder Fleischbrühe
1½ Teel. Salz
1 Essl. Butter

Butter in der Pfanne zergehen lassen, Reis darin andämpfen, mit Fleischbrühe oder Wasser ablöschen, salzen und nach dem Aufkochen zugedeckt auf kleinem Feuer in 20 Min. weich kochen. Eine Ringform mit kaltem Wasser ausspülen, Reis einfüllen und gut andrücken, so dass nirgends Luftlöcher entstehen. Mit Alufolie zugedeckt bis zum Gebrauch im Ofen bei 50° warm halten. Zum Servieren auf eine Platte stürzen.

▷ Statt eines Rings können auch kleine Timbaleförmchen oder Tassen mit Reis gefüllt und nach dem Stürzen mit kleinen ausgestochenen Verzierungen belegt werden, z. B. aus grüner oder roter Peperoni, schwarzen Oliven, Essiggurken usw.

WILDER REIS

Zutaten: 2 Tassen wilder Reis
8 Tassen Wasser
1½ Teel. Salz
Muskatnuss, gerieben

Salzwasser zum Kochen bringen, Reis hineingeben und auf kleinem Feuer während 20-25 Min. kochen. Muskatnuss hineinreiben und mit einer Gabel leicht unter den Reis mischen.

▷ Wilder Reis ist der Samen eines Grases, welches in Nordamerika wächst. Es ist schwierig, ihn zu ernten, weshalb er relativ teuer ist. Wer sparen will, kann den wilden Reis mit ungeschältem braunem Reis kombinieren, was geschmacklich allerdings nicht dem echten wilden Reis entspricht.

GEMÜSE

Natürlich lässt sich Gemüse auf alle möglichen Arten kochen. Manche Gemüse können gefüllt werden, wie z. B. Auberginen, Peperoni, Zwiebeln, Weisskohl usw., andere können im Ofen überbacken oder in der Bratpfanne zubereitet werden. Da uns hier vor allem das Gemüse als Beilage zu einem Hauptgericht interessiert, habe ich die Auswahl bewusst auf solche Gemüse beschränkt, die sich farblich ansprechend zusammenstellen lassen und ein Fleischgericht appetitlich abrunden. Ich möchte betonen, dass auch das Kochen von Gemüse mit Sorgfalt geschehen soll. Achten Sie darauf, dass die Gemüse nicht zu weich werden. Wenn das Salz erst beim Sieden des Wassers über das Gemüse gestreut wird, hilft dies, Farbe und Geschmack besser zu erhalten. Für 2 dl Wasser wird gewöhnlich $\frac{1}{4}$ Teel. Salz berechnet. Werden zwei Gemüse zum Hauptgang gereicht, können die erwähnten Mengen um ein Drittel reduziert werden.

In der «nouvelle cuisine» ist es Mode geworden, sogar grüne Bohnen und anderes Gemüse als Püree anzubieten. Persönlich empfinde ich dies als momentanen «Gag». Ein herzhafter Biss in knackig gekochte Bohnen schmeckt, so meine ich, doch köstlicher als ein pürierter Brei, der auch für ein Kleinkind bestimmt sein könnte. Frisches Gemüse, in wenig Salzwasser knapp weich gekocht, enthält zudem mehr Vitamine und natürliches Aroma, was Ihre Gäste zu schätzen wissen.

TOMATEN PROVENÇALE

Zutaten: 8 gleichmässig grosse Tomaten   2 dl Fleischbrühe
1 Zwiebel, fein gehackt   1 Essl. Olivenöl
3 Essl. Paniermehl   Salz, Pfeffer, Streuwürze
je 1 Teel. Basilikum und Petersilie, gehackt

Tomaten quer halbieren. Zwiebeln im Öl andämpfen, Paniermehl, Basilikum und Petersilie daruntermischen und gut würzen. Diesen streichfähigen Brei messerrückendick auf die Schnittflächen der Tomaten verteilen. Tomaten, Schnittfläche nach oben, in eine feuerfeste, flache Platte legen, Fleischbrühe dazugiessen und im Ofen bei 200° während 10-15 Min. überbacken.

KAROTTEN

Zutaten: 1 kg Karotten $\frac{1}{2}$ Würfel Gemüsebouillon
40 g Butter   Salz, Pfeffer
1 Büschel Petersilie, gehackt

Karotten schälen, in feine Rondellen oder fingerlange Stäbchen schneiden und mit wenig Wasser in der Pfanne aufkochen. Mit der Bouillon, die sich von selbst im warmen Wasser auflöst, Salz und Pfeffer würzen und in ca. 20 Min. weich kochen.

Vor dem Anrichten das Wasser abgiessen, die Karotten mit Butterflöckchen belegen und mit Petersilie bestreuen.

⮞ Zum Vorbereiten Karotten nur ca. 10 Min. kochen, dann beiseite stellen. Im letzten Moment noch kurz erhitzen. So werden sie weich, aber nicht verkocht sein. Die Kochzeit bezieht sich auf frische, zarte Karotten. Im Winter und gegen Frühjahrsbeginn verlängert sich die Kochzeit um 5-10 Min.

GRÜNE ERBSEN

Zutaten: 1½ kg frische Erbsen
1 Würfel Gemüsebouillon
1 Büschel Petersilie, gehackt
Salz

Erbsen aus den Schoten lösen, in wenig Salzwasser, in dem der Gemüsebouillonwürfel aufgelöst wurde, in ca. 10 Min. weich kochen. Vor dem Servieren mit Petersilie bestreuen.

⮞ Erbschen sind wohl wegen ihrer sattgrünen Farbe eine sehr beliebte Beigabe zu Fleischgerichten. Sie werden leider nur während kurzer Zeit frisch auf dem Markt angeboten. Tiefgekühlte Erbsen sind eine empfehlenswerte Variante. Sie werden heute überall in guter Qualität angeboten und sind schnell aufgetaut.

In England werden die gekochten Erbsen statt mit Petersilie mit frischen, gehackten Pfefferminzblättern bestreut.

KEFEN (Zuckererbsen oder Mange-tout)

Zutaten: 1½ kg Kefen
1 Essl. Butter
1 Würfel Gemüsebouillon
1 Sträusschen Bohnenkraut
1 Zwiebel, fein gehackt
Salz, Streuwürze
1 Büschel Petersilie, gehackt

Den Kefen unten und oben die Spitze wegschneiden und gleichzeitig die Fäden abziehen. Wird diese Arbeit gründlich erledigt, schmecken Kefen köstlich. Butter in der Pfanne zergehen lassen, Zwiebeln darin andämpfen, Kefen beifügen, knapp Wasser zugiessen, Gemüsebouillon hineingeben, Bohnenkraut obenauf legen und alles in ca. 25 Min. weich kochen. Bohnenkraut entfernen, die Kefen mit Salz und Streuwürze abschmecken und vor dem Servieren mit gehackter Petersilie bestreuen.

GRÜNE BOHNEN

Zutaten: 1½ kg grüne Bohnen   1 Zwiebel, fein gehackt
1 Sträusschen Bohnenkraut   1 Bund Schnittlauch, fein geschnitten
1 Essl. Butter   Salz

Den Bohnen unten und oben die Spitze wegschneiden. Butter in der Pfanne schmelzen, Zwiebeln darin andämpfen, Bohnen beifügen und wenig Wasser dazugiessen. Bohnenkraut obenauf legen, mit Salz würzen und ungefähr 30 Min. garen. Stangenbohnen benötigen etwas mehr Kochzeit. Vor dem Anrichten Bohnenkraut entfernen. Bohnen mit Schnittlauch bestreut servieren.

BLATTSPINAT

Zutaten: 1½ kg Spinat
½ Würfel Fleischbouillon
Muskatnuss, gerieben
Salz, Pfeffer, Streuwürze

Spinat waschen (Stiele entfernen) und in kochendem Salzwasser zusammenfallen lassen. Mit der Schaumkelle herausheben und in einer andern Pfanne zusammen mit der Bouillon und den Gewürzen 5 Min. schwach kochen lassen.

☞ Blattspinat erst ganz kurz vor dem Servieren zubereiten, damit er schön grün bleibt. Wenn keine Küchenhilfe zur Verfügung steht, Pfanne mit allen Zutaten vorbereiten, einmal kurz aufkochen und vom Feuer nehmen. Zudecken. Während das Fleisch angerichtet wird, den Spinat fertigkochen, was dann nur noch ca. 3 Min. dauert.

GEHACKTER SPINAT

Zutaten: 1½ kg Spinat   1 dl kräftige Fleischbrühe
1 Zwiebel, in grobe Stücke geschnitten   Muskatnuss, gerieben
1 Essl. Mehl   Salz, Pfeffer
1 dl Milch

Spinat waschen (Stiele entfernen) und kurz in kochendem Salzwasser zusammenfallen lassen. Mit der Schaumkelle herausheben und abtropfen lassen. Mit Mehl, Milch, Fleischbrühe und Zwiebel zusammen in zwei Portionen im Mixer pürieren, in die Pfanne zurückgeben, würzen und zudecken. Erst kurz vor dem Servieren nochmals rasch erwärmen. Passt sehr gut zu Rindsbraten, Rouladen oder Saftplätzli.

LATTICHGEMÜSE

Zutaten: 2 kg Lattich
1 dl Fleischbrühe
1 Essl. Bratöl
100 g Speckwürfelchen
1 Zwiebel, fein gehackt
Salz, Pfeffer
Butter zum Ausstreichen der Form

Lattichköpfe vierteln, die dicken Strünke entfernen, Blätter gründlich waschen und in wenig Salzwasser halbweich kochen. Gut abtropfen lassen. Die einzelnen Viertel zu Paketchen zusammenrollen und in eine ausgebutterte Gratinform legen. Zwiebel und Speckwürfelchen im Bratöl andünsten, mit Fleischbrühe ablöschen und über den Lattich giessen. Gratinform mit Alufolie abdecken und das Gemüse im Ofen bei 180° während 20 Min. dünsten.

BRÜSSELER CHICORÉE

Zutaten: 1½ kg Brüsseler Chicorée
50 g Butter
Saft einer halben Zitrone
1 Teel. Salz
1 Prise Zucker
etwas Streuwürze
1 Büschel Petersilie, gehackt

Chicorée waschen, grosse Stücke teilen, Strunk trichterförmig herausschneiden, damit das Gemüse nicht bitter schmeckt. Lagenweise in die Pfanne geben, mit Wasser halbhoch auffüllen, Salz, Streuwürze, Zucker und Zitronensaft dazugeben und zugedeckt während ca. 20 Min. weich kochen. Mit Petersilie bestreut servieren.

GURKEN

Zutaten: 4 Salatgurken
1 Essl. Butter
1 Bund Schnittlauch, fein geschnitten
1 Teel. Dill
Salz, Pfeffer, Streuwürze

Gurken gut waschen, ungeschält in längliche, fingerdicke Stücke schneiden und in wenig Salzwasser zum Kochen bringen. 10 Min. schwach kochen lassen. Verbliebene Flüssigkeit weggiessen, Butterflöcklein darübergeben und vor dem Servieren mit Streuwürze, einem Hauch Pfeffer, Schnittlauch und Dill bestreuen.

ZUCCHETTI

Zutaten: 1½ kg Zucchetti
1 Sträusschen Petersilie, gehackt
3-4 Salbeiblätter, gehackt
Salz, Pfeffer, Streuwürze

Zucchetti unter fliessendem Wasser gut schrubben, Enden wegschneiden, Schale jedoch nicht entfernen, in fingergrosse Stücke schneiden und in wenig Salzwasser in einer knappen Viertelstunde weich kochen. Vor dem Servieren mit Streuwürze und Pfeffer abschmecken und mit gehacktem Grün bestreuen.

↬ Es gibt ganz kleine, zarte Zucchini zu kaufen. Diese belässt man ganz, schneidet lediglich die Enden weg und kocht sie nur 10 Min.

SCHWARZWURZELN

Zutaten: 1½ kg Schwarzwurzeln
2 Essl. Essig
2 dl Wasser
2 dl Milch
Salz, Pfeffer

Schwarzwurzeln waschen, mit dem Kartoffelschäler schälen und sofort ins Wasser legen, dem der Essig beigegeben wurde; so bleiben sie schön weiss. In fingergrosse Stücke schneiden, aus dem Essigwasser heben, mit dem Milchwasser zum Kochen bringen, salzen und in ca. 20 Min. weich kochen. Vor dem Anrichten mit einem Hauch Pfeffer bestäuben. Schwarzwurzeln sind ein delikates winterliches Gemüse.

↬ Schwarzwurzeln sondern beim Schälen einen Saft ab, der Flecken an den Händen hinterlässt. Es ist deshalb empfehlenswert, beim Putzen dieses Gemüses Gummihandschuhe zu tragen.

KOHLRABI

Zutaten: 6-8 Kohlrabi, je nach Grösse
1 Büschel Petersilie, gehackt
Salz

Kohlrabi schälen, und zwar beim Blattansatz dünn und gegen den Wurzelansatz dicker, damit allfällige holzige Teile entfernt werden. Anschliessend vierteln, in Scheiben schneiden und im Salzwasser in ca. 20 Min. weich kochen. Vor dem Servieren mit Petersilie bestreuen.

BLUMENKOHL

Zutaten: Blumenkohl, je nach Grösse 1-2 Stück
1 Essl. Essig
50 g Butter
2 Essl. Paniermehl
Salz

Blumenkohl ganz belassen, in Salzwasser, dem der Essig zugefügt wurde, in ca. 20 Min. weich kochen und gut abgetropft auf einer angewärmten Platte anrichten. Paniermehl in Butter etwas anrösten und über den Blumenkohl verteilen.

BROCCOLI

Zutaten: 1¼ kg Broccoli
1 Essl. Butter
1 Essl. Zitronensaft
Salz

Vorbereitung: Aus Alufolie oder Sandwichpapier eine Rondelle ausschneiden, die etwas grösser ist als der Deckel der Pfanne, in der das Gemüse gekocht wird. In die Mitte ein kleines Loch schneiden, damit Dampf entweichen kann. So wird das Gemüse seine stark grüne Farbe auch nach dem Kochen bewahren.

Zubereitung: Broccoli rüsten und gut waschen, wenig Salzwasser zum Kochen bringen, Zitronensaft und Gemüse beifügen, Alu- oder Papierdeckel über der Pfanne anbringen und Broccoli während 15 Min. weich kochen. Wasser abgiessen, Butter beifügen und Gemüse darin schwenken.

☞ Beim Einkaufen nur schöne, grüne Köpfe auswählen. Zeigt Broccoli einen Anflug von gelber Farbe, ist er nicht mehr jung und wird beim Kochen zäh.

ROSENKOHL

Zutaten: 1 kg Rosenkohl
1 Essl. Butter
1 Teel. Natron (Soda-Bikarbonat)
Salz, Pfeffer, geriebene Muskatnuss

Vorbereitung: Rosenkohl rüsten, d. h. Stielansatz wegschneiden und allfällige schmutzige Blättchen entfernen, und anschliessend für 10 Min. in Salzwasser legen. So bleiben die Röschen ganz und werden durch das Salzwasser gereinigt.

Zubereitung: In Salzwasser, dem das Natron zugefügt wurde, den Rosenkohl in 15 Min. weich kochen. Vor dem Anrichten Wasser abgiessen, Butter beifügen und Gemüse darin schwenken.

☞ Natron ist im Reformhaus erhältlich.

ROTKRAUT (Blaukohl)

Zutaten: 1 kg Rotkraut
1 Zwiebel, fein gehackt
100 g Speckwürfelchen
(können weggelassen werden)

1 Apfel, geraffelt
Saft einer grossen Zitrone
1 Würfel Gemüsebouillon
Salz

Den Rotkohlkopf in Stücke zerteilen, Strunk und grobe Rippen wegschneiden, gründlich waschen, fein schneiden oder hobeln. Zwiebeln in Butter andämpfen, evtl. Speckwürfel beifügen, Rotkraut zugeben und mit 2-3 dl Wasser ablöschen. Mit Gemüsebouillon und Salz würzen und auf kleinem Feuer 10 Min. dämpfen. Apfel einstreuen und in weiteren 20-30 Min. weich kochen. Kurz vor dem Anrichten alles gut mit Zitronensaft vermischen. Jetzt erst verdient das Rotkraut seinen Namen, da sich seine vorher blaue Farbe in Rot verwandelt. Zum Rotkraut passen gekochte Kastanien sehr gut.

KASTANIEN

Zutaten: 500 g Esskastanien
1 Essl. Butter
1 Teel. Zucker
2 dl Wasser
Salz

Kastanien auf der gewölbten Seite mit einem scharfen Messer quer einschneiden, 10 Min. in Salzwasser kochen, danach Schale und innere braune Haut abziehen. Die Kastanien anschliessend mit Zucker und Salz in 2 dl Wasser während ca. 20 Min. weich kochen.

SAUERKRAUT

Zutaten: 1½ kg Sauerkraut
1 Zwiebel, fein gehackt
4-5 Wacholderbeeren und 1 Teel. Kümmel
(in ein kleines Tüllsäcklein eingebunden)

1 Teel. Zucker
½ l Wasser
1 Essl. Butter

Butter schmelzen, Zwiebeln darin andämpfen, Sauerkraut locker einstreuen, mit Wasser auffüllen, Gewürzsäcklein und Zucker beifügen und auf kleinem Feuer 1½-2 Std. kochen lassen. Zwischendurch kontrollieren, ob das Wasser nicht zu sehr einkocht, sonst etwas nachgiessen. Vor dem Anrichten das Tüllsäcklein entfernen.
    ➥ Sauerkraut kann auch mit halb Wasser, halb Weisswein gekocht werden.

SÜSSSPEISEN

Zu einem köstlichen Mahl gehört als krönender Abschluss unbedingt ein feines Dessert. Es gibt eine so reiche, weitgefächerte Auswahl, dass es für Sie ein leichtes sein sollte, Ihren Gästen eine gelungene, verlockende Kreation vorzusetzen. Auch hier beschränken sich die Vorschläge vor allem auf solche Nachspeisen, die sich zum voraus herstellen lassen, herrlich schmecken und im letzten Moment keine Arbeit mehr verursachen, sondern nur noch aufgetragen werden können.

Vor allem in französischsprechenden Landen ist es Sitte, zwischen dem Hauptgang und dem Dessert noch eine Käseplatte einzuschieben oder den Nachtisch ganz wegzulassen und nur eine festliche Käseplatte anzubieten. Da für eine schön zusammengestellte Käseplatte weniger die Kochkunst als vielmehr die Beratung des Käsefachmanns im Vordergrund steht, sehe ich hier von entsprechenden Vorschlägen ab.

CREMES, MOUSSES, PUDDINGS UND CHARLOTTEN

KAFFEE TORTONI

Zutaten: 3 Eiweiss
2 Essl. Sofortkaffee-Pulver,
in wenig heissem Wasser aufgelöst
8 Essl. Zucker

6 dl Rahm
2 Päckchen Rahmfestiger
5 Essl. Mandelsplitter, leicht geröstet

Eiweiss steif schlagen, die Hälfte des Zuckers zugeben und nochmals gut schlagen. Den Rahmfestiger unter den Rahm mischen, Rahm steif schlagen, restlichen Zucker und Sofortkaffee-Pulver beifügen und nochmals kurz schlagen. Eiweiss sorgfältig unter den Rahm heben, alles gut zusammen vermischen und in Portionengläser verteilen. Mandelsplitter darüberstreuen, bis zum Gebrauch in den Kühlschrank stellen.

SEIDE UND SAMT

Ein Rezept von meiner Tante Ida aus dem Emmental

Zutaten: 6 dl Rahm
4 Eigelb
4 Eiweiss
150 g Zucker
$\frac{1}{2}$ dl Kirsch oder Rum

Zucker mit Eigelb zu einer schaumigen, dicklichen Masse rühren — sie sollte wie dicke Mayonnaise aussehen — und den Alkohol beifügen. Eiweiss steif schlagen, ebenso den Rahm, und zuletzt alles zusammen sorgfältig mischen. Die luftige Creme in eine schöne Kristallschale füllen und bis zum Servieren kalt stellen.

GEBRANNTE CREME

Dieses aus Grossmutters Zeit stammende Dessert ist auch heute sehr beliebt

Zutaten: 6 Eier
4 Essl. Zucker
1 Essl. Maizena
1,2 l Milch

3 dl Rahm, geschlagen
$\frac{1}{2}$ abgeriebene Zitronenschale
8 Essl. Zucker
$\frac{1}{2}$ dl heisses Wasser

Eier in eine Schüssel aufschlagen und mit 4 Essl. Zucker tüchtig verklopfen. Zitronenschale einstreuen. 8 Essl. Zucker in einer Pfanne karamelisieren, d. h. rühren, bis er flüssig und gleichmässig braun ist. Heisses Wasser dazugiessen (Vorsicht, es zischt und spritzt!). Das Maizena in 2 dl Milch auflösen und mit der restlichen

Milch zum Caramel giessen. Unter gelegentlichem Rühren zum Sieden bringen. Caramelmilch unter tüchtigem Rühren mit dem Schwingbesen über die Eier geben, Creme in die Pfanne zurückgiessen und nochmals bis knapp *vors* Kochen bringen. Hier ist Vorsicht geboten: die Creme darf nicht mehr kochen, sonst flocken die Eier aus. In eine Schüssel giessen, von Zeit zu Zeit rühren, damit sich auf der Creme keine Haut bildet. Nach dem Erkalten den Schlagrahm daruntermischen, in eine schöne Kristallschale anrichten und bis zum Auftragen kühl stellen.

☞ Die Creme kann schon am Vortag zubereitet werden, der Schlagrahm wird jedoch erst kurz vor dem Servieren beigegeben.

HASELNUSSCREME

Zutaten: 6 Eier 100 g ganze Haselnüsse, ungeschält
1,2 l Milch 10 Essl. Zucker
1 Essl. Maizena 2 dl Rahm, geschlagen

Vorbereitung: In einer Bratpfanne 4 Essl. Zucker und die Haselnüsse hellbraun rösten und karamelisieren. Auf ein gefettetes Kuchenblech giessen und erkalten lassen. Dieses Krokant in Stücke brechen und im Mixer fein zerkleinern.

Zubereitung: Eier mit 6 Essl. Zucker in einer Schüssel verklopfen. Maizena mit 2 dl Milch anrühren und zusammen mit der restlichen Milch in einer Pfanne unter Rühren zum Kochen bringen. Vom Feuer nehmen, Krokant in die Milch geben, etwas stehenlassen, damit sich der Caramelzucker auflösen kann, dann über die Eier giessen und mit dem Schwingbesen alles tüchtig vermischen. In die Pfanne zurückgeben und nochmals bis *vors* Kochen bringen. Vorsicht, die Creme darf nicht kochen, sonst flocken die Eier aus. In eine Schüssel giessen und während des Abkühlens von Zeit zu Zeit rühren, damit sich keine Haut bilden kann. Nach dem Erkalten den geschlagenen Rahm untermischen, die Creme in eine schöne Kristallschale füllen und bis zum Servieren kühl stellen.

ZABAGLIONE *(Weinschaum)*

Zutaten: 8 Eier
100 g Zucker
½ dl Marsala
4 dl Weisswein
4 Blatt Gelatine

Gelatine in kaltes Wasser einlegen. Die Eier mit dem Zucker in einer bauchigen Schüssel so lange rühren, bis eine mayonnaiseartige Creme entsteht. Nun die Schüssel auf eine Pfanne mit kochendem Wasser stellen (das Wasser darf die Schüssel nicht berühren), Alkohol dazugiessen und mit einem grossen Schwingbesen die Masse so lange schlagen, bis sie dick wird und zu steigen beginnt. Vorsicht, die

Masse darf nicht kochen! Gelatine gut ausdrücken, mit wenig heissem Wasser auflösen und in den Weinschaum geben. Portionenweise in bauchige Gläser füllen und kühl stellen.

↪ Zabaglione kann auch gleich nachdem er zu steigen beginnt, ohne Beimischung von Gelatine, warm in Gläser gefüllt und serviert werden. Dies bedingt aber, dass entweder eine Hilfe in der Küche zur Verfügung steht oder Sie sich für längere Zeit von den Gästen entfernen.

BISCUITS-ENTREMETS

Ein Familienrezept, das seit Generationen von der Mutter an die Tochter weitergegeben wird — zusammen mit der bei der Herstellung verwendeten gusseisernen Bratschaufel (Abbildung Seite 177)

Zutaten:
6 Eigelb	6 Essl. Zucker
6 Eiweiss	4-5 Essl. Zucker zum
1 Prise Salz	Bestreuen und Abflämmen
1 Essl. Maizena	125 g Löffelbiskuits
1,2 l Milch	1 dl Kirsch
1 Vanilleschote	

Eigelb mit Zucker tüchtig verklopfen. Maizena mit 2 dl Milch anrühren und zusammen mit der restlichen Milch in eine Pfanne geben. Ausgeschabte Samen der Vanilleschote beifügen, zum Kochen bringen. Ab und zu rühren, damit sich das Maizena nicht am Pfannenboden festsetzt. Über das Eigelb giessen und mit dem Schwingbesen tüchtig durchmischen. In die Pfanne zurückgeben und nochmals bis *vors* Kochen bringen. Vorsicht, die Creme darf nicht mehr kochen, sonst gerinnen die Eier! Die Löffelbiskuits mit der gezuckerten Seite nach unten auf dem Boden einer tiefen Kristallschale verteilen, Kirsch darauf träufeln und die Vanillecreme darübergiessen. Eiweiss mit Salz zu sehr steifem Schnee schlagen und über die noch warme Creme streichen. Die Oberfläche bis an den Rand der Schüssel gleichmässig mit Zucker bestreuen und mit einer heiss gemachten gusseisernen Bratschaufel abflämmen (wie nachstehend beschrieben). Durch die Hitze wird der Zucker karamelisiert. Die Biscuits-Entremets bis zum Servieren kühl stellen.

Verwenden Sie für dieses Dessert Ihre schönste Kristallschale. Achten Sie aber beim Abflämmen darauf, dass die heisse Bratschaufel die Schale nicht berührt, da sie sonst zerspringen könnte. Dadurch würden Sie um den Lohn Ihres Bemühens gebracht, Ihren Gästen einen nicht alltäglichen Nachtisch zu kredenzen.

↪ Voraussetzung für die Zubereitung dieses Desserts ist der Besitz einer gusseisernen Bratschaufel. Eine solche kann auch heute noch — vor allem in ländlichen Gegenden — in einem guten Eisenwarengeschäft gekauft werden. Für das Abflämmen der Biscuits-Entremets wird die Schaufel über der offenen Gasflamme stark erhitzt (notfalls tut's auch die Flamme des Fondue-Rechauds oder der Picknick-Gasflasche). Nun mit der heissen Schaufel die Zuckerschicht berühren, die sofort zischend bräunlich schmelzen sollte. Prozedur so lange wiederholen, bis die ganze Oberfläche gebräunt ist. Klebt der Zucker an der Schaufel, ist diese nicht heiss genug.

TRIFLE

Diesen Nachtisch habe ich in England kennengelernt. Er ist dort sehr populär und schmeckt immer wieder anders — je nachdem, welche Zutaten Sie gerade zur Hand haben.

Zutaten: 8 dl Milch
5 Eier
$1\frac{1}{2}$ Essl. Maizena
1 Päckchen Vanillezucker
150 g Zucker
3-4 dl Rahm, steif geschlagen

8 Essl. Aprikosenmarmelade
4 Essl. Rum
$1\frac{1}{2}$ Tasse frische oder eingemachte Früchte
8 Haselnussmakronen oder
8 kleine Stücke Biskuittorte
oder trockener Cake

Vorbereitung: Eier mit Zucker und Vanillezucker gut verklopfen. Maizena mit wenig Milch anrühren und zusammen mit der restlichen Milch unter Rühren bis zum Siedepunkt bringen. Kochende Milch über die Eier giessen, wobei mit dem Schwingbesen tüchtig gerührt wird. Zurück in die Pfanne giessen und bis *vors* Kochen bringen. Vorsicht, die Creme darf nicht mehr kochen, sonst flocken die Eier aus! Erkalten lassen.

Zubereitung: In hohe Kelchgläser je 1 Stück zerbröckelte Makronen, Cake oder Biskuittorte geben, mit Rum benetzen, je 1 Essl. Aprikosenmarmelade beifügen, gefolgt von frischen oder eingemachten Früchten und einer 2-5 cm dicken Schicht Vanillecreme, je nach Höhe des Glases. Mit dicker Rahmrosette abschliessen.

TIRAMISÙ

Eine italienische Spezialität

Zutaten: 200 g Löffelbiskuits
300 g Mascarpone
(italienischer Frischkäse)
120 g Zucker
5 Eigelb
5 Eiweiss

3 Essl. Marsala
3 Essl. Whisky
3 Teel. Sofortkaffee-Pulver
2 dl Wasser
2 Teel. Zucker
2 Essl. Schokoladepulver

Wasser erhitzen, 2 Teel. Zucker und das Sofortkaffee-Pulver darin auflösen. Löffelbiskuits in eine Glasschüssel mit hohem Rand geben und mit dem Kaffee beträufeln. Eigelb mit Zucker schaumig rühren, Mascarpone daruntermischen und Marsala und Whisky beifügen. Die Masse gut verrühren. Eiweiss steif schlagen und sorgfältig darunterheben, Creme über die Löffelbiskuits verteilen. Oberfläche mit Schokoladepulver bestreuen. Tiramisù bis zum Servieren kühl stellen.

SCHOKOLADEMOUSSE

Zutaten: 200 g Zartbitter-Schokolade
6 Eigelb
6 Eiweiss
3 Essl. Milch
1 Teel. Sofortkaffee-Pulver
3 Essl. Cognac
60 g Zucker
3 dl Rahm
2 Essl. Schokoladestreusel

Schokolade in Stücke brechen und zusammen mit der Milch in einem Pfännchen im Wasserbad schmelzen. Das in 2 Essl. heissem Wasser aufgelöste Kaffeepulver zufügen. Eigelb mit Zucker zu einer mayonnaiseartigen Creme verrühren, die inzwischen erkaltete Schokolade dazugeben. Eiweiss mit einer Prise Salz zu sehr steifem Schnee schlagen und ebenfalls sorgfältig unterheben. Wenn die Creme ganz erkaltet ist, Rahm sehr steif schlagen und locker unter die Creme mischen. Mousse in eine schöne Servierschüssel füllen und im Kühlschrank kalt stellen. Vor dem Anbieten mit Schokoladestreuseln bestreuen.

▷ Die Mousse kann auch in Portionenschälchen angeboten werden.

ERDBEERMOUSSE

Zutaten: 1 kg Erdbeeren
200 g Zucker
2 Essl. Zitronensaft
6 Blätter Gelatine
3 Essl. Wasser
6 dl Rahm, steif geschlagen

Für die Garnitur:
10-12 schöne, gleichmässig grosse Erdbeeren
2 dl Rahm, steif geschlagen

Gelatine 10 Min. in kaltem Wasser einweichen. Erdbeeren waschen, entstielen und mit dem Zucker im Mixer pürieren. Gelatine gut auspressen und mit 3 Essl. Wasser in einem kleinen Pfännchen erhitzen, bis sie sich auflöst. Auf keinen Fall kochen! Zusammen mit dem Zitronensaft zum Erdbeermus geben. Sobald die Masse abgekühlt ist, den Rahm darunterheben. Eine Form mit kaltem Wasser ausspülen, Erdbeermousse einfüllen, mit Alufolie abdecken und im Kühlschrank über Nacht fest werden lassen. Vor dem Servieren Form kurz in heisses Wasser tauchen, Mousse auf eine flache Platte stürzen und mit ganzen Erdbeeren und Schlagrahm hübsch garnieren.

APRIKOSENMOUSSE

Zutaten: 750 g Aprikosen
1 dl Wasser
3 Essl. Zucker
2 Eigelb
4 Eiweiss, mit einer Prise Salz
steif geschlagen
100 g Zucker
2 dl Rahm, steif geschlagen

Aprikosen halbieren und entsteinen. Mit dem Wasser und 3 Essl. Zucker weich kochen und durch ein Sieb streichen. Eigelb mit 100 g Zucker schaumig schlagen. Aprikosenpüree beifügen und beides im Wasserbad zu einer dicklichen Creme rühren. Vom Herd nehmen, unter ständigem Schwingen mit dem Schneebesen etwas auskühlen lassen, das Eiweiss sorgfältig darunterziehen, dann im Kühlschrank erkalten lassen. Kurz vor dem Servieren den Schlagrahm unterheben, die Mousse in Stielgläser füllen und mit Bricelets servieren.

ORANGENMOUSSE

Zutaten: 6 Blätter Gelatine
1 dl Wasser
6 Eigelb
6 Eiweiss
Saft von 8 Orangen, ca. $3^{1}/_{2}$ dl
1 abgeriebene Orangenschale
225 g Zucker
2 dl Rahm, steif geschlagen

Für die Garnitur:
1 Orange, geschält und in Schnitze geschnitten
2 dl Rahm, steif geschlagen

Gelatine in kaltem Wasser einweichen. Eigelb mit Zucker schaumig rühren. Eiweiss sehr steif schlagen. Gelatine gut ausdrücken und mit 1 dl Wasser in einem kleinen Pfännchen erhitzen, bis sie sich auflöst. Nicht kochen! Vom Feuer nehmen, etwas abkühlen lassen, Orangensaft und -schale dazugeben. Die Masse, wenn sie abgekühlt, aber noch nicht dick ist, zu den Eigelben geben. Eischnee und Rahm sorgfältig darunterheben. In eine kalt ausgespülte Form einfüllen, mit Alufolie abdecken und im Kühlschrank während mindestens 4 Std. fest werden lassen. Vor dem Servieren Form kurz in heisses Wasser tauchen, Mousse auf eine flache Platte stürzen und mit Orangenschnitzen und Schlagrahm garnieren.

VACHERIN VERMICELLES

Abbildung Seite 178

Zutaten: 1 Packung kleine Meringues (mindestens 100 g)
600 g Maronenpüree
8 dl Rahm, steif geschlagen
10 kandierte rote Kirschen als Garnitur

Für das Maronenpüree:
800 g Esskastanien
1 Tasse Wasser
wenig Salz
$\frac{1}{2}$ Tasse Milch
1 Päckchen Vanillezucker
2 Essl. Zucker
$\frac{1}{2}$ Teel. Kakao
1 dl Rahm

Vorbereitung: Esskastanien auf der gewölbten Seite mit scharfem Messer einschneiden, im Ofen rösten, bis sie aufspringen, oder 10 Min. in siedendem Wasser kochen. Äussere Schale und inneres Häutchen entfernen und die Kastanien in Salzwasser 10 Min. im Dampfkochtopf kochen. Durch ein Sieb oder durch das Passevite treiben. Milch mit Vanillezucker aufkochen, Kastanienbrei dazugeben und etwas einkochen, so dass ein dickes Mus entsteht. Zucker, Kakao und Rahm beifügen und nochmals aufkochen. Masse bis zum Gebrauch kalt stellen.

Zubereitung: Den Rand einer Springform auf eine runde Tortenplatte stellen. Die Hälfte der Meringues zerbröckeln und in den Ring geben. Darauf eine gut 2 cm dicke Schicht Rahm verstreichen. Das Maronenpüree durch ein Sieb mit spaghettigrossen Löchern darüber verteilen. Ring der Springform entfernen. Rund um den Rand in Abständen von 2 cm die restlichen Meringueschalen senkrecht andrücken. Restlichen Rahm in Dressiersack mit grosser Sterntülle einfüllen und die Zwischenräume ausgarnieren. Den Rand mit Rahmrosetten und mit halbierten Kirschen verzieren. Vacherin bis zum Servieren kühl stellen.

☞ Maronenpüree kann tiefgekühlt gekauft werden. Es kann sich mit der selbst zubereiteten Kastanienmasse ohne weiteres messen und spart sehr viel Zeit.

MERINGUES MIT RAHM

Ein feines Dessert, welches in Gasthöfen im Emmental sogar gekrönten Häuptern serviert wird

Zutaten: Für die Meringues:
3 Eiweiss
1 Messerspitze Salz
150 g Zucker
$\frac{1}{2}$ Essl. Maizena
1 Essl. Öl
Zucker zum Bestreuen des Blechs

Für die Füllung:
5 dl Rahm, steif geschlagen
100 g Zucker
1 Päckchen Vanillezucker

Vorbereitung: Für die Meringues Eiweiss mit Salz sehr steif schlagen (beim Hochheben des Handmixers oder Schwingbesens sollte ein Eiweissspitzchen steif hochstehen, ohne auch nur im geringsten zur Seite zu kippen), Zucker (2 Essl. zurückbehalten) zum Eiweiss geben, noch etwas schlagen, bis alles gut vermischt ist. Die 2 Essl. Zucker mit Maizena mischen und sorgfältig unter die Eiweissmasse heben. Backblech mit Öl bepinseln und mit Zucker bestreuen. Meringuemasse mit dem Dressiersack oder mit zwei Löffeln in Form von länglichen Häufchen aufs Blech geben, so dass ca. 7 cm lange und 4 cm breite Schalen entstehen. Je nach Verwendung können auch kleinere Schalen geformt werden. Im vorgeheizten Ofen bei 100° während 1-1½ Std. backen. Die Meringues sollen mehr trocknen als backen und dürfen nur knapp Farbe annehmen.

Zubereitung: Je zwei Schalen mit dem mit Zucker und Vanillezucker gesüssten Schlagrahm füllen, und zwar muss so viel Rahm zwischen die Meringueschalen dressiert werden, dass bis zum Schluss von beidem genossen werden kann. Die Mischung von Rahm und Meringues zusammen ist unvergleichlich. Wenn die Schalen richtig gebacken worden sind, zerschmelzen sie auf der Zunge; sie sind weder klebrig noch staubig noch gummig.

⇨ Eiweissmasse unbedingt erst unmittelbar vor dem Backen zubereiten, sonst zerlaufen die Meringues beim Backen. Aus der angegebenen Menge erhalten Sie 8-10 Paar grosse Meringues oder 30-35 Stück kleinere, wie sie Verwendung finden für Coupes oder Vacherin.

Meringueschalen lassen sich gut im voraus herstellen und halten sich in einer Blechdose während mehrerer Wochen.

LEMON MERINGUE PIE

Eine elegante angelsächsische Kreation

Zutaten: Für den Boden:	Für die Füllung:	Für die Meringuemasse:
150 g Cornflakes	200 g Zucker	4 Eiweiss, steif geschlagen
75 g Butter, geschmolzen	4 Eigelb	120 g Zucker
	60 g Maizena	etwas Puderzucker
	1 Zitrone	
	3 dl Wasser	
	40 g Butter	

Rand und Boden einer Springform (Ø 22 cm) mit Alufolie auskleiden. Für den Kuchenboden die Cornflakes im Mixer fein mahlen, mit der flüssigen Butter vermischen, gleichmässig auf dem Boden der Tortenform verteilen und gut flachdrükken. Während 10 Min. bei 175° backen. Auskühlen lassen. Für die Füllung die gründlich gewaschene Zitrone ungeschält in Stücke schneiden und zusammen mit Zucker, Eigelb, Maizena und Wasser im Mixer während 20 Sek. zu dünnflüssigem Mus pürieren. Durch ein Sieb in eine Pfanne streichen, Butter zufügen und die Mischung erhitzen, bis sie dicklich wird. Nicht kochen! Nach weiteren 2 Min. beiseite stellen, etwas abkühlen lassen, danach mit dem Spachtel glatt auf den erkalteten Tortenboden streichen. Für die Meringuemasse den Zucker unter das geschlagene Eiweiss heben, nochmals schlagen, bis die Masse glänzt. Auf die

Lemon Pie verteilen, an der Oberfläche mit dem Messer kleine Spitzchen formen, mit Puderzucker bestäuben und im Ofen bei 220° rasch überbacken, bis die Meringuespitzchen goldbraun sind. Rand der Springform sorgfältig lösen, Zitronentorte mit einem in heisses Wasser getauchten Messer in 8 Stücke schneiden. Kann lauwarm oder kalt serviert werden.

↪ Die Pie kann bis auf das Überbacken vorbereitet und tiefgekühlt werden. Sie braucht 3-4 Std. zum Auftauen und wird vor dem Servieren überbacken.

SCHOKOLADEN-CHARLOTTE

Zutaten: 250 g Löffelbiskuits	2 dl Wasser
200 g Kochschokolade	1 Essl. Zucker
100 g Puderzucker	$\frac{1}{2}$ dl Kirsch oder Cognac
5 Eigelb	125 g Butter
5 Eiweiss	2 Essl. Schokoladepulver

Schokolade und Butter im Wasserbad schmelzen, Eigelb mit Puderzucker vermischen und unter die Schokolade heben. Pfanne beiseite stellen. Eiweiss mit einer Prise Salz steif schlagen und sorgfältig unter die Masse ziehen. Den Ring einer Springform auf eine runde, flache Platte stellen. Wasser, Zucker und Kirsch oder Cognac zusammen vermischen. Bei einem Teil der Löffelbiskuits die untere Rundung wegschneiden, Biskuits leicht in Kirschwasser eintauchen und den Rand der Springform damit auskleiden. Eine Schicht Schokoladenmousse einfüllen, darüber eine Schicht gut in Kirschwasser getränkte Löffelbiskuits legen, mit Schokoladenmousse und Biskuits lagenweise fortfahren, wobei Biskuits den Abschluss bilden. Mit Alufolie abdecken, darüber einen flachen, mit einem Gewicht (z. B. einer mit etwas Wasser gefüllten Pfanne) beschwerten Teller legen, um die Charlotte kompakt zu formen. Über Nacht kühl stellen. Vor dem Servieren den Ring sorgfältig entfernen und die Charlotte mit Schokoladenpulver überpudern.

RUSSISCHE CHARLOTTE

Rezept meiner Grossmutter

Zutaten: 200 g Löffelbiskuits	100 g dunkle Schokolade
$\frac{3}{4}$ l Milch	2 Essl. Milch
1 Päckchen Vanillezucker	3 Essl. Fruits confits, klein geschnitten
150 g Zucker	1 Essl. Kirsch
4 Eier	2,5 dl Rahm, steif geschlagen
8 Blatt Gelatine	1-2 dl Rahm zum Garnieren

Gelatine in kaltem Wasser einweichen. Eier, Zucker und Vanillezucker gut verrühren, Milch zum Kochen bringen und unter tüchtigem Rühren mit dem Schwingbesen über die Eier giessen. Creme nochmals zurück in die Pfanne geben und bis *vors* Kochen bringen. Vorsicht, nicht kochen lassen! Gelatine ausdrücken und in der warmen Creme auflösen. Creme in zwei Schüsseln verteilen. Schokolade mit 2 Essl. Milch im Wasserbad schmelzen und unter die eine Hälfte, den Kirsch und die Fruits confits unter die andere Hälfte der Creme mischen. Etwas abkühlen lassen und je die Hälfte des geschlagenen Rahms unterheben. Ring einer Springform auf eine flache Platte stellen, Löffelbiskuits halbieren und damit den Rand auskleiden (Rundung nach oben, Wölbung nach aussen). Die eine Creme einfüllen. Sobald sie fest geworden ist, die zweite Creme darauf geben. Mindestens 4-5 Std. oder über Nacht kühl stellen. Kurz vor dem Servieren Ring sorgfältig entfernen und die Charlotte mit geschlagenem Rahm verzieren.

☞ Sollte die Charlotte nach dem Entfernen des Rings Risse aufweisen, anstatt sich als feste Masse zu präsentieren (dies ist mir mehr als einmal passiert, vor allem in tropischen Ländern, wo die Qualität der Zutaten mitunter zu wünschen übrig lässt), geraten Sie nicht in Panik. In solchen Fällen nehmen Sie den Spachtel zur Hand, streichen die Oberfläche gleichmässig glatt und verzieren das Ganze mit kandierten oder eingemachten Früchten und mit Schlagrahm. Ihr Nachtisch ist gerettet, und von Ihrem Missgeschick erfährt niemand.

DIPLOMATEN-PUDDING

Zutaten: 6 Blatt Gelatine
5 Eigelb
150 g Zucker
1 Päckchen Vanillezucker
6 dl Milch
2 dl Rahm, steif geschlagen
100 g Löffelbiskuits

30 g Rosinen
je 20 g Orangeat und Zitronat
3 Essl. Maraschino
1 Essl. Wasser
1,5 dl Rahm, steif geschlagen,
zum Garnieren

Gelatine in kaltem Wasser einweichen. Zucker und Eigelb zu einer mayonnaiseartigen, weisslichen Creme rühren. Milch und Vanillezucker aufkochen und unter tüchtigem Rühren mit dem Schwingbesen unter das Eigelb mischen. Alles nochmals in die Pfanne zurückgiessen und bis *vors* Kochen bringen. Keinesfalls kochen! Sofort vom Herd nehmen, Gelatine gut ausdrücken, in die Creme geben und unter Rühren auflösen. Während mindestens 30 Min. abkühlen lassen, bis die Creme nicht mehr flüssig, aber auch noch nicht steif ist. Rahm darunterziehen und auskühlen lassen. Unterdessen Rosinen mit Wasser und 1 Essl. Maraschino aufkochen, Orangeat und Zitronat beifügen und beiseite stellen. Löffelbiskuits auf der nicht gezuckerten Seite mit dem restlichen Maraschino beträufeln. Eine Puddingform mit kaltem Wasser ausspülen und wie folgt füllen: zuunterst eine Lage Creme, diese leicht stocken lassen, darüber eine dünne Schicht Früchte streuen, darauf eine Schicht Biskuits legen, darauf wieder Creme geben und auf diese Weise fortfahren, bis die Form gefüllt ist, wobei Creme den Abschluss bildet. Form schliessen oder mit Alufolie abdecken und während mindestens 6 Std. im Kühlschrank fest werden lassen. Form ganz kurz in heisses Wasser tauchen, Pudding auf eine flache, runde Platte stürzen und mit Schlagrahm garnieren.

BAVAROIS *(zweifarbig)*

Zutaten: Für die helle Schicht:
4 Eigelb
150 g Zucker
5 dl Milch
2 dl Rahm, sehr steif geschlagen
100 g Mandeln
1 Päckchen Vanillezucker
4 Blatt Gelatine
3 Essl. Wasser
2 dl Rahm, steif geschlagen,
zum Garnieren

Für die dunkle Schicht:
4 Eigelb
150 g Zucker
100 g Kochschokolade
2 Essl. Sofortkaffee-Pulver
1 Essl. Cognac
4 dl Milch
2 dl Rahm, sehr steif geschlagen
4 Blatt Gelatine
3 Essl. Wasser

Vorbereitung: Mandeln in kochendes Wasser geben. Nach einigen Minuten herausnehmen und schälen. Anschliessend im Ofen bei 150° knapp hellbraun rösten, erkalten lassen und fein reiben.

Zubereitung der hellen Schicht: Gelatine in kaltes Wasser einlegen. Eigelb und Zucker zu einer sämigen Creme rühren, die wie dicke Mayonnaise aussieht. Milch aufkochen und unter fortwährendem Rühren mit dem Schwingbesen unter das Eigelb mischen. Nochmals in die Pfanne geben und unter ständigem Rühren bis *vors* Kochen bringen. Vorsicht, Creme darf nicht mehr kochen! Gelatine gut ausdrücken und in einem kleinen Pfännchen mit 3 Essl. Wasser erwärmen, bis sie schmilzt. Nicht kochen! Gelatine in die Vanillecreme geben, Mandeln beifügen und alles gut vermischen. Abkühlen, jedoch nicht erstarren lassen, Schlagrahm darunterziehen und in eine mit kaltem Wasser ausgespülte Puddingform giessen.

Zubereitung der dunklen Schicht: Gelatine in kaltes Wasser einlegen. Eigelb und Zucker zu einer sämigen Creme rühren. Schokolade in kleine Stücke brechen, mit der Milch aufkochen und schmelzen lassen, unter fortwährendem Rühren mit dem Schwingbesen zum Eigelb geben, zurück in die Pfanne giessen und bis *vors* Kochen bringen. Vorsicht, Creme darf nicht mehr kochen! Gelatine gut ausdrücken und mit 3 Essl. Wasser in einem kleinen Pfännchen erwärmen, bis sie schmilzt. Nicht kochen! Kaffeepulver dazurühren, dann unter die Schokoladencreme mischen. Sobald diese etwas abgekühlt, aber noch nicht erstarrt ist, Rahm und Cognac darunterziehen. Diese zweite Schicht ebenfalls in die Form füllen, jedoch zunächst nur löffelweise, damit sich die beiden Schichten nicht vermischen. Wenn alles eingefüllt ist, Puddingform mit Deckel oder Alufolie verschliessen und über Nacht in den Kühlschrank stellen. Vor dem Servieren die Form kurz in heisses Wasser tauchen, Bavarois auf eine runde Platte mit etwas erhöhtem Rand stürzen und rundum mit Rahm garnieren.

➬ Bei Verwendung von Rahmfestiger kann der Pudding schon kurz vor Ankunft der Gäste aus der Form gestürzt und garniert werden. Er kann bis zum Auftragen im Kühlschrank gelassen werden und wird sich nicht verändern.

FRÜCHTEDESSERTS

ANANAS-VIERECKE

Zutaten: 250 g Knäckebrot
125 g Butter, geschmolzen
125 g Butter
200 g Zucker
2 Eier
1 Dose Ananasstücke
(ca. 500 g Abtropfgewicht)
5 dl Rahm, steif geschlagen
etwas Butter zum Auspinseln der Form

Knäckebrot im Mixer zu Paniermehl mahlen. 50 g davon beiseite stellen für die Garnitur. Den Rest mit der geschmolzenen Butter vermischen und auf dem Boden einer mit Butter ausgepinselten feuerfesten Form (Grösse ca. 22 × 35 cm) gut andrücken. 10 Min. bei 175° backen, danach die Form auf ein Drahtgitter stellen und abkühlen lassen. 125 g Butter schaumig rühren, Zucker zufügen, weiterrühren, Eier untermischen und die Masse tüchtig rühren, bis sie sehr luftig ist. Auf dem ausgekühlten Knäckebrotboden verstreichen, Ananasstücklein gut abgetropft darüber verteilen und mit einer Schicht Schlagrahm bedecken. Mit dem zurückbehaltenen Knäckebrot-Paniermehl bestreuen. Mindestens 1 Std. im Kühlschrank stehenlassen. Vor dem Servieren in 8 Portionenstücke schneiden, herausheben und auf Dessertteller anrichten.

▷ Eignet sich sehr gut zum Einfrieren.

BIRNEN IN ROTWEIN

Zutaten: 16 kleine, ganze Birnen mit Stiel, geschält
1 l Rotwein
150 g Zucker
2 Nelken
$\frac{1}{2}$ Stange Zimt
1 Essl. Zitronensaft
4 dl Rahm, steif geschlagen

Rotwein, Zucker, Nelken, Zimt und Zitronensaft in einer Pfanne (nicht aus Aluminium) zum Kochen bringen, Birnen hineingeben und weich kochen (ca. 40 Min.). Im Sud erkalten lassen. Kurz vor dem Servieren aus dem Sud heben, pro Person zwei Birnen auf einen Teller geben und etwas Sud darübergiessen. Den Schlagrahm in einer Schale separat dazu reichen.

▷ Die Birnen können schon am Vortag gekocht und bis zur Verwendung im Sud belassen werden. Sie schmecken in jedem Fall apart.

FEINER FRUCHTSALAT

Zutaten: 1 Banane, in Rädchen geschnitten
2 Birnen, geschält, entkernt,
in kleine Stücke geschnitten
2 Äpfel, geschält, entkernt,
in kleine Würfel geschnitten
3 Kiwis, geschält,
in Rondellen geschnitten
2 Orangen, geschält,
in Schnitze geteilt
1 Grapefruit, geschält,
in Schnitze geteilt
1 grosse, blaue Traube, entstielt
1 kleine Dose rote Kirschen
Saft einer Zitrone
2 Essl. Kirsch
1-2 Essl. Zucker
4 dl Rahm, steif geschlagen

Bananen, Birnen- und Apfelstückchen sofort mit Zitronensaft beträufeln. Die Grapefruitschnitze von den weissen Häutchen befreien und halbieren. Rote Kirschen abtropfen und mit den Traubenbeeren beiseite legen. Alle übrigen Früchte sorgfältig miteinander mischen und in eine Kristallschale einfüllen. Mit Kirschen und Traubenbeeren rundherum garnieren. Zucker und Kirsch darüber verteilen. Bis zum Servieren kühl stellen. Schlagrahm separat dazu reichen.

ROTE GRÜTZE

Eine sehr beliebte deutsche Nachspeise

Zutaten: 1-1,2 kg Johannisbeeren,
Erdbeeren und Himbeeren
$\frac{1}{2}$ l Wasser
100 g Tapioka (im Reformhaus erhältlich)
125-150 g Zucker
Saft von 2 Zitronen
1 Likörglas Himbeergeist oder Kirsch

Vorbereitung: Johannisbeeren und Erdbeeren waschen und entstielen und im Wasser bei geringer Hitze 5 Min. kochen.

Zubereitung: Gekochte Beeren durch ein Haarsieb streichen, Himbeeren und Zucker beifügen und mit der Tapioka 10 Min. quellen lassen, aber nicht mehr kochen. Zuletzt Zitronensaft und Alkohol untermischen, die Masse in eine Schüssel füllen und 2-3 Std. im Kühlschrank erkalten lassen.

Separat dazu flüssigen Rahm oder Vanilleeis servieren.

EISSPEISEN

KIRSCHPARFAIT

Zutaten: 6 dl Rahm
120 g Puderzucker
2 Päckchen Vanillezucker
6 Essl. Kirsch
8 rote Cocktailkirschen als Garnitur

Rahm nicht zu steif schlagen, Zucker und Kirsch daruntermischen, Masse in kleine Pudding- oder Souffléförmchen einfüllen. Mit Alufolie abdecken und im Tiefkühlfach gefrieren lassen. Vor dem Servieren die Förmchen in kaltes Wasser tauchen, damit sich das Parfait gut löst, stürzen und mit einer Kirsche garnieren. Zusammen mit Hüppen oder Bricelets servieren (Rezept Seite 266).

EISKAFFEE NACH SCHWEIZER ART

Zutaten: 6 dl Rahm
2 Essl. Sofortkaffee-Pulver,
in wenig heissem Wasser aufgelöst
120-150 g Puderzucker
$1\frac{1}{2}$ dl Rahm, steif geschlagen, zum Garnieren

Rahm halbsteif schlagen, Kaffeepulver und Puderzucker dazugeben und ganz steif schlagen. In 8 hohe Eiskaffeegläser füllen, mit Alufolie abdecken und im Tiefkühlfach gefrieren lassen. Kurz vor dem Servieren Rahm für die Garnitur steif schlagen, in einen Dressiersack mit grosser Sterntülle einfüllen und jedes Glas mit einer dicken Rahmrosette garnieren. Dazu Bricelets anbieten (Rezept Seite 266).

COUPE DANEMARK

Zutaten: 600 g Vanilleeis,
fertig gekauft oder selbst hergestellt
150 g dunkle Schokolade
2 dl Milch
1 dl Rahm

Schokolade im Wasserbad schmelzen, mit Milch und Rahm vermischen und warm halten, jedoch nicht kochen. Pro Person zwei Eiskugeln ausstechen, im Stielglas oder Schälchen servieren und die warme Schokoladensauce separat dazu reichen.

VANILLE-EIS

Zutaten: 4 Eigelb   2 Eiweiss, steif geschlagen
120 g Zucker   7,5 dl Rahm, steif geschlagen
2 Päckchen Vanillezucker

Eigelb, Zucker und Vanillezucker mit dem Handmixer zu einer dicklichen, weissen Creme schlagen, Eiweiss und Rahm sorgfältig damit vermischen, in eine grosse, rechteckige Plastikdose einfüllen, mit Deckel verschliessen und im Tiefkühler gefrieren lassen.

EISGUGELHOPF

Zutaten: 800 g Vanilleeis,   4 Essl. Williamine (Birnenschnaps)
fertig gekauft oder selbst hergestellt   3 Essl. Kakaopulver
2 reife Avocados   2 dl Rahm, steif geschlagen

Avocados halbieren, Stein herauslösen, Fruchtfleisch zusammen mit dem Birnenschnaps im Mixer pürieren, dann mit dem Vanilleeis in eine grosse Schüssel geben. Glace mit einer Rührkelle zerstossen und mit dem Avocadopüree vermischen. Rasch arbeiten, damit das Eis rührfähig wird und doch nicht auftaut. Die Masse in eine Gugelhopfform einfüllen und im Tiefkühlfach während mindestens 2 Std. gefrieren lassen. Vor dem Servieren die Form kurz in kaltes Wasser tauchen, den Eisgugelhopf auf eine flache, runde Platte stürzen, mit Kakaopulver bestreuen und rundherum mit Rahmrosetten garnieren. Dazu werden Bricelets gereicht (Rezept Seite 266).

VANILLE-EISRING MIT ERDBEEREN

Zutaten: 800 g Vanilleeis,   2 dl Rahm, steif geschlagen
fertig gekauft oder selbst hergestellt   2 Essl. Zucker
600 g frische Erdbeeren, entstielt   1 Teel. Zitronensaft

Vorbereitung: Vanilleeis löffelweise in eine Reisringform füllen, gut anpressen, damit keine Luftlöcher entstehen. Ring mit Alufolie abdecken und in den Tiefkühler stellen. Von den Erdbeeren 12 gleichmässig grosse zum Garnieren beiseite stellen. Restliche Früchte halbieren, mit Zucker bestäuben und mit Zitronensaft beträufeln. Schlagrahm in einen Dressiersack mit grosser Sterntülle einfüllen.
Zubereitung: Ringform kurz in kaltes Wasser tauchen, bis sich das Eis etwas vom Rand löst. Eisring auf eine flache, runde Platte stürzen, die Mitte mit den gezuckerten Erdbeeren auffüllen. Rundherum mit Rahmrosetten und den ganzen Erdbeeren verzieren.

ÜBERBACKENE EIS-ORANGEN

Abbildung Seite 178

Zutaten: 8 grosse Orangen
4 Essl. Cognac
400 g Vanilleeis,
fertig gekauft oder selbst hergestellt
4 Eiweiss
5 Essl. Zucker

Orangen mit warmem Wasser gründlich waschen und oben etwa ein Viertel der Frucht wegschneiden. Orangenfleisch mit dem Grapefruitmesser aus der Schale lösen und in kleine Stücke schneiden. Zudecken und stehenlassen. Ausgehöhlte Orangen zackenförmig einschneiden. Falls sie nicht aufrecht stehen, unten sorgfältig etwas Schale wegschneiden. Eiweiss mit Zucker sehr steif schlagen. Zuerst Vanilleeis, dann Orangenstücke in die ausgehöhlten Orangen füllen, je ½ Essl. Cognac darübergeben, Eischnee in den Dressiersack füllen und die Orangen mit einer gespritzten Haube versehen. Die so vorbereiteten Orangen bis zur Verwendung in den Tiefkühler stellen. Gegen Ende des Hauptganges den Ofen auf 250° vorheizen. Während der Tisch abgeräumt wird, die Orangen in den Ofen schieben und ca. 5 Min. goldbraun überbacken.

SOUFFLÉ GLACÉ GRAND MARNIER

Zutaten: 2 Orangen (Saft und abgeriebene Schale)
6 Eigelb
120 g Zucker
6 Eiweiss
4 Essl. Puderzucker
½ dl Grand Marnier (Orangenlikör)
3 dl Rahm, steif geschlagen
2 Essl. Schokoladenpulver

Vorbereitung: Einen zusammengefalteten Pergamentpapierstreifen mit etwas Eiweiss so um den Rand der Souffléform kleben, dass er 6 cm über den Rand der Form hinausragt.

Zubereitung: Eigelb mit Zucker in einer bauchigen Schüssel über dem Wasserbad (*über,* nicht im Wasserbad) mit dem Schwingbesen so lange schlagen, bis eine dicke, schaumige Masse entsteht. Eiweiss steif schlagen, Puderzucker beifügen und nochmals schlagen, bis die Masse glänzt. Saft und abgeriebene Schale der Orangen sowie Grand Marnier unter die Eigelbmasse mischen, Eiweiss und Schlagrahm sorgfältig darunterheben und in die vorbereitete Form einfüllen, und zwar 3-4 cm über den Porzellanrand hinaus. Im Tiefkühlfach gefrieren lassen. Vor dem Servieren das Pergamentpapier sorgfältig entfernen, Oberfläche mit Schokoladepulver bestreuen und das Soufflé in der Form servieren.

BISCUITS-ENTREMETS (REZEPT SEITE 163)

VACHERIN VERMICELLES (REZEPT SEITE 167)

ÜBERBACKENE EIS-ORANGEN (REZEPT SEITE 176)

FEINER GUGELHOPF MIT MARZIPAN UND ANANAS (REZEPT SEITE 242)

HASELNUSSTÖRTCHEN (REZEPT SEITE 261)

179

APFELKUCHEN (REZEPT SEITE 238)

APFELSOUFFLÉ GLACÉ

Zutaten: 200 g Zucker
2 dl Apfelsaft (Süssmost)
4 grosse Äpfel
8 Eigelb, verquirlt
5 dl Rahm, steif geschlagen
100 g Pistazien, grob gehackt

Zucker und Apfelsaft kochen, bis der Zucker geschmolzen ist. Äpfel schälen, entkernen, in Stücke schneiden und im Apfelsaft knapp weich kochen. Alles in den Mixer geben und pürieren. Das noch heisse Apfelmus mit dem Eigelb mischen und unter häufigem Rühren erkalten lassen, danach den Rahm unterziehen. Die Masse in kalt ausgespülte Portionenförmchen füllen, mit Alufolie abdecken und im Tiefkühler fest werden lassen. Vor dem Servieren die Förmchen kurz in kaltes Wasser tauchen, die Soufflés auf Dessertteller stürzen und mit Pistazien bestreuen. Dazu Bricelets reichen (Rezept Seite 266).

OMELETTE SURPRISE

Auch bekannt als «Baked Alaska» oder norwegische Omelette

Zutaten: 500 g Vanilleeis in rechteckiger Blockform
1 Biskuitboden (oder die
entsprechende Menge Löffelbiskuits)
in der Grösse des Eisblocks
2 Essl. Rum
100 g Puderzucker
4 Eigelb
4 Eiweiss

Biskuitboden oder Löffelbiskuits in eine längliche feuerfeste Platte legen, mit Rum beträufeln und den Vanilleeisblock darauf legen. Form in den Tiefkühler stellen. Eigelb mit der Hälfte des Puderzuckers zu einer schaumigen Masse rühren. Restlichen Puderzucker zum geschlagenen Eiweiss geben, weiterschlagen, bis die Masse glänzt, dann sorgfältig unter die Eigelbmasse heben. Eisblock aus dem Tiefkühler nehmen, mit Meringuemasse ganz überziehen, Rest der Masse in einen Spritzsack mit Dressiertülle einfüllen, die Omelette surprise rundherum garnieren und in den Tiefkühler zurückstellen. Wird sie nicht am gleichen Tag verwendet, sollte sie, sobald sie gefroren ist, in einen grossen Plastikbeutel eingepackt werden. Vor dem Servieren den Ofen 10 Min. auf 250° vorheizen, dann die Omelette surprise während 5-8 Min. bei Oberhitze schwach goldbraun überbacken.

SÜSSE OMELETTEN ODER CREPES

Omeletten können im voraus gebacken und gefüllt werden. Vor dem Servieren werden sie in einer mit Butter ausgestrichenen feuerfesten Auflaufform bei Oberhitze nur noch kurz erwärmt und überbacken, mit Puderzucker bestreut und auf vorgewärmte Dessertteller angerichtet (pro Person zwei Stück). Sie können aber auch direkt in der Form angeboten werden. Damit die Crêpes nach dem Backen nicht hart werden, sollten sie bis zur Verwendung mit Alufolie zugedeckt werden. Omeletten können mit frischen oder eingemachten Früchten gefüllt werden.

OMELETTEN

Zutaten: 350 g Mehl   1 Päckchen Vanillezucker
1 Prise Salz   4 Eier
knapp ½ l Milch   40 g Butter

Ergibt 16 kleine Omeletten

Vorbereitung: Mehl in eine Schüssel sieben, in der Mitte eine Vertiefung formen, Eier, Salz, Vanillezucker und Milch hineingeben und mit dem Schwingbesen zu einem flüssigen, glatten Teig verrühren. 1 Std. ruhen lassen.

Zubereitung: In einer kleinen Teflon-Bratpfanne etwas Butter erhitzen. Wenig Omelettenteig in die Pfanne geben, diese sofort nach allen Seiten drehen, damit der ganze Boden dünn mit Teig bedeckt ist. Crêpes auf beiden Seiten goldgelb backen (immer wieder Butter nachgeben). Nach dem Backen aufeinanderschichten und zum Füllen bereithalten.

Apfelfüllung

Zutaten: 800 g Äpfel   ½ dl Wasser oder
100 g Zucker   Apfelsaft (Süssmost)
1 Zitrone (Saft und   3 Essl. Puderzucker
abgeriebene Schale)

Äpfel schälen, Kerngehäuse entfernen, Apfelfleisch in Scheiben schneiden. Mit den übrigen Zutaten 10 Min. weich dämpfen, in gebackene Omeletten füllen, einrollen. Kurz vor dem Servieren erwärmen und mit Puderzucker überstreuen.

Erdbeerfüllung

Zutaten: 500 g frische Erdbeeren, entstielt   1 Zitrone (Saft und
125 g Rahmquark   abgeriebene Schale)
100 g Zucker   3 Essl. Puderzucker

Erdbeeren, Rahmquark, Zucker, Zitronensaft und -schale im Mixer zu einer Creme verquirlen, Omeletten damit füllen, einrollen, vor dem Servieren nach Belieben kurz erwärmen und mit Puderzucker bestäuben.

Grapefruitfüllung

Zutaten: 6 Grapefruits
100 g Zucker
$\frac{1}{2}$ dl Kirsch
3 Essl. Puderzucker

Grapefruits so schälen, dass auch die weisse Haut entfernt wird. Fruchtschnitze aus den Trennhäuten lösen und halbieren. Saft auffangen und zusammen mit dem Zucker aufkochen. Vom Feuer nehmen, Grapefruitfleisch in den Zuckersirup geben und darin ziehen lassen. Nach dem Erkalten den Kirsch beimischen. In die Crêpes einfüllen, einrollen und vor dem Servieren mit Puderzucker überstäuben.

VORBEREITUNG UND ORGANISATION EINER MAHLZEIT FÜR GÄSTE

Am Vortag
– Einkaufsliste erstellen; alles einkaufen, was für das geplante Menü noch fehlt
– Blumen besorgen für den Tischschmuck. In einer niedrigen Schale hübsch arrangieren. Über Nacht in ein kühles Zimmer oder gut geschützt ins Freie stellen
– Ein entsprechend geplantes Dessert (z. B. Charlotte) schon herstellen und zugedeckt im Kühlschrank aufbewahren
– Ist das Silber noch blank? Wenn nötig nachpolieren
– Das Fleisch sollte pfannenfertig vorbereitet im Kühlschrank lagern
– Kommt Brot auf den Tisch? Praktisch ist Toastbrot; es kann jetzt schon eingekauft werden. Es gibt aber auch die sogenannten Frischbackbrötchen. Möglicherweise haben Sie eingefrorene kleine Brötchen in der Kühltruhe
– Grünen Salat rüsten und waschen, dann in einem Plastikbehälter mit Deckel im Kühlschrank verwahren. Der Salat bleibt bis zur Verwendung garantiert frisch und knackig
– Fleischbrühe herstellen, damit sie gegen Abend entfettet und am nächsten Tag, falls gewünscht, klarifiziert werden kann. Zudem ergibt ein Teil der Brühe mit den mitgekochten Gemüsen und dem Fleisch im gleichen Arbeitsgang ein Mittagessen für Sie und Ihre Familie
– Sitzordnung bestimmen
– Tischkärtchen und eventuell Menükarten schreiben

Am Tag selbst
– Gemüse rüsten und kochfertig bereithalten. Mit Folie oder Deckel zudecken. So bleibt es frisch
– Warme Vorspeise bis auf den Kochvorgang vorbereiten
– Wurzelsalate raffeln, Sauce untermischen, zudecken und kühl stellen
– Butterröllchen herstellen, in ein Gefäss mit Wasser geben, zugedeckt im Kühlschrank aufbewahren
– Fleisch, das im Topf gebraten wird (geschnetzeltes Rindfleisch, Kalbsgulasch usw.), anbraten und mit allen Zutaten kochfertig zugedeckt im Topf bereithalten
– Gnocchi, Kartoffel- oder Maisgerichte pfannen- oder ofenfertig zubereiten
– Reis abmessen, Flüssigkeit separat bereitstellen. So ist beides griffbereit und wird beim Eintreffen der Gäste in die Pfanne gegeben, gewürzt und ca. 15 Min. gekocht
– Dessert soweit als möglich fertig herstellen, eventuell schon auf der Servierplatte im Kühlschrank bereithalten
– Garnituren vorbereiten. In Plastikdose mit Deckel im Kühlschrank bis zur Verwendung frisch halten
– Tisch decken, Servietten falten
– Tisch- und Menükärtchen zu jedem Gedeck legen

- Den Tisch mit Blumen und Kerzen schmücken
- Geschirr und Vorlegebestecke sowie alles andere, was für die einzelnen Gänge benötigt wird, griffbereit in Küche und Esszimmer bereitstellen
- Auf einem Tablett alles für den schwarzen Kaffee vorbereiten
- Auf einem anderen Tablett Zigarrenkistchen, Zigarrenabschneider und Kerzen in geeignetem Ständer zurechtlegen

Mit ein bisschen Übung gelingt es Ihnen, dies alles am Vormittag zu erledigen. So bleibt Ihnen am Nachmittag Zeit, sich abzulenken und zu entspannen.

Etwa 1 Stunde vor dem Eintreffen der Gäste
- Kalte Vorspeise herrichten
- Wenn später Rahm zum Verzieren benötigt wird, diesen jetzt schlagen, Rahmfestiger beifügen, Schlagrahm in den Dressiersack einfüllen und im Kühlschrank bereithalten
- Ofen vorheizen, Braten einschieben. Aufgepasst: Filet hat eine kurze Bratzeit!
- Fleisch im Topf nun aufsetzen
- Suppe erhitzen, dann auf der abgeschalteten Herdplatte stehenlassen
- Alles kontrollieren, damit auf dem Herd nichts überkocht und im Ofen nichts anbrennt

Nun haben Sie Zeit, sich frisch und schön zu machen und sich ins «Kleine Schwarze» zu stürzen.

Kurz vor der Ankunft der Gäste
- Gemüse aufsetzen
- Reis kochen
- Nudelwasser zum Sprudeln bringen
- Sich vergewissern, dass alle Schüsseln und Platten bereitstehen, damit die Mahlzeit wie gewünscht ablaufen kann
- Teller vorwärmen. Falls Sie keinen Platz mehr im Ofen haben, einen Plattenwärmer benützen
- Brötchen aufbacken oder Toast herstellen
- Brötchen oder Toast und ein Butterröllchen auf jeden Brotteller des gedeckten Tisches legen
- Suppe kurz erhitzen

DIE BUFFET-PARTY

Die Buffet-Party eignet sich besonders dann, wenn eine grössere Anzahl Personen zum Essen eingeladen wird. Die Erfahrung zeigt, dass schmackhaft mundende Buffet-Gerichte in der Regel mehr Zuspruch finden als ein Essen am Tisch. Deshalb kann empfohlen werden, die Quantität der einzelnen Buffetspeisen etwas grosszügiger zu bemessen.

Die Art der bereitgestellten Speisen soll ermöglichen, dass sich die Gäste ohne Verzögerung bedienen können und dass Platten und Schüsseln auch im Hinblick auf einen zweiten Gang zum Buffet ohne weiteres nachgefüllt und präsentabel arrangiert werden können.

Viele Gäste sind dankbar, wenn ihnen unmittelbar nach dem Aperitif eine Tasse warme Suppe angeboten wird, die noch stehend eingenommen werden kann. Eine klare Brühe mit Einlage eignet sich immer. Ist sie kräftig und dampfend warm, ist Ihnen der Erfolg gewiss. Anschliessend werden die Gäste an den Buffettisch gebeten, um sich zu bedienen, und die Eingeladenen können sich ihr Menü aus den aufgestellten Gerichten nach eigenem Gutdünken zusammenstellen.

Das Buffet kann entweder ausschliesslich aus kalten Speisen bestehen oder mit einigen warmen Gerichten bereichert werden. Stellen Sie die Gerichte auf dem Buffettisch so zusammen, dass sie sowohl für die Augen als auch für den Gaumen ein Genuss sind. Dieses Ziel wird erreicht, wenn vor allem die kalten Platten festlich ausgarniert werden. Belegen Sie die Platten mit kleinproportionierten Stücken, damit die Gäste von möglichst vielen der dargebotenen Speisen kosten können, wird doch die Gaumenfreude durch farbenfrohe Beilagen und frische Salate ganz erheblich angeregt.

Wenn der verfügbare Platz die Aufstellung zusätzlicher Esstischchen nicht erlaubt, sind einfachere Gerichte wie z. B. Reis mit Geschnetzeltem, Kartoffelgratin oder Bœuf Stroganoff vorzuziehen. Speisen, bei denen für jeden Bissen auch noch zum Messer gegriffen werden muss, sind weniger geeignet.

Als Nachtisch eignen sich Eistorten, Fruchtsalate, Früchte (Früchtekorb) und kleine süsse Törtchen, wie zum Beispiel Mohrenköpfe, Éclairs usw. Werden nur Törtchen angeboten, kann Geschirr gespart werden, da das kleine Backwerk auf dem Rand einer Kaffeetasse Platz findet. Bei vielen Gästen und wenig Hilfspersonal sind derartige Überlegungen berechtigt.

Die Möglichkeiten für ein kaltes Buffet sind unerschöpflich. Hier einige Vorschläge, um Ihnen die Wahl zu erleichtern.

Räucherlachs, garniert mit Meerrettichrahm und Artischockenböden
Geräucherte Forellenfilets, garniert mit gefüllten Eiern und Tomatenschnitzen
Rohschinken oder gekochter Schinken, garniert mit Radieschenröschen, Eiern, Tomaten und Spargeln
Roastbeef oder andere Bratensorten, dünn geschnitten, verziert mit Peperonistreifen, sauren Gurken und kleinen Maiskolben

Rehrücken, dekoriert mit Ananas und roten Kirschen (nach Rezept Seite 140 zubereiten, erkalten lassen und dekorieren)

Trockenfleisch, dargeboten auf einem Salatbeet, garniert mit Oliven, Rettichrondellen und Petersilie

Sulzpasteten, kalt aufgeschnitten

Crevetten mit Mayonnaise (in Stielgläsern)

Natürlich sollten Sie sich nicht stur an diese Vorschläge halten. Kombinieren Sie selber; Sie werden sehen, es macht Spass, die Gäste mit schön garnierten Platten zu verwöhnen.

Die Buffetspeisen werden durch bunte, frische Salate farblich aufgelockert, beispielsweise durch

Tomatensalat
Karottensalat
Italienischen Salat
Kartoffelsalat
Salat aus Maiskörnern und Erbsen
Salat aus grünen, gelben und roten Bohnen
Champignonsalat
Geflügelsalat
Rindfleischsalat
Selleriesalat

Weitere Vorschläge für
den Buffettisch:

Kalt oder warm:
Käsekuchen
Fleischtorte

Warm:
Geschnetzeltes an Rahmsauce*
Rindfleischgulasch*
Rindfleischpfeffer*
Bœuf Stroganoff*
Fleischbällchen in Sauce*
Gekochter Beinschinken
Reis-Pilaw

Die mit einem * bezeichneten Gerichte werden mit Vorteil auf einer Warmhalteplatte angeboten.

REZEPTE FÜR DIE BUFFET-PARTY

Die folgenden Rezepte sind für 10 Personen berechnet. Die Mengen können entsprechend reduziert werden, wenn mehrere Gerichte angeboten werden.

FLEISCHBRÜHE

Im Kapitel «Suppen» ist das Rezept für Fleischbrühe ebenfalls aufgeführt. Dort ist sie vor allem als Ausgangsbasis für eine klare, durchgesiebte Brühe gedacht, während bei einer Partysuppe die Beilagen gleich mitserviert werden.

Zutaten: 1 kg Rinderbrust, mager
3 Markknochen
1 kleiner Kohl, geviertelt
2 Lauchstengel, grob zerschnitten
3 Karotten
$\frac{1}{2}$ Sellerieknolle
1 grosse Zwiebel, mit 3 Nelken besteckt

2 Teel. Salz
1 Lorbeerblatt
$2\frac{1}{2}$ l Wasser
Muskatnuss, gerieben
Streuwürze, Pfeffer
1 Büschel Petersilie, gehackt
1 Bund Schnittlauch, fein geschnitten

Das kalt aufgesetzte Wasser mit Knochen und besteckter Zwiebel zum Kochen bringen. Fleisch, Karotten, Sellerie und Lorbeerblatt beigeben, aufkochen und abschäumen. Salz und Pfeffer einstreuen und die Suppe auf kleinem Feuer mindestens 2 Std. kochen. Die Brühe darf nie lebhaft kochen, sonst wird sie trüb. Sollte sich weiterer Schaum bilden, diesen abschöpfen. Nach halber Kochzeit Kohl und Lauch dazugeben. Am Schluss mit Streuwürze abschmecken. Die Brühe soll pikant und kräftig schmecken. Fleisch, Markknochen und Gemüse herausheben, Mark auslösen, Fleisch und Gemüse in kleine Würfel schneiden und in jede Suppentasse etwas Fleisch, Mark und Gemüse verteilen. Grün darüberstreuen und mit heisser Brühe auffüllen.

☞ Diese Fleischbrühe kann schon am Vortag zubereitet werden und hält sich im Kühlschrank ohne Qualitätseinbusse. Fleisch und Gemüse getrennt in Plastikdosen mit gut schliessenden Deckeln aufbewahren. Die Brühe kann auch eingefroren werden.

FLEISCHGERICHTE

GESCHNETZELTES AN RAHMSAUCE

Zutaten: 2 kg Kalbsschnitzelfleisch,
von Fett und Sehnen befreit,
in längliche, feine Streifen geschnitten
2 Zwiebeln, fein gehackt
3 Essl. Mehl
3 Essl. Butter

4 dl Fleischbrühe
2 dl Weisswein
2 dl Rahm
Salz, Streuwürze, Pfeffer
evtl. 500 g frische Champignons,
in Scheibchen geschnitten

Zwiebeln in Butter glasig dünsten, Fleisch beigeben und mitbraten, bis es die Farbe verliert, mit Mehl bestäuben, zwei-, dreimal wenden und mit heisser Fleischbrühe ablöschen, Weisswein dazugiessen, aufkochen, würzen, von der Herdplatte wegziehen, Rahm und evtl. Champignons beifügen und nochmals aufkochen.

☞ Es ist von Vorteil, die vorgenannte Menge Fleisch zu teilen und gleichzeitig in zwei Bratpfannen zuzubereiten. Dies geht schneller, und das Fleisch bleibt zarter. Das fertige Gericht in eine feuerfeste Form geben, mit Alufolie oder Deckel verschliessen und im Ofen bei 50° bis zum Servieren warm halten.

Geschnetzeltes lässt sich auch gut einfrieren. In diesem Fall jedoch Rahm und Champignons erst nach dem Auftauen beigeben.

KALBSKOTELETTEN

Zutaten: 10 Kalbskoteletten zu je 160 g   2 dl Weisswein
4-5 Essl. Butter   Paprika
1 Essl. Bratöl   Salz, Pfeffer
1 Büschel Petersilie   1 Beutel gebundene Bratensauce
2 Knoblauchzehen, durchgepresst
(können weggelassen werden)

Die Kalbskoteletten mit Salz und Pfeffer würzen und in heisser Butter beidseitig anbraten, danach in eine genügend grosse Bratkasserolle legen und mit Paprika bestäuben. Petersilie und Knoblauch im Bratöl durchdämpfen, über das Fleisch verteilen, den Weisswein dazugiessen. Die Kasserolle mit Alufolie abdecken und die Koteletten im vorgeheizten Backofen bei 180° während mindestens 40 Min. schmoren lassen. Fleisch herausnehmen und warm stellen. Bratsatz mit der nach Vorschrift zubereiteten Bratensauce auflösen, Sauce aufkochen und in einer Sauciere separat zu den Koteletten servieren.

RINDFLEISCHGULASCH

Zutaten: 2 kg Rindfleisch,   500 g frische Tomaten oder
in 3 cm grosse Würfel geschnitten   1 Dose geschälte Tomaten samt Saft (400 g)
2 Essl. Bratöl   3 dl Fleischbrühe
100 g Speckwürfelchen   1 Teel. Kümmelpulver
4 Zwiebeln, gehackt   2 Essl. Paprika
2-3 Knoblauchzehen, ungeschält   2 dl Sauerrahm
je 1 grüne und rote Peperoni   Salz, Pfeffer, Streuwürze

Vorbereitung: Peperoni den Rillen entlang entzweischneiden. Kerne und weisse Rippen entfernen, Peperoni in kleine Stücke schneiden. Tomaten kreuzweise einschneiden, Stielansatz entfernen, kurz in kochendes Wasser tauchen und schälen. Anschliessend quer halbieren, entkernen und in kleine Stücke schneiden.

Zubereitung: Bratöl erhitzen, Zwiebeln darin andämpfen, Speckwürfel beigeben und glasig werden lassen. Fleischstücke dazugeben und unter Drehen und Wenden anbraten. Peperoni, Tomaten, Knoblauch und Gewürze zufügen, mit Fleischbrühe ablöschen und auf kleinem Feuer mindestens 2 Std. kochen lassen. Am Schluss die Knoblauchzehen enfernen und die Sauce mit dem Sauerrahm binden.

⤳ Kenner empfehlen, für dieses Gericht je ein Drittel Fleisch vom Schenkel, von der Schulter und von der Rippe zu verwenden. Gulasch kann auch im Dampfkochtopf zubereitet werden. In diesem Falle dauert der Kochvorgang nur $\frac{1}{2}$ Std. Die Sauce wird jedoch nicht so sämig.

RINDFLEISCHPFEFFER

Zutaten: 2 kg Rindfleisch,
in 3 cm grosse Würfel geschnitten
nach Belieben 50-100 g Speckwürfelchen
Salz, Pfeffer

Für die Marinade:	Für die Sauce:
1 l Rotwein	3 Essl. Bratöl
2 dl roter Weinessig	3 Essl. Mehl
2 Zwiebeln, grob geschnitten	1 Essl. Tomatenpüree
1 Karotte, grob geschnitten	3 dl Marinade, durchgesiebt
1 Stück Sellerie,	1 dl Wasser
klein geschnitten	1 dl Rahm
2 Lorbeerblätter	Salz, Pfeffer
5 Nelken	
10 Pfefferkörner, zerdrückt	
$\frac{1}{2}$ Teel. Rosmarinnadeln	
Salz, Paprika	

Vorbereitung: Fleisch in eine Schüssel geben, Rotwein und Essig aufkochen, übrige Marinadezutaten beifügen und die heisse Beize über die Fleischwürfel giessen. Zwei bis drei Tage zugedeckt an einem kühlen Ort stehenlassen. Ist das Fleisch nicht ganz mit Flüssigkeit bedeckt, sollte es jeden Tag einmal gewendet werden.

Zubereitung: Fleisch in ein Sieb geben und gut abtropfen lassen. 3 dl durchgesiebte Marinade aufkochen und beiseite stellen. Bratöl in der Pfanne stark erhitzen, Fleischwürfel mit Küchenpapier abtupfen und auf allen Seiten kräftig anbraten. Mit Salz und Pfeffer würzen, mit Mehl überstäuben, gut vermischen und kurz weiterbraten. Mit Marinade ablöschen, Tomatenpüree und Wasser dazugeben und zugedeckt auf kleinem Feuer 1-1$\frac{1}{2}$ Std. weich kochen. Speckwürfelchen separat glasig braten. Kurz vor dem Anrichten die Sauce mit Rahm verfeinern und die Speckwürfelchen über den Rindspfeffer verteilen. Zusammen mit Kartoffelpüree-Auflauf oder Nudelgratin (Rezepte Seite 196) auf den Buffettisch stellen.

SAUERKRAUT NACH BERNER ART (Berner Platte)

Abbildung Seite 144

Zutaten: 2 kg Sauerkraut
10 geräucherte Kasseler Rippchen
500 g geräucherter Speck
10 Schweinswürstchen
1 Kalbszunge
1 Berner Zungenwurst
1 kg Suppenfleisch, gekocht

2 Essl. Bratöl
2 grosse Zwiebeln, gehackt
5 dl Wasser
2 dl Weisswein
2 Äpfel, geschält, entkernt, gerieben
1 Kartoffel, geschält und fein gerieben
1-2 Essl. Kümmel

Zwiebeln im erhitzten Bratöl andämpfen, Sauerkraut locker darauf schichten, mit Kümmel bestreuen und mit Wasser und Wein ablöschen. Falls Sie das Sauerkraut ohne Kümmel servieren wollen, können Sie diesen in einem Tüchlein eingebunden mitkochen und vor dem Anrichten entfernen. Äpfel unter das Sauerkraut mischen, zugedeckt während $1\frac{1}{2}$-2 Std. weich schmoren. Rippchen, Speck und Zungenwurst auf das Sauerkraut legen und während der letzten $\frac{1}{2}$-$\frac{3}{4}$ Std. mitkochen. Eine halbe Stunde vor dem Anrichten die geriebene Kartoffel beifügen und mit dem Sauerkraut gut vermischen.

Die Kalbszunge mit Wasser, Salz und Pfeffer kalt aufsetzen und in ca. $1\frac{1}{2}$ Std. weich kochen. Sie wird noch heiss geschält und in dünne Scheiben geschnitten. Die Schweinswürstchen ca. 15 Min. in heissem Wasser ziehen lassen und das Rindfleisch in einer Fleischbrühe (Rezept siehe Seite 73) weich kochen.

Die Fleischzutaten mit Ausnahme der Schweinswürstchen werden aufgeschnitten und über das servierbereite Sauerkraut verteilt, so dass dieses vom Fleisch ganz bedeckt ist. Salzkartoffeln sind eine unerlässliche Beilage.

FLEISCHBÄLLCHEN IN SAUCE

Zutaten: $1\frac{1}{2}$ kg Hackfleisch,
halb Schweine-, halb Rindfleisch
2 Essl. Paniermehl
2 dl Milch
3 Eier
2 grosse Zwiebeln, zerschnitten
1 Büschel Petersilie
2 Teel. Salz
3 Essl. Bratöl
Muskatnuss, gerieben
1 Teel. Paprika
Pfeffer, Streuwürze

Ergibt 40-50 Fleischbällchen

Für die Sauce:
2 dl Rotwein
2 dl Fleischbrühe
1 Beutel gebundene Bratensauce,
nach Vorschrift zubereitet
1 Teel. Tomatenpüree
1 Teel. italienische Kräutermischung
evtl. etwas Salz und Pfeffer

Milch erhitzen, über das Paniermehl giessen und zugedeckt quellen lassen. Zwiebeln, Petersilie und Eier im Mixer pürieren. Hackfleisch und Gewürze in eine grosse, tiefe Schüssel geben, Paniermehl und Zwiebelmus beifügen und alles sehr gut miteinander vermischen, bis ein glatter, zusammenhängender Fleischkloss entsteht. Fleischbällchen von ca. 3 cm Durchmesser formen und im stark erhitzten Bratöl goldbraun braten. In der Bratpfanne zurückgebliebenes Bratöl abgiessen, den Bratfond mit Rotwein auflösen, Fleischbrühe dazufügen und auf die Hälfte einkochen lassen. Bratensauce beigeben und aufkochen. Sauce mit Tomatenmark, italienischer Kräutermischung und wenn nötig mit Salz und Pfeffer abschmecken.

☞ Diese Fleischbällchen können gut im voraus zubereitet und im letzten Augenblick nochmals in der Sauce erhitzt werden. Sie lassen sich auch gut einfrieren. In diesem Fall sollte aber die Sauce separat tiefgekühlt werden.

GESCHNETZELTE HÜHNER- ODER TRUTHAHNBRUST

Zutaten: 1,8-2 kg Poulet- oder Truthahnbrust, geschnetzelt
1 grosse Zwiebel, fein gehackt
3 Essl. Bratöl
60 g Butter
60 g Mehl
2 dl Weisswein
4 dl Hühnerbrühe
2 dl Rahm
1 Teel. Pouletgewürz
Salz, Pfeffer, Streuwürze

Bratöl stark erhitzen, Fleisch darin unter Drehen und Wenden anbraten und mit Pouletgewürz, Salz, Pfeffer und Streuwürze abschmecken. Fleisch aus der Pfanne nehmen, Butter zergehen lassen, Zwiebeln einstreuen, Mehl dazugeben und alles gut vermischen. Nach und nach unter beständigem Rühren den Weisswein zugiessen, mit Hühnerbouillon auffüllen und zu einer sämigen Sauce kochen lassen. Durch ein Sieb passieren, Rahm beigeben und nochmals kurz aufkochen. Fleisch zuletzt in der Sauce erhitzen.

GLASIERTER BEINSCHINKEN

Zutaten: 1 Beinschinken von ca. 5 kg
4 l Wasser
2 Zwiebeln, mit je 4 Nelken besteckt
3 Lorbeerblätter
6 Pfefferkörner

Für die Glasur:
2 Essl. Honig
2 Essl. Ananassaft, Orangensaft oder Apfelsaft (Süssmost)
1 Essl. Senf

Für die Garnitur:
ca. 20 Gewürznelken
10 Ananasscheiben und
10 rote Kirschen aus Dose oder
20 frische Orangenscheiben oder
20 halbierte, entkernte Äpfel, gedämpft und mit Preiselbeerkompott gefüllt

Vorbereitung: Für die Glasur Honig, Fruchtsaft und Senf in einem Pfännchen zu sirupartiger Konsistenz kochen. Beiseite stellen.

Zubereitung: Wasser mit den Gewürzen in einem grossen Topf aufkochen. Schinken darin 2½-3 Std. ziehen lassen. Das Wasser sollte nicht kochen, sondern nur Bläschen werfen, also ständig unmittelbar vor dem Siedepunkt gehalten werden. Nach Beendigung der Kochzeit Schinken aus dem Sud heben, Schwarte entfernen, Fettschicht gitterartig tief einschneiden und mit Glasur bepinseln. In den vorgeheizten Ofen schieben und 30 Min. bei 220° überbacken. Ab und zu mit der restlichen Glasur bestreichen. Anschliessend Schinken im abgeschalteten Ofen ruhen lassen. Nun in die Kreuzungspunkte der Einschnitte je eine Nelke stecken, den Schinken auf die Servierplatte geben und rundum mit Früchten garnieren. Zusammen mit einem Tranchierbesteck auf den Buffettisch stellen.

↠ Beinschinken eignet sich hervorragend für grosse Einladungen. Bis zu 20 Personen werden davon mühelos satt.

BEINSCHINKEN IM TEIGMANTEL

Zutaten: 1 Beinschinken von ca. 4 kg,	4 l Wasser
vom Metzger ausgebeint	2 Zwiebeln, mit je 4 Nelken besteckt
2 Essl. Senf	2 Lorbeerblätter
1 Essl. Zucker	6 Pfefferkörner
2 Essl. Weisswein	3 kg Brotteig vom Bäcker

Wasser in einem grossen Topf aufkochen, Schinken, Zwiebeln, Lorbeerblätter und Pfefferkörner hineingeben und knapp vor dem Siedepunkt ca. 2½-3 Std. ziehen lassen. Anschliessend den Schinken aus dem Sud heben, Schwarte entfernen, Senf, Zucker und Weisswein zusammen vermischen und den Schinken damit bestreichen. Brotteig 1 cm dick auswallen, Schinken umgekehrt darauf legen, Teigrand mit Wasser gut befeuchten, Schinken einpacken, dabei die Teigränder fest zusammendrücken. Mit der Naht nach unten auf ein gefettetes Backblech legen. An der Oberfläche Verzierungen aus Teigresten anbringen und den Schinken im vorgeheizten Ofen bei 175° 1 Std. backen, danach 10 Min. bei ausgeschaltetem Ofen ruhen lassen. Zu jeder Schinkentranche wird etwas Brotkruste mitserviert.

SULZTORTE

Zutaten: 300 g Fleisch, gekocht	4 hartgekochte Eier,
(Schinken- oder Bratenreste),	in Scheiben geschnitten
in Würfel, Streifen oder	4 Cornichons, in Rondellen geschnitten
dünne Scheiben geschnitten	4 mit Paprika gefüllte Oliven,
1½ l Sulze	in Scheibchen geschnitten
1 dl trockener Sherry	einige Salatblätter als Garnitur
1 Tomate, in Scheiben geschnitten	

Sulze aus Sulzenpulver nach Vorschrift zubereiten, mit Sherry verfeinern und etwas abkühlen lassen. Einige Ei-, Cornichon- und Olivenscheiben für die oberste Schicht der Torte zurückbehalten.

Den Rand einer Springform auf eine runde, flache Platte stellen, $\frac{1}{2}$ cm hoch Sulze einfüllen, etwas erstarren lassen. In der Folge Fleisch und übrige Zutaten lagenweise einfüllen, dazwischen immer wieder eine Schicht Sulze geben und erstarren lassen, bevor die nächste Lage eingefüllt wird. Zuoberst die zurückbehaltenen Garnituren in einem hübschen Muster anordnen und mit einer Lage Sulze abschliessen.

Die Sulztorte im Kühlschrank fest werden lassen. Kurz vor dem Anrichten den Ring vorsichtig entfernen und die Platte mit Salatblättern und Tomatenscheiben ausgarnieren.

➯ Die Sulztorte eignet sich ideal zum Vorbereiten und ist zudem ein Paradestück auf jedem Buffettisch. Anstelle der grossen Torte können auch Einzelportionen in kleinen Förmchen hergestellt werden.

FLEISCHKUCHEN

Für ein rechteckiges Kuchenblech von 35 × 40 cm

Zutaten: Für den Teig:
600 g Mehl
250 g Butter
1 Teel. Salz
2 Eier, verklopft
1 Tasse lauwarmes Wasser

Für die Füllung:
1 kg Hackfleisch,
halb Schweine-, halb Kalbfleisch
150 g Speck, in sehr kleine
Würfel geschnitten
2 Zwiebeln, fein gehackt
1 Büschel Petersilie, gehackt
3 frische Salbeiblätter, gehackt, oder
1 Teel. Salbeipulver
1 dicke Scheibe altbackenes Weissbrot
2 dl Milch
1 dl Rahm
Muskatnuss, gerieben
Salz, Pfeffer, Streuwürze
1 Eiweiss ⎫ zum Bestreichen
1 Eigelb ⎭

Vorbereitung: Mehl in eine Schüssel sieben. Die in Stücke geschnittene Butter darauf verteilen und mit den Fingerspitzen beides zusammen verreiben, bis eine krümelige Masse entsteht, in der sich keine grösseren Butterklümpchen mehr befinden. In der Mitte eine Mulde formen und Eier, Salz und Wasser hineingeben. Rasch zu einem gleichmässigen Teig zusammenkneten und mindestens 1 Std. im Kühlschrank ruhen lassen.

Für die Füllung das Brot in Würfel schneiden, mit der kochenden Milch begiessen und zugedeckt stehenlassen. Speck anbraten. In einer grossen Schüssel das Hackfleisch mit Speck, Zwiebeln, Petersilie, Salbei, Rahm, Gewürzen und aufgeweichtem Brot zu einer geschmeidigen Masse verarbeiten.

Zubereitung: $\frac{2}{3}$ des Teigs 3 mm dick und etwas grösser als das Kuchenblech auswallen. Da der Teig sehr mürbe ist, kann man ihn zweimal gefaltet auf das

Kuchenblech geben und erst dann über den ganzen Boden auslegen. Der Teigrand muss über das Blech hinausragen. Füllung hineingeben und glattstreichen. Restlichen Teig als Deckel auswallen und über den Kuchen legen, Teigränder mit Eiweiss bestreichen und den überlappenden Rand auf dem Deckel gut andrücken. Die Oberfläche in regelmässigen Abständen mit einer Gabel einstechen und mit Eigelb bestreichen. Den Fleischkuchen in den vorgeheizten Ofen schieben und bei 220° während 45 Min. goldbraun backen. In kleine Vierecke schneiden. Kann kalt oder warm serviert werden.

⤷ Anstelle von Hackfleisch kann auch Restenfleisch, durch den Fleischwolf getrieben, verwertet werden (z. B. übriggebliebenes Roastbeef). Dieser Fleischkuchen kann problemlos eingefroren werden. Aufgetaut und während ca. 10 Min. bei 150° aufgebacken, schmeckt er immer noch hervorragend.

Sind Sie in Zeitnot, können Sie für dieses Rezept auch gekauften Kuchenteig verwenden. Der Fleischkuchen wird aber nie so köstlich schmecken wie mit selbst zubereitetem Teig.

AUFLÄUFE

KARTOFFELGRATIN MIT KÄSE (Gratin dauphinois)

Abbildung Seite 92

Zutaten: 1½ kg Kartoffeln   4 dl Milch
200 g Greyerzerkäse, gerieben   80 g Sbrinz oder Parmesan, gerieben
80 g Butter   Muskatnuss, gerieben
4 dl Rahm   Salz, Pfeffer

Eine grosse Gratinform mit Butter ausstreichen. Kartoffeln schälen und in dünne Scheiben schneiden oder hobeln. Die Hälfte der Kartoffeln in die Form füllen, würzen, mit der Hälfte des Greyerzerkäses bestreuen und einige Butterflocken darüber verteilen. Mit den restlichen Kartoffeln bedecken und nochmals Käse und Butterflocken darübergeben. 2 dl Rahm und die Milch zusammen mischen, mit Salz und Pfeffer abschmecken und über die Kartoffeln giessen. Mit Alufolie abdecken und im Ofen bei 220° während 40 Min. backen, mit dem restlichen Rahm begiessen und goldbraun überbacken.

KARTOFFELGRATIN OHNE KÄSE

Zutaten: 1½ kg Kartoffeln   Salz, Pfeffer
0,8-1 l Rahm   Butter zum Ausstreichen der Form
Muskatnuss, gerieben

Eine grosse Gratinform mit Butter ausstreichen. Kartoffeln schälen, in sehr dünne Scheiben schneiden oder hobeln und mit Küchenpapier trockentupfen. Lagenweise in die Form einfüllen, jede Lage mit Salz, Pfeffer und Muskatnuss würzen.

Rahm darübergiessen (er sollte die Kartoffeln knapp bedecken). Die Form in den vorgeheizten Ofen schieben und den Gratin bei 180° während 1-1¼ Std. backen. Der Rahm sollte von den Kartoffeln vollständig aufgesogen und der Auflauf goldbraun überkrustet sein. Gegen Ende der Backzeit kontrollieren, ob die Oberfläche nicht zu dunkel wird, sonst mit Alufolie abdecken.

⊃⊃ Diese beiden Kartoffelgratins können bei 50° zugedeckt im Ofen warmgehalten werden. Fertig zubereitet eignen sie sich auch gut zum Einfrieren. Wenn sie 3-4 Std. vor Gebrauch aus dem Tiefkühler genommen werden, genügt eine Aufbackzeit von 20 Min. bei 180°.

KARTOFFELPÜREE-AUFLAUF

Zutaten: 1½ kg Kartoffeln
3 Essl. Mehl
4 Eigelb
5-6 dl Milch, je nach Art der Kartoffeln
200 g Greyerzerkäse, gerieben
4 Eiweiss
Muskatnuss, gerieben
einige Butterflöckchen
Butter zum Ausstreichen der Form

Kartoffeln schälen, in grobe Stücke schneiden und in wenig Wasser weich kochen. Abtropfen lassen und noch heiss durch das Passevite treiben. Eigelb, Mehl, Käse, Gewürze und Milch dazugeben, alles gut vermischen und am Schluss das mit einer Prise Salz steifgeschlagene Eiweiss sorgfältig unterheben. Eine ausgebutterte Gratinform zu zwei Dritteln mit der Kartoffelmasse füllen, auf der Oberfläche einige Butterflöckchen verteilen und den Auflauf im vorgeheizten Ofen bei 190° während 1 Std. backen.

NUDELGRATIN

Zutaten: 500 g Nudeln
2 dl Sauerrahm
2 dl Milch
3 Eier
100 g Sbrinz oder Parmesan, gerieben
Salz, Pfeffer, Streuwürze
etwas Butter für die Form

Nudeln in viel Salzwasser knapp weich kochen, Wasser abgiessen und Nudeln gut abtropfen lassen. Eine feuerfeste Form mit Butter auspinseln, Teigwaren einfüllen. Sauerrahm, Milch und Eier zusammen verklopfen, mit Salz, Pfeffer und Streuwürze kräftig abschmecken und über die Nudeln giessen. Mit Sbrinz oder Parmesan bestreuen und im vorgeheizten Ofen bei 200° ca. 40 Min. überbacken.

ARTISCHOCKENGRATIN

Zutaten: 10 frisch gekochte Artischockenböden
5 Tomaten
1 Essl. Olivenöl
2 Knoblauchzehen, gepresst
1 Büschel Petersilie, gehackt
3-4 Salbeiblätter, fein gehackt, oder
1 Teel. Salbeipulver
$\frac{1}{2}$ Teel. Basilikum, gehackt
100 g Sbrinz oder Parmesan, gerieben
Salz, schwarzer Pfeffer
einige Butterflöckchen
Butter zum Ausstreichen der Form

Vorbereitung: Stielansatz der Tomaten herausschneiden, die Tomaten kurz in kochendes Wasser tauchen und schälen. In dicke Scheiben schneiden. Artischocken, je nach Grösse, 10-20 Min. im Dampfkochtopf kochen. Blätter und Heu entfernen, Böden in Würfel schneiden. Eine Gratinform mit Butter ausstreichen.

Zubereitung: Boden der Gratinform mit den Tomatenscheiben belegen. Mit Salz und Pfeffer gut würzen. Artischockenwürfel darüber verteilen. Den Knoblauch im erhitzten Olivenöl andämpfen, die Kräuter kurz mitdämpfen und alles über die Artischocken verteilen. Mit Käse bestreuen und mit Butterflöckchen belegen. Im vorgeheizten Ofen bei 220° während 20 Min. überbacken.

LAUCHGRATIN

Zutaten: 1$\frac{1}{2}$ kg Lauch
100 g Speckwürfelchen
1 grosse Zwiebel, fein gehackt
2 dl Fleischbrühe
Salz, Streuwürze
80 g Sbrinz oder Parmesan, gerieben

Für die Sauce:
2 Essl. Butter
2 Essl. Mehl
2 dl Weisswein
1 dl Rahm
Muskatnuss, gerieben
Salz, Pfeffer

Vorbereitung: Lauchstengel längs halbieren und gründlich waschen. In 4 cm lange Stücke schneiden, nochmals durchwaschen, gut abtropfen lassen. Für die Sauce Butter schmelzen, Mehl darin andämpfen und unter tüchtigem Rühren mit dem Schwingbesen nach und nach den Weisswein dazugiessen. Darauf achten, dass keine Knollen entstehen. Die Sauce kurz kochen, mit Muskatnuss, Salz und Pfeffer würzen und mit Rahm verfeinern.

Zubereitung: Speckwürfel glasig rösten, Zwiebeln kurz mitdünsten, den Lauch beigeben und mitdämpfen, bis er etwas zusammenfällt. Mit Streuwürze und Salz leicht würzen, mit Fleischbrühe ablöschen und bei mittlerer Hitze zugedeckt halbweich dünsten. In eine ausgebutterte Gratinform einfüllen, Sauce darübergiessen, mit Käse bestreuen und im vorgeheizten Ofen bei 200° 20 Min. überbacken.

KARTOFFELPASTETE

Zutaten: 500 g Kuchenteig
1¼ kg Kartoffeln
1 grosse Zwiebel, fein gehackt
1 Büschel Petersilie, gehackt
1 Essl. frischer Majoran, gehackt, oder
1 Teel. getrockneter Majoran
2 dl Rahm
20 g Butter
1 Eiweiss
1 Eigelb

Zwiebeln in Butter andämpfen. Gut die Hälfte des Kuchenteigs auf wenig Mehl ca. 4 mm dick auswallen und damit ein rundes Kuchenblech (Ø 28 cm) belegen; den Teig etwas über das Blech hinausragen lassen. Die Kartoffeln schälen, in dünne Scheibchen schneiden und gleichmässig auf dem Teigboden verteilen. Zwiebeln, Petersilie, Majoran, Salz und Pfeffer darüberstreuen. Den restlichen Teig als Deckel auswallen und locker auf die Kartoffelfüllung legen. Den vorstehenden Rand des Bodens mit Eiweiss bepinseln und auf dem Deckel andrücken, um die Pastete gut zu verschliessen. Die Oberfläche mit kleinen Teigresten verzieren, mit Eigelb bestreichen, mit einer Gabel regelmässig einstechen, damit der Dampf entweichen kann, und die Pastete im vorgeheizten Ofen bei 200° 45-50 Min. backen. Nach Beendigung der Backzeit den Deckel dem Rand entlang einschneiden und wegheben. Die Kartoffelfüllung gleichmässig mit Rahm begiessen und den Deckel wieder aufsetzen. Nun ist die Pastete servierbereit.

▷ Kartoffelpastete kann lauwarm, kalt oder wieder aufgewärmt serviert werden und ist deshalb eine ideale Ergänzung auf dem Buffettisch.

SALATE

Europäische Gaumen bevorzugen im allgemeinen Salate mit leichten, einfachen Saucen, damit sich das Eigenaroma voll entfalten kann. Dies gilt besonders für frische, knackige Gemüsesalate.

Wenn Sie ein reichhaltiges Salatbuffet aufstellen, richten Sie keine allzu grossen Portionen her, denn jedermann möchte vielleicht von diesem oder jenem Salat nur einen Löffel voll auf seinen Teller schöpfen. Dies gilt besonders für Salate mit Mayonnaise (z. B. italienischer Salat). Denken Sie beim Zusammenstellen der Salatplatten auch daran, dass zum Beispiel Selleriesalat, Rindfleischsalat oder Kartoffelsalat äusserst nahrhaft sind, und geben Sie zum Ausgleich auch leichte Blattsalate auf den Tisch. Wechseln Sie die Zutaten auch bei den verschiedenen Salatsaucen. Jeder Salat hat seine Eigenheit und muss darum mit Überlegung und Fingerspitzengefühl angemacht werden (Abbildung Salatbuffet Seite 63).

TOMATENSALAT

Zutaten: 15 Tomaten
4 Essl. Sonnenblumenöl
2 Essl. Weinessig
1 Zwiebel, fein gehackt
1 Büschel Petersilie, fein gehackt, oder
1 Bund Schnittlauch, fein geschnitten
2-3 Zweiglein frisches Basilikum,
fein gehackt, oder $\frac{1}{2}$ Teel. getrocknetes Basilikum
Salz, Pfeffer

Stielansatz der Tomaten herausschneiden, die Tomaten kurz in kochendes Wasser tauchen und schälen. In $\frac{1}{2}$ cm dicke Scheiben schneiden, in die Servierschüssel geben und mit Basilikum bestreuen. Öl, Essig, Salz und Pfeffer zu einer Salatsauce vermischen. Die Tomaten erst kurz vor dem Anbieten damit übergiessen und vermischen, da sie sonst Saft ziehen und der Salat wässerig schmeckt. Am Schluss mit Petersilie oder Schnittlauch bestreuen.

KAROTTENSALAT

Zutaten: 1 kg Karotten
Saft einer grossen Zitrone
Saft von 2 Orangen
1 Teel. Sellerie- und Gemüsesalz
1 Hauch Pfeffer
1 Bund Schnittlauch, fein geschnitten

Karotten auf der Bircherraffel fein raffeln, sofort mit dem Fruchtsaft vermischen und mit Gemüsesalz und Pfeffer würzen. Vor dem Servieren nochmals gut durchmischen und mit Schnittlauch bestreuen.

ARTISCHOCKENSALAT

Zutaten: 2 Dosen Artischockenböden zu je 500 g
2 Essl. Olivenöl
2 Essl. Kräuteressig
2 Essl. Sonnenblumenöl
1 Teel. Senf

½ Bund Schnittlauch, fein geschnitten
einige Pfefferminzblätter,
fein geschnitten (falls erhältlich)
Salz, Pfeffer

Die Artischockenböden in einem Sieb gut abtropfen lassen. Inzwischen aus den restlichen Zutaten eine sämige Salatsauce anrühren, die Artischocken hineingeben und behutsam mit der Sauce vermischen. Bis zum Servieren etwas ziehen lassen. Auf frischen grünen Salatblättern anrichten. Nach Belieben mit Radieschen garnieren.

PEPERONISALAT

Zutaten: 4 rote Peperoni
3 gelbe Peperoni
3 Essl. Salatöl
1-1½ Essl. Kräuter- oder Rotweinessig
½ Teel. Senf
Salz, Pfeffer
feingehackte Kräuter, wie Petersilie,
Basilikum, Zitronenmelisse

Die Peperoni den Rillen entlang entzweischneiden, Kerne und innere weisse Häutchen entfernen. Essig, Öl, Senf, Salz und Pfeffer zu einer Salatsauce anrühren, Peperoni in feine Streifen schneiden, mit der Sauce mischen und darin ziehen lassen. Vor dem Servieren mit den feingehackten Kräutern bestreuen.

BOHNENSALAT

Zutaten: 1 Dose grüne Bohnen (ca. 800 g)
1 Dose gelbe Bohnen (ca. 400 g)
1 Dose rote Bohnenkerne (ca. 300 g)
4 Essl. Sonnenblumenöl
2-3 Essl. Rotweinessig
1 Teel. Bohnenkraut, gehackt

1 Teel. Senf
1 Teel. Joghurt nature
1 kleine Zwiebel, fein gehackt
Salz, Pfeffer
1 Sträusschen Petersilie, fein gehackt

Bohnen in einem Sieb gut abtropfen lassen. Öl, Essig, Senf, Joghurt, Zwiebeln, Bohnenkraut, Salz und Pfeffer zu einer sämigen Sauce verrühren. Bohnen in lange Stücke schneiden, Bohnen und Bohnenkerne mit der Sauce vermischen und mindestens ½ Std. ziehen lassen. Vor dem Servieren mit Petersilie überstreuen.

ITALIENISCHER SALAT

Zutaten: 1 Tasse Karotten, gewürfelt
½ Tasse Knollensellerie,
in kleine Würfel geschnitten
½ Tasse Kartoffeln,
in kleine Würfel geschnitten
1 Tasse Erbsen (aus der Dose)
½ Tasse Blumenkohl, roh,
in kleine Röschen zerteilt
5-6 Cornichons
ca. 15 Salamischeiben │ als Garnitur

Für die Sauce:
1 dl saurer Halbrahm
3 Essl. Mayonnaise
1 Essl. Weinessig
1 Essiggurke, gehackt
1 Essl. Dillkraut, gehackt
Salz, Pfeffer, Streuwürze
Schnittlauch, fein geschnitten

Karotten, Sellerie und Kartoffeln getrennt knapp weich kochen. Die Zutaten für die Sauce zusammen verrühren und mit den Gemüsen vermischen. Den Salat im Kühlschrank zugedeckt etwas ziehen lassen. Vor dem Anbieten mit Dill und Schnittlauch bestreuen und nach Belieben mit kleinen Cornichons und Salamischeiben garnieren.

▷ Sind Sie in Eile, können Sie anstelle von selbst zubereiteten Gemüsen auch italienischen Salat aus der Dose mit der angegebenen Sauce vermischen.

SELLERIESALAT WALDORF

Zutaten: 1 grosse Sellerieknolle
2 Äpfel
Saft einer Zitrone
1 Becher Joghurt nature

1 dl Rahm
1 Essl. Kräuteressig
Salz, Pfeffer
50 g Walnüsse

Sellerie schälen, mittelfein raffeln, die Äpfel schälen, entkernen, in kleine Scheiben schneiden, beides sofort mit Zitronensaft vermischen. Joghurt, Rahm, Essig, Salz und Pfeffer zu einer Sauce anrühren, Äpfel und Sellerie darunterheben und alles gut miteinander vermischen. Bis zum Servieren etwas ziehen lassen. Mit Walnüssen garnieren.

CHAMPIGNONSALAT

Zutaten: 1 kg frische Champignons
Saft von 2 Zitronen
4-5 Essl. Salatöl
1 Knoblauchzehe, gepresst

Salz, Pfeffer, Streuwürze
2 Tomaten, in Schnitze geteilt
einige Salatblätter

Champignons rüsten, gut waschen und in feine Scheiben schneiden. Sofort mit der aus Öl, Zitronensaft, Knoblauch und Gewürzen angerührten Salatsauce locker vermischen, auf eine mit Salatblättern ausgelegte Platte anrichten und mit den Tomatenschnitzen garnieren.

MAISSALAT

Zutaten: 1 Dose Maiskörner (ca. 350 g) 1 Teel. Senf
1 Dose Erbsen (ca. 350 g) 1 Teel. Kerbelkraut, gehackt
4 Cornichons, fein gehackt 1 Sträusschen Petersilie, gehackt
4 Essl. Sonnenblumenöl Salz, Pfeffer
2 Essl. Kräuteressig einige Salatblätter als Garnitur

Öl, Essig, Senf, Salz und Pfeffer zu einer sämigen Sauce verrühren. Maiskörner, Erbsen und Cornichons hineingeben, alles gut vermischen und kurz stehenlassen. Auf eine mit Salatblättern belegte Platte anrichten. Mit den Kräutern bestreuen.

GEFLÜGELSALAT

Zutaten: 4 Tassen gekochtes Poulet- 2 Essl. Essig
oder Truthahnfleisch, 4-5 Essl. Mayonnaise
klein geschnitten Salz, Pfeffer, Pouletgewürz
2 Selleriestengel, fein geschnitten Salatblätter
50 g Salzmandeln 2 hartgekochte Eier, geviertelt
3 Essl. Sonnenblumenöl 2 Essl. Kapern } als Garnitur

Öl, Essig und Gewürze zu einer Sauce anrühren und Pouletfleisch, ganze Mandeln und Sellerie damit vermischen. Den Salat kühl stellen und erst kurz vor dem Servieren die Mayonnaise unterheben. Auf eine mit Salatblättern ausgelegte Platte anrichten und mit den Eiern und Kapern garnieren.

☞ Mit 7 kg Pouletfleisch oder 5 kg Truthahnfleisch reicht dieser Salat für bis zu 50 Personen. Die Mengen müssen immer so berechnet werden, dass mindestens zweimal soviel Geflügelfleisch wie übrige Zutaten verwendet wird, damit der Salat auch wirklich nach Geflügel schmeckt.

EINFACHER KARTOFFELSALAT

Zutaten: 8 grosse Kartoffeln 1 Essl. Mayonnaise (aus der Tube)
(feste, nicht zerkochende Sorte) ½ Becher Joghurt nature
3 Essl. Öl 2 dl warme Fleischbrühe
1-2 Essl. Kräuteressig Pfeffer, Salz
1 Zwiebel, fein gehackt 1 Bund Schnittlauch, fein geschnitten
1 Teel. Senf

Kartoffeln im Dampfkochtopf 5-6 Min. kochen. Schälen, in feine Scheiben schneiden und noch warm mit der Fleischbrühe übergiessen. Zugedeckt stehenlassen. Aus Öl, Essig, Zwiebeln, Senf, Mayonnaise und Joghurt eine dickliche Sauce anrühren, mit Salz und Pfeffer abschmecken und die fast erkalteten Kartoffeln daruntermischen. Vor dem Servieren mit Schnittlauch bestreuen.

KARTOFFELSALAT A LA FRANK

Rezept meines Neffen

Zutaten: 8 grosse Kartoffeln
(feste, nicht zerkochende Sorte)
2 dl Fleischbrühe
1 rote Peperoni, entkernt,
in Streifen geschnitten
2 Essiggurken, klein gewürfelt
2 hartgekochte Eier,
in Scheiben geschnitten
100 g Greyerzerkäse, klein gewürfelt
1 Bund Schnittlauch, fein geschnitten
1 Büschel Petersilie, fein gehackt | als Garnitur

Für die Sauce:
1 Zwiebel, fein gehackt
2 dl saurer Halbrahm
1 dl Rahm
1 Essl. Mayonnaise
2 Essl. Öl
2 Essl. Essig
1 Teel. Senf
1 Teel. getrocknete
Provencekräuter
Salz, Pfeffer, Streuwürze, Paprika

Kartoffeln im Dampfkochtopf in ca. 6 Min. weich kochen, schälen, in feine Scheiben schneiden und mit der warmen Fleischbrühe begiessen. Zugedeckt stehenlassen. Die Salatsauce anrühren, gut würzen und mit den Kartoffeln und den übrigen Zutaten vermischen. Zugedeckt im Kühlschrank etwa 1 Std. ziehen lassen. Falls nötig, kurz vor dem Servieren noch etwas flüssigen Rahm darunterziehen. Zuletzt mit Schnittlauch und Petersilie bestreuen.

RINDFLEISCHSALAT

Zutaten: 800 g mageres Rindfleisch, gekocht, in dünne,
mundgerechte Scheiben geschnitten
1 Zwiebel, fein gehackt
2 Essiggurken, gehackt
1 Teel. Senf
1 Becher Joghurt nature

2 Essl. Weinessig
2 Essl. Salatöl
2 Bund Radieschen
1 Büschel Petersilie, fein gehackt
Salz, Pfeffer, Streuwürze, Paprika

Von den Radieschen die Hälfte in Scheiben schneiden und zum Fleisch geben, die andere Hälfte zu Röschen ausschneiden (siehe Skizzen). Joghurt, Essig, Öl, Senf und Gewürze, Essiggurken und Zwiebeln daruntermischen und die Sauce über die Radieschenscheiben und das Rindfleisch verteilen. Im Kühlschrank zugedeckt 1 Std. marinieren lassen. Vor dem Anrichten gut durchmischen, mit Petersilie bestreuen und mit Radieschenröschen garnieren.

☞ Da das Siedfleisch trocken ist und während der Marinierzeit viel Sauce aufsaugt, muss vor dem Anrichten evtl. noch etwas Essig und Öl zusammen vermischt und zum Salat gegeben werden.

Radieschenröschen:
Rote Haut von der Spitze weg blättchenförmig einritzen, dann vorsichtig lösen.
Radieschen in kaltes Wasser einlegen, bis sich die Blättchen öffnen.

SPEZIALITÄTEN AUS FREMDLÄNDISCHEN KÜCHEN

Mit den hier aufgeführten Gerichten lässt sich eine grössere Anzahl von Gästen festlich bewirten. Die Rezepte sind deshalb für 10 Personen berechnet.

REIS-PILAW

Für dieses sowie das nachfolgende Curry-Rezept durfte ich in Bombay einem indischen Koch über die Schulter gucken, und später habe ich beide Gerichte oft selbst gekocht.

Zutaten: 600 g Langkornreis, mehrmals gewaschen
3 Essl. Butter
2 Zwiebeln, fein gehackt
2 Knoblauchzehen, fein gehackt
1 Zimtstengel
5 Gewürznelken
150 g Sultaninen

150 g Mandeln, geschält,
in Stifte geschnitten
100 g Erdnüsse, geschält, ungesalzen
1 Essl. Bratöl
2 Teel. Salz
etwas schwarzer Pfeffer

Zwiebeln und Knoblauch in Butter andämpfen, ohne Farbe annehmen zu lassen, Reis und Gewürznelken beifügen und 2-3 Min. bei kleiner Hitze unter ständigem Rühren weiterbraten, bis alles von Butter glänzt. Mit Wasser ablöschen — es soll ca. zwei Finger breit über dem Reis stehen —, Zimtstengel, Salz und Pfeffer beifügen und zugedeckt auf kleinem Feuer 20 Min. kochen, bis der Reis das Wasser ganz aufgesogen hat. Inzwischen Sultaninen, Mandeln und Erdnüsse im Bratöl schwach anrösten und mit einer Gabel locker unter den fertig gekochten Reis mischen. Zimtstengel entfernen.

▷ Pilaw wird in Indien bei Festlichkeiten immer gereicht. Er passt zu vielerlei Fleischgerichten.

INDISCHER CURRY

Abbildung Seite 141

Zutaten: 1½ kg Rindshuft,
in kleine Stücke geschnitten
2 Zwiebeln, fein gehackt
2 Knoblauchzehen, fein gehackt
1 kleine, grüne Pfefferschote,
Samen entfernt, gehackt

2 Essl. Butter
1-2 Essl. Currypulver
1 Essl. Tomatenmark
3 Essl. Kokosflocken
4-5 dl Fleischbrühe
Salz, Pfeffer

Vorbereitung: Kokosflocken mit 2½ dl heissem Wasser übergiessen und zugedeckt 15 Min. stehenlassen. Durch ein Sieb passieren. Die Flüssigkeit (Kokosmilch) wird zum Kochen verwendet.

Zubereitung: Zwiebeln, Knoblauch und Pfefferschote in Butter andämpfen. Currypulver darüberstreuen und 1-2 Min. weiterrösten. Ständig rühren, damit das Currypulver nicht anbrennt. Fleisch und Tomatenmark dazugeben, alles miteinander vermengen und mit Kokosmilch und Fleischbrühe ablöschen. Würzen und auf kleinem Feuer ca. 45 Min. kochen lassen.

Als Beilage zu diesem Gericht wird immer Trockenreis serviert (Rezept Seite 151) sowie als Ergänzung:

Erbsenmus (Dhall)

Zutaten: ½ Pfund halbe, getrocknete gelbe Erbsen,
über Nacht in 1 l warmem Wasser eingeweicht
1 Zwiebel, fein gehackt
1 Knoblauchzehe, fein gehackt
3 Tomaten, geschält, in kleine Stücke geschnitten
1 Teel. Turmericpulver
2½ dl Kokosmilch
(Herstellung siehe vorangehendes Rezept)
½ Teel. Kümmel, zerstossen
1 Essl. Butter
2 Gewürznelken
Salz, schwarzer Pfeffer

Zwiebeln und Knoblauch in Butter dämpfen, Kümmel und Turmeric beifügen und 1-2 Min. leicht anrösten, Erbsen (ohne Einweichwasser) und Tomaten dazugeben, mit der Kokosmilch und 2 dl Wasser ablöschen, übrige Gewürze beifügen und ca. 40 Min. auf kleinem Feuer kochen, bis alle Flüssigkeit aufgesogen ist. Das Erbsenmus sollte die Konsistenz von dickem Haferbrei haben.

↪ Dieser Curry kann abgewandelt werden, indem das Rindfleisch durch Lamm oder Geflügel ersetzt wird. Es können auch gleichzeitig zwei Curries angeboten werden.

Das Gericht kann auch als ganze Mahlzeit auf dem Buffettisch angeboten werden. In diesem Fall wird es angereichert mit nachstehenden Beilagen, die separat in kleinen Schalen aufgestellt werden:

Pappadam oder indisches Fladenbrot (Chappaties)
Apfelstücklein (geschält, entkernt), mit Zitronensaft vermischt
Ananasstückchen (aus der Dose)
Bananenrondellen, mit Zitronensaft vermischt
Rosinen und Korinthen
Kokosnussraspel
Erdnüsse, geschält
Mango-Chutney (hergestellt nach Rezept Seite 210
oder im Delikatessladen gekauft)
Joghurt nature
Hartgekochte Eier, durch die
Knoblauchpresse getrieben

Pappadam wird kurz vor dem Servieren auf beiden Seiten in Öl fritiert. Joghurt zu Curry wirkt sehr erfrischend und mildert die Schärfe.

COUSCOUS

Zutaten: 2 kg Lammfleisch,
in 3 cm grosse Würfel geschnitten
(kann durch Rindfleisch ersetzt werden)
½ dl Olivenöl
2 Zwiebeln, in Scheiben geschnitten
½ Teel. scharfer, roter Pfeffer (Harissa)
2 Essl. Tomatenpüree
1 Teel. Salz
2 Tassen Wasser
1-2 Teel. Orangenwasser (wenn erhältlich)
100 g Kichererbsen, getrocknet
6-10 Kartoffeln, je nach Grösse
1 dicke Scheibe Kürbis

Für den Couscousgriess:
700 g Griess
2-2½ dl Wasser
2-3 Essl. Mehl
2 Essl. Olivenöl
1-2 Teel. Salz
1 Teel. Paprika

Vorbereitung: Am Vortag die Kichererbsen mit Wasser bedecken und einweichen. Aus Olivenöl, Zwiebeln, rotem Pfeffer, Tomatenpüree, Salz und zwei Tassen Wasser eine Marinade zubereiten und darin das Fleisch zugedeckt über Nacht marinieren.

Zubereitung: Kichererbsen in 1 l Wasser 1 Std. kochen lassen. Fleisch samt Marinade beifügen und eine weitere Stunden kochen. Anschliessend die in Stücke geschnittenen Kartoffeln, das Orangenwasser und den Kürbis dazugeben und während weiteren 15-20 Min. mitkochen. In der Zwischenzeit den Couscousgriess zubereiten:

Griess auf einem sauberen Küchentuch ausbreiten. Salz im lauwarmen Wasser auflösen und damit den Griess bespritzen (mit dem Wäscheeinsprenger geht das mühelos). Ca. 10 Min. aufquellen lassen. Etwaige Klümpchen von Hand trennen. Mit Mehl und Paprika bestreuen und mit Öl beträufeln. Nochmals mit den Händen durcharbeiten, damit sich alles Mehl mit dem Griess verbindet. Einen Siebtopf auf die Pfanne stellen, in der das Fleisch kocht, mit einem feuchten, mehrmals gefalteten Küchentuch die Nahtstelle zwischen beiden Töpfen gut abdichten. Griess erst in den Siebtopf einfüllen, wenn durch die Löcher Dampf aufsteigt. Zugedeckt 20 Min. im Dampf garen. Wenn nach dieser Zeit mit einem hölzernen Kochlöffel gegen den Siebeinsatz geklopft wird und es hohl tönt, ist der Griess gar. Diesen in eine grosse, runde, tiefe Schüssel anrichten, mit Butterflöckchen belegen und 1 Suppenkelle voll Fleischsauce darüber verteilen. Fleischstücke und Gemüse (Kürbis in gefällige Schnitze zerteilt) darauf anrichten, restliche Fleischsauce separat dazu servieren.

⇨ In Libyen wird Couscous in einem zweiteiligen Spezialtopf zubereitet. Im untern Topf werden Fleisch und Gemüse gekocht, während im aufgesetzten Siebtopf der Griess im Dampf aufquellen kann. Wenn Sie keinen Spezialtopf besitzen, kann als Siebtopf ein metallenes Salatsieb mit kleinen Löchern aufgesetzt werden.

An besonderen Feiertagen wird zu diesem Couscous zusätzlich folgendes Gericht gereicht:

ZWIEBELMUS

Zutaten: 1 kg Zwiebeln, geschält,
in Scheiben geschnitten
3 Essl. Butter
$\frac{1}{2}$ Teel. roter Pfeffer (Pulver oder Paste)
1 Essl. Tomatenpüree
1 Teel. Salz
1-2 dl Wasser

Zwiebeln ohne jede Beigabe in eine Pfanne geben und auf sehr kleinem Feuer ca. 1 Std. zugedeckt schmoren (nie rühren, nur ab und zu die Pfanne schütteln!). Nach dieser Zeit beginnen die Zwiebeln am Pfannenboden zu haften. Sorgfältig mit einem hölzernen Kochlöffel lösen, Butter, Tomatenpüree, Salz, Pfeffer und Wasser dazugeben und nochmals 5 Min. kochen lassen.

ZITRONENPOULET («Mqalli» mit «msir») Marokko

Zutaten: 2 Poulets zu je 1,2 kg
1 Teel. Ingwerpulver
1 Essl. Olivenöl
4 Essl. Erdnussöl
50 g Butter
1 grosse Zwiebel, fein gehackt
1 Knoblauchzehe, durchgepresst
2 Päckchen Safran
5 dl Wasser
10-15 Oliven
1 grosse Zitrone
1 Teel. Salz
Salz, Pfeffer

Vorbereitung: Zitrone kreuzweise so einschneiden, dass die Frucht unten noch zusammenhängt. Schnittfläche gleichmässig mit Salz bestreuen, Zitrone wieder in die ursprüngliche Form zusammendrücken und in ein Glas mit Schraubverschluss geben, in dem die Frucht gerade Platz hat. 10 Tage im Kühlschrank aufbewahren.

Zubereitung: Glas mit Zitrone öffnen, Saft weggiessen und das Fruchtfleisch samt Rinde in kleine Stücke schneiden. Poulets in Stücke teilen und zusammen mit den Innereien in Butter und Öl anbraten. Zwiebeln und Knoblauch dazugeben, Ingwer, Salz, Pfeffer und Safran darüberstreuen, Wasser zugiessen und zugedeckt auf kleinem Feuer in 45 Min. weich schmoren. Zitronenstücke und Oliven beifügen, nochmals kurz aufkochen und zusammen mit Trockenreis anbieten (Rezept Seite 151).

PAELLA *Spanien*

Zutaten: 10 Pouletstücke (Brust- oder Schenkelfleisch)
1 kg Schweinefleisch, in Würfel geschnitten
250 g Crevetten, gekocht und geschält
10 Riesencrevetten, gekocht, in der Schale
10 ganz kleine Kalbsbratwürstchen (Cipollatas)
1 Dose Muscheln (ca. 400 g)
3 Tomaten
2 Zwiebeln, gehackt
2 Knoblauchzehen, gehackt
1 grüne Peperoni, entkernt, in kleine Stücke geschnitten
1 gelbe Peperoni, entkernt, in kleine Stücke geschnitten
Saft einer Zitrone
1 Lorbeerblatt
1 Gläschen trockener Sherry
1 dl Olivenöl
3 Tassen Vitaminreis
7 dl Hühnerbrühe
1 Dose feine Erbsen (ca. 400 g)
2 Päckchen Safran
Salz, Pfeffer

Vorbereitung: Tomaten kreuzweise einschneiden, Stielansatz entfernen, in kochendes Wasser tauchen, schälen und klein schneiden.

Zubereitung: Im heissen Olivenöl zuerst die Pouletstücke, dann das Schweinefleisch gut anbraten und zuletzt Zwiebeln und Knoblauch kurz mitbraten. Mit Sherry und 1 dl Hühnerbrühe ablöschen, Lorbeerblatt, Salz und Pfeffer zufügen und 20-30 Min. kochen. Das Fleisch sollte knapp weich und die Flüssigkeit praktisch verdampft sein.

In einer zweiten Pfanne Reis mit 6 dl Hühnerbrühe, Safran, Zitronensaft, Salz und Pfeffer während 15 Min. fast weich kochen. Fleisch und Reis in eine möglichst grosse, gusseiserne Bratenkasserolle geben (ich verwende ein 36 cm langes, rechteckiges Bratgeschirr mit Deckel), zusammen vermischen und zugedeckt im vorgeheizten Ofen bei 175° während 15 Min. fertiggaren. Crevetten, Erbsen und Muscheln mit einer Gabel leicht darunterziehen und nochmals für 5 Min. in den Ofen schieben.

In einer kleinen Pfanne in wenig Wasser Cipollatas und Riesencrevetten erhitzen und die Paella vor dem Servieren damit dekorieren. Dieses bunte Eintopfgericht wird direkt in der Bratenkasserolle angeboten.

▷ Die Paella kann im Ofen während einiger Zeit warmgehalten werden. Der Reis darf dabei nicht zu weich und das Fleisch nicht zu trocken werden.

In Spanien wird dieser Eintopf in einer grossen, flachen, schwarzen Eisenpfanne mit Rand, einer Paellera, gekocht und serviert. Diese Pfanne gab dem Gericht seinen Namen. Erst als mir eine in Deutschland verheiratete Spanierin verriet, dass die Paella auch im Schmortopf im Ofen zubereitet werden kann, hatte ich damit Erfolg.

CHILI CON CARNE *Amerika*

Zutaten: 2 grosse Zwiebeln, fein gehackt 2 Teel. Kümmelpulver
6 Knoblauchzehen, durchgepresst 1 Essl. Oregano
2 grüne Peperoni, entkernt, gehackt 2-3 Teel. Salz
2 rote Peperoni, entkernt, gehackt 1 Dose rote Bohnenkerne
3 Essl. Bratöl (ca. 500 g), abgetropft
1½ kg gehacktes Rindfleisch 1 grosse Dose geschälte Tomaten
4 Essl. Chilipulver (ca. 800 g)

Bratöl in einer Bratenkasserolle erhitzen, Zwiebeln und Knoblauch darin andämpfen, Peperoni, Hackfleisch und Gewürze dazugeben und auf kleinem Feuer fortwährend wenden, bis das Fleisch seine rosa Farbe verloren hat und locker auseinanderfällt. Bohnenkerne und Tomaten samt Flüssigkeit beifügen, alles gut durchmischen und zugedeckt auf kleinstem Feuer während 1 Std. köcheln. Gegen Ende der Kochzeit mehrmals kontrollieren, damit das Gericht nicht anbrennt. Zusammen mit Trockenreis servieren (Rezept Seite 151).

↘ Vom Staat Texas wurde dieser Fleischtopf zum offiziellen Staatsgericht erhoben. Man sagt, Chilipulver sei dort so beliebt, dass es in allen Speisen ausser Glace verwendet werde! Die Zubereitung von Chili ist so einfach und sein Geschmack so originell, dass ich es oft als Bereicherung eines Buffets anbot.

MOUSSAKA *Griechenland*

Zutaten: 6-8 mittlere Auberginen Für die Sauce:
Olivenöl zum Anbraten 2 Essl. Butter
750 g gehacktes Rindfleisch 4 Essl. Mehl
2 Essl. Butter 4-5 dl Milch
2 Zwiebeln, fein gehackt 2 Eier
5 Essl. Tomatenketchup Salz, Pfeffer
100 g Parmesankäse, gerieben Butter zum Ausstreichen
etwas Zimt und geriebene Muskatnuss der Form
1 Essl. Salz
etwas Pfeffer und Salz zusätzlich

Vorbereitung: Auberginen schälen, in knapp 1 cm dicke Scheiben schneiden, mit Salz bestreuen und eine Viertelstunde stehenlassen. Den sich bildenden braunen Saft abwaschen, die Scheiben mit Küchenpapier trocken tupfen und im erhitzten Olivenöl beidseitig goldbraun braten. Auf ein Gitter anrichten, damit überflüssiges Fett abtropfen kann.

Für die Sauce Butter schmelzen, Mehl damit vermischen und etwas andämpfen, ohne zu bräunen. Milch unter Rühren mit einem Schwingbesen nach und nach dazugiessen, aufkochen, dann vom Feuer nehmen. Eigelb dazurühren, Eiweiss mit einer Prise Salz steif schlagen und ebenfalls unter die Sauce heben. Mit Salz und Pfeffer abschmecken.

Zubereitung: Fleisch in Butter anbraten, dabei fortwährend drehen und wenden, damit sich keine grösseren Klumpen bilden. Zwiebeln dazugeben und kurze Zeit mitdämpfen. Tomatenketchup, Salz und Pfeffer beifügen und dünsten, bis alle Flüssigkeit verdampft ist. Den Boden einer ausgebutterten, rechteckigen Gratinform mit Auberginenscheiben belegen, diese mit Salz und Pfeffer bestäuben, darüber das Hackfleisch verteilen und mit einer Schicht Auberginenscheiben abschliessen. Salzen und pfeffern. Über das Ganze die Béchamelsauce giessen, mit Parmesankäse, Zimt und Muskatnuss bestreuen und im vorgeheizten Ofen bei 180° 30 Min. überbacken. Zum Servieren in viereckige Portionen schneiden.

LASAGNE VERDI *Italien*

Abbildung Seite 90

Zutaten: 250 g Lasagne verdi
(italienische Spinatteigwaren,
flache, rechteckige Scheiben)
1 Essl. Öl
Salz
200 g Parmesankäse
Butter zum Ausstreichen der Form

Für die Béchamelsauce:
3 Essl. Butter
4 Essl. Mehl
4 dl Milch
4 dl Wasser
Muskatnuss, gerieben
Salz, Pfeffer, Streuwürze

Für die Bologneser Sauce:
2 Zwiebeln, fein gehackt
2 Knoblauchzehen, gepresst
2 Karotten, geschält, gehackt
1 Stück Sellerie, geschält, gehackt
1 Dose geschälte Tomaten (ca. 400 g),
im Mixer püriert
2 Essl. Tomatenpüree
1 dl Rotwein
500 g Hackfleisch
(Rind- und Schweinefleisch gemischt)
100 g Speckwürfelchen
1 Teel. Oregano
1 Teel. Basilikum
wenig Rosmarin und Thymian
2 Essl. Olivenöl
(kann durch Butter ersetzt werden)
1-2 dl Fleischbrühe

Vorbereitung: Für die Bologneser Sauce Olivenöl oder Butter schmelzen, Speckwürfelchen darin glasig braten, Hackfleisch beifügen und unter Drehen und Wenden braun durchrösten, bis es locker auseinanderfällt. Karotten, Sellerie, Tomaten und Tomatenpüree dazugeben, Gewürze, Salz und Pfeffer darüberstreuen, Rotwein und Fleischbrühe zugiessen und alles gut miteinander vermischen. Zugedeckt auf kleinem Feuer während mindestens 30-40 Min. eindicken lassen.

Für die Béchamelsauce das Mehl in der zerlassenen Butter während 2-3 Min. andämpfen, ohne zu bräunen, Milch und Wasser unter stetem Rühren mit dem

Schwingbesen nach und nach dazugiessen und darauf achten, dass sich keine Knollen bilden. Mit Streuwürze, Salz und Pfeffer abschmecken und auf kleinem Feuer eine Viertelstunde kochen. Die Sauce soll dickflüssig sein.

In einem grossen Topf die Lasagne in sprudelndem Salzwasser, dem 1 Essl. Öl beigegeben wurde, während ca. 10 Min. kochen. Ab und zu mit einer Kelle rühren, damit die Teigwarenblätter nicht zusammenkleben. Herausnehmen und einzeln auf einem Tuch ausbreiten.

Zubereitung: Eine rechteckige, bebutterte Gratinform mit Lasagnescheiben belegen. Darauf je eine Schicht Bologneser Sauce und Béchamelsauce geben, mit Parmesankäse bestreuen. Diese Abfolge wiederholen, bis alles eingefüllt ist. Eine Schicht Béchamelsauce, mit reichlich Parmesankäse überstreut, soll den Abschluss bilden. Im vorgeheizten Ofen bei 200° während 45-50 Min. überbacken.

☞ Die Vorbereitungen für Lasagne verdi mögen Ihnen umständlich und zeitraubend erscheinen — aber das Resultat lohnt die Mühe. Die Arbeit kann schon morgens erledigt und der Gratin zu gegebener Zeit nur noch in den Ofen geschoben werden. Es können auch zwei Gratins im gleichen Arbeitsgang hergestellt werden. Der eine wird eingefroren für eine spätere Gelegenheit. Auch aus dem Tiefkühler, im Ofen aufgebacken, schmeckt dieses Gericht köstlich.

PIKANTE BEILAGEN

Im Lauf der Jahre haben sich bei mir einige interessante, für europäische Gaumen eher ausgefallene Rezepte angesammelt, die ich Ihnen nicht vorenthalten will. Diese pikanten Beilagen passen immer zu kaltem oder warmem Fleisch. Zu beachten ist, dass Chutneys — wie Senf — appetitanregend sind, weshalb man pro Mahlzeit nicht zu grosse Mengen davon bereitstellt; der Geschmack des eigentlichen Gerichts soll nicht verdrängt werden. Die indischen Chutneys, die eigentlich Würzmarmeladen sind, aber auch Früchte und Gemüse in Zucker oder Essig können auf Vorrat zubereitet und griffbereit aufbewahrt werden.

GRÜNES TOMATEN-CHUTNEY

Zutaten: 1 kg grüne Tomaten · 220 g Rosinen
1 kg Äpfel, säuerliche Sorte · Saft von 2 Zitronen
500 g brauner Zucker · $\frac{1}{3}$ Teel. weisser Pfeffer
3 Schalotten, gehackt · 2 Teel. Salz
2 Knoblauchzehen, gehackt · 5 dl roter Malz- oder Weinessig

Äpfel schälen, entkernen und in dünne Scheiben schneiden. Tomaten in Würfel schneiden. Äpfel, Tomaten und übrige Zutaten in eine grosse Pfanne geben, unter Rühren aufkochen und auf kleinstem Feuer während 2 Std. köcherlen. Das Chutney soll dick werden. Abgekühlt in Portionen zu 500 g in Gläser einfüllen, verschliessen und bis zum Gebrauch im Keller aufbewahren.

APFEL-CHUTNEY

Zutaten: 1½ kg Äpfel, geschält, entkernt, klein gewürfelt
500 g Sultaninen
1 kg brauner Zucker
1 grosse Zwiebel, gehackt

50 g Salz
50 g Ingwerpulver
10 g rotes Pfefferpulver
30 g Senfkörner, über Nacht eingeweicht
1,2 l roter Malz- oder Weinessig

Essig und Zucker während 5 Min. zu Sirup kochen, alle übrigen Zutaten dazugeben, nochmals aufkochen, dann auf kleinem Feuer während einer halben Stunde schwach kochen lassen. Nach dem Erkalten in Konfitürengläser abfüllen und gut verschliessen.

MANGO-CHUTNEY

Zutaten: 1 kg Mangos
125 g Rosinen
2 Knoblauchzehen
1 grüne Peperoni
2 Essl. Ingwerpulver

1 Essl. Senfkörner,
über Nacht eingeweicht
500 g brauner Zucker
8 dl roter Weinessig
2 Teel. Salz

Essig und Zucker während 5 Min. zu Sirup kochen. Mangos schälen, entzweischneiden, den grossen Kern entfernen, dann das Fruchtfleisch in Scheiben und diese nochmals in drei Teile schneiden. Peperoni ohne Kerne, Ansatzstücke und weisse Häutchen in Stücke schneiden und danach hacken. Alle Zutaten in den Sirup geben, nochmals aufkochen und auf kleinstem Feuer während 45 Min. eindicken. Ab und zu rühren und kontrollieren, ob auf dem Pfannenboden nichts anbrennt. Nach dem Erkalten in Portionengläser zu 500 g abfüllen, verschliessen und bis zum Gebrauch an kühlem Ort aufbewahren.

RAITA-JOGHURTSAUCE Indien

Zutaten: 1 Salatgurke, geschält
1 Zwiebel, geschält
2 Becher Joghurt nature
1 Teel. Salz

⅓ Teel. weisser Pfeffer
1 Teel. Kümmel
1 Essl. Bratöl

Salatgurke und Zwiebel auf der Bircherraffel in den Joghurt reiben, Salz und Pfeffer beifügen. Bratöl in einer tiefen, kleinen Pfanne erhitzen, Kümmel hineingeben, zudecken und warten, bis dieser durch die Erhitzung anfängt, in der Pfanne «herumzuhüpfen». Abkühlen lassen und im Mixer pulverisieren, dann unter die Raita ziehen, die mindestens 1 Std. vor Gebrauch zubereitet werden sollte.

BABA GHANNOUJ (Auberginensauce) Libanon

Zutaten: 1 grosse Aubergine

1 dl Zitronensaft

1 dl Tahina

(Mus aus Sesamsamen und Sesamöl;

gibt es fertig in Dosen zu kaufen)

1 Knoblauchzehe

$\frac{1}{2}$ Teel. Salz

1 Büschel Petersilie, gehackt

Die Aubergine im Ofen bei 200° während einer knappen Stunde backen. Das breiartige Gemüsemark aus der Aubergine nehmen und in den Mixer geben. Knoblauchzehe in das Salz drücken, einige Minuten darin belassen und dann zusammen mit dem Zitronensaft dem Auberginenmus beifügen. Den Mixer kurz laufen lassen. Tahina dazugeben, nochmals kurz mixen und die Sauce auf eine flache Servierschale anrichten. Ringsum mit gehackter Petersilie bestreuen.

KÜRBIS IN ESSIG

Rezept meiner Grossmutter

Zutaten: 1 kg Kürbis

500 g Zucker

5 dl Obstessig

1 dl Weisswein

8 Gewürznelken

1 Zimtstange, fingerlang

1 Lorbeerblatt

1 kleines Stück Ingwerwurzel

$\frac{1}{2}$ Teel. Sternanis

$\frac{1}{2}$ Teel. Turmeric

$\frac{1}{2}$ Teel. Salz

Kürbis schälen, Kerne entfernen, Fruchtfleisch in gleichmässige Würfel schneiden, in eine Schüssel geben und mit Zucker überstreuen. Essig aufkochen, die Kürbiswürfel damit übergiessen und über Nacht zugedeckt an einem kühlen Ort stehenlassen. Am nächsten Tag den Kürbis herausnehmen und abtropfen lassen. Übriggebliebene Flüssigkeit zusammen mit Wein und Gewürzen, die in einem Mullsäckchen eingebunden werden, aufkochen und unter öfterem Rühren zu einem klaren, dicklichen Sirup einkochen (zwischendurch abschäumen). Kürbiswürfel in ein Steingut- oder Glasgefäss einfüllen und den Essigsirup darübergiessen. Zugedeckt über Nacht kühl stellen. Am folgenden Tag Flüssigkeit nochmals aufkochen, Kürbis damit übergiessen, zugedeckt kühl stellen. Am nächsten Tag wieder den ganzen Inhalt des Gefässes erhitzen und so lange kochen, bis die Kürbisstücke weich und glasig sind. Diese mit der Schaumkelle herausheben und in Vorratsgläser einfüllen. Den Sirup nochmals dicklich einkochen, Gewürzbeutel entfernen und die Flüssigkeit über die Kürbiswürfel giessen. Nach dem Erkalten die Gläser verschliessen.

☞ Auf die gleiche Art können auch Melonen haltbar gemacht werden. Sie sind ebenfalls eine aparte Zugabe zu allen möglichen Fleischgerichten.

FONDUE-, RACLETTE- UND GRILL-PARTIES

Fondue-, Raclette- und Grill-Parties sind ungezwungene, gemütliche und fröhliche Mahlzeiten mit Freunden und guten Bekannten. Zumindest bei einer Fondue-Party sollten sich alle gut kennen und mögen, denn schliesslich essen alle aus dem gleichen Topf, und im Laufe der Jahre habe ich festgestellt, dass dies nicht jedermanns Sache ist. Anderseits ist eine solche Einladung wie gemacht, um eine heitere, lockere Stimmung zu verbreiten. Mit Fondue habe ich besonders in überseeischen Ländern gute Erfahrungen gesammelt. Das originelle Mahl und der spritzige Weisswein haben die Tafelrunde jeweils in kürzester Zeit in eine Hochstimmung versetzt, die sogar ideologische und politische Rivalitäten in den Hintergrund zu drängen vermochte. Ich erinnere mich an einen Fondueschmaus, in dessen Verlauf sowjetische und amerikanische, griechische und türkische, indische und pakistanische Diplomaten eine völkerverbindende, äusserst heitere Runde bildeten. Humor und gute Laune überstrahlten alle Gegensätze. Unversehens drängte der Grossteil der Gäste in die Küche, um beim Rühren des Fondues mitzuhelfen (für 24 Gäste standen vier Fondue-Caquelons bereit). Einige notierten sogar das Rezept. Auf diese Weise war das Gelingen von allem Anfang an gesichert. Die Eingeladenen lernten sich an jenem Abend besser kennen als während der Jahre zuvor.

KÄSE-FONDUE

Abbildung Seite 144

Zutaten: Pro Person:
150-200 g grob geraffelter Käse
($^2/_3$ Greyerzerkäse, $^1/_3$ Emmentalerkäse)
1 dl trockener Weisswein

Pro Fonduepfanne:
1 Knoblauchzehe zum Ausreiben der Pfanne
2 Teel. Maizena, aufgelöst in
$^1/_2$ dl Kirschwasser
Muskatnuss, gerieben
Pfeffer, Paprika
1-2 Essl. Rahm
1 kg Weissbrot mit viel Kruste,
in Würfel geschnitten

Zudem werden benötigt:
1 Spirituskocher
1 Fonduepfanne (Caquelon)
aus Gusseisen oder feuerfester Keramik
Fonduegabeln mit hitzeunempfindlichen
Griffen

Zubereitung: Fonduepfanne mit der Knoblauchzehe einreiben, Wein hineingiessen und auf der Herdplatte erwärmen. Unter ständigem Rühren nach und nach handvollweise den Käse dazugeben. Er schmilzt langsam und soll sich mit dem Wein zu einer zartschmelzenden Masse verbinden. Aufkochen lassen und das mit dem Kirschwasser verrührte Maizena beifügen. Mit Muskatnuss, Pfeffer und Paprika würzen und mit 1-2 Essl. Rahm verfeinern. Nun wird die Pfanne zum Tisch getragen und auf einen brennenden Spirituskocher mit regulierbarer

Flamme gestellt, auf dem das Fondue während des Essens ständig am Köcheln gehalten wird. Jeder Gast bedient sich mit Brotwürfeln, und der Schmaus kann beginnen. Mit dem auf der Fonduegabel festgesteckten Brotwürfel wird jedesmal tüchtig in der Käsemasse gerührt, so dass das Brot ganz davon überzogen wird. Zum Fondue wird trockener Weisswein oder — für Gäste mit empfindlichem Magen — Schwarztee angeboten.

Verliert ein männlicher Gast seinen Brotwürfel im Fondue, gibt er der Dame zu seiner Rechten einen Kuss. Probieren Sie diese Regel aus — die steifste Runde kann damit gelockert werden!

FONDUE BOURGUIGNONNE

Zutaten: Pro Person:
150-200 g Rindfleisch (Huft oder Filet), vollkommen ohne Fett und Sehnen, in baumnussgrosse Würfel geschnitten

Zudem werden benötigt:
Spirituskocher
Kupferpfännchen
Bratöl
Fonduegabeln mit hitzeunempfindlichen Griffen

Beigaben:
Pommes chips
Kleine Brötchen
Verschiedene Saucen
Perlzwiebelchen
Cornichons
Oliven
Senffrüchte
u.a.m.

In die Tischmitte einen Spirituskocher und darauf ein zu $2/3$ mit heissem Bratöl gefülltes Kupferpfännchen stellen (das Öl wird erhitzt, darf aber nie sieden). Darum herum sind verschiedene Beigaben und Saucen in Schälchen verteilt. Jeder Gast bedient sich mit Fleischwürfeln, spiesst einen Würfel auf die Fonduegabel und taucht das Fleisch in das heisse Öl. Je nach Wunsch wird das Fleisch saignant, à point oder durchgebraten. Damit man sich nicht den Mund verbrennt, wird das Fleisch von der Fonduegabel abgestreift und mit dem Essbesteck verspeist. Von den Beigaben wählt jeder Eingeladene ungezwungen nach Lust und Laune.

SAUCEN ZU FONDUE BOURGUIGNONNE

Mayonnaise

Zutaten: 2 Eigelb
1 Teel. Senf
$1\frac{1}{2}$ dl Sonnenblumenöl

4 Essl. Rahmquark
1 Teel. Zitronensaft
Salz, Pfeffer, Streuwürze

Eigelb und Senf verrühren und nach und nach das Öl (zuerst nur tropfenweise) unter stetigem, *schnellen* Rühren zugiessen. Sobald die Masse dicklich wird, kann reichlicher Öl beigefügt werden. Zuletzt Rahmquark und Zitronensaft dazurühren und mit Salz, Pfeffer und Streuwürze abschmecken.

Sauce Tartare

Zutaten: 8 Essl. Mayonnaise   1 Teel. Petersilie, gehackt
1 Essiggurke, gehackt   Salz, Pfeffer
10 Kapern, gehackt   1 Eigelb, hart gekocht, zerdrückt
1 halbe kleine Zwiebel, gehackt

Alle Zutaten miteinander vermischen, mit Salz und Pfeffer abschmecken und mit Eigelb überstreuen.

Remouladensauce

Zutaten: 4 Essl. Sauce Tartare
2 Sardellenfilets, gehackt
2 Essl. saurer Halbrahm

Alle Zutaten zusammen vermischen.

Meerrettichsauce

Zutaten: 2 Essl. Meerrettich, fein gerieben
$\frac{1}{2}$ Essl. Zitronensaft
2 dl Rahm, geschlagen
Salz, Pfeffer

Meerrettich sofort mit Zitronensaft beträufeln und locker mit dem Schlagrahm vermischen. Mit Salz und Pfeffer würzen.

Sauce Vinaigrette

Zutaten: 1 dl Sonnenblumenöl
$\frac{1}{2}$ dl Kräuteressig
1 Essl. Petersilie, gehackt
2 Cornichons, gehackt
1 Teel. Kapern
1 Teel. Kerbel, gehackt
Salz, Pfeffer

Alle Zutaten ausser dem Essig zusammen gut vermischen. Diesen erst kurz vor Gebrauch dazurühren.

Sauce Béarnaise

Zutaten: 4 Eigelb   1 Teel. frische Estragonblätter,
100 g Butter,   fein gehackt, oder
in kleine Stücke geschnitten $\frac{1}{2}$ Teel. Estragonpulver
Salz, Pfeffer   1 Teel. Estragon- oder Weinessig

In ein Saucenpfännchen Eigelb, $\frac{1}{3}$ der Butter, Salz und einen Hauch Pfeffer geben und im Wasserbad (grössere Pfanne, zu $\frac{1}{4}$ bis $\frac{1}{3}$ mit Wasser gefüllt) zu einer dicklichen Masse anrühren. Das Wasserbad soll warm sein, darf aber nie kochen!

Pfännchen von der Hitze wegnehmen, zweites Drittel Butter dazugeben, zurück ins Wasserbad stellen und rühren, bis sich die Butter mit der Masse verbunden hat. Mit dem letzten Drittel Butter in gleicher Weise verfahren. Sauce im Wasserbad warm halten, aber nicht zu heiss werden lassen. Estragon und Essig unterrühren und alles gut miteinander vermischen. Je mehr die Sauce einer dicken Mayonnaise gleicht, desto besser ist sie gelungen.

☞ Vorstehendes Rezept wurde mir von einer Französin verraten. Wird nach ihm gearbeitet, gelingt die Sauce Béarnaise auch Anfängerinnen. Ein professioneller Koch wird zur Herstellung dieser Sauce immer zuerst ein Konzentrat aus Essig, Wasser, Estragon und Schalotten herstellen.

Die Sauce kann in einer kleinen Thermosflasche mit weiter Öffnung bis zum Gebrauch warmgehalten werden. Sind Sie in Eile, können Sie auch eine Sauce Béarnaise aus dem Beutel zubereiten.

Sauce Hollandaise

Zutaten:	2 Eigelb	1 Essl. Wasser
	100-125 g Butter,	1 Essl. Zitronensaft, erwärmt
	in kleine Stücke geschnitten	Salz, Pfeffer

Die Sauce wird im Wasserbad zubereitet (grössere Pfanne, zu $\frac{1}{4}$ bis $\frac{1}{3}$ mit Wasser gefüllt). Dieses wird erhitzt, soll aber nicht kochen. Eine tiefe Schüssel auf die Pfanne stellen, Eigelb hineingeben und mit einem Schwingbesen so lange schlagen, bis eine dickliche Masse entsteht. Wasser dazugeben und weiterschlagen, um beides gut zu vermischen. Zitronensaft eingiessen und tüchtig weiterschwingen. Hitze unter dem Wasserbad ausschalten und nach und nach unter stetigem Rühren die Butter zufügen. Die Sauce wird bearbeitet, bis sie dicklich ist. Zuletzt mit Salz und Pfeffer würzen.

☞ Sollte die Sauce gerinnen, kann sie gerettet werden, indem sie im Mixer durchgequirlt wird. Sie kann in einer kleinen Thermosflasche mit weiter Öffnung bis zum Gebrauch warm gehalten werden. Sauce Hollandaise passt auch sehr gut zu Fischgerichten. Sind Sie in Eile, können Sie die Sauce aus dem Beutel herstellen.

FONDUE CHINOISE

Zutaten: 2 l Fleisch- oder Hühnerbrühe
½ dl trockener Sherry oder Cognac
(kann weggelassen werden)
1 Tasse vorgekochter Reis oder
2 Tassen vorgekochte dünne Nudeln
Salz und Pfeffer

Pro Person:
150-200 g Fleisch
(Rind-, Kalb- oder Pouletfleisch,
in angefrorenem Zustand
vom Metzger in ganz dünne
Scheiben geschnitten)

Beilagen:
Pikante und
exotische Saucen
Salate
Ananaswürfel
Sojasauce u. a. m.

Fonduetopf, mit der heissen Fleisch- oder Hühnerbrühe gefüllt, auf einen in der Tischmitte stehenden Spirituskocher stellen und leise am Köcheln halten. Jeder Gast bedient sich selbst mit Fleischtranchen und Beilagen. Die Fleischtranchen werden um Holzspiesschen gewickelt und in die Brühe getaucht. Salz und Pfeffer stehen auf dem Tisch.

Zum Abschluss erhitzt man in der «Consommé double» Reis oder Nudeln und schöpft jedem Gast eine Suppentasse davon. Jedermann wird die kräftige, köstlich duftende Suppe geniessen.

SAUCEN ZU FONDUE CHINOISE

Currysauce

Zutaten: 8-10 Essl. Mayonnaise,
selbst hergestellt (Rezept Seite 215)
oder aus der Tube

1 Essl. Currypulver
1 Teel. Senf

Alle Zutaten zusammen verrühren.

Grüne Sauce

Zutaten: 4-5 Essl. Mayonnaise,
selbst hergestellt oder aus der Tube
½ Becher Sauerrahm
1 Teel. Zitronensaft

1 Essl. Spinatsaft oder
1 Büschel gehackte Kräuter,
z. B. Kresse, Petersilie, Sauerampfer, Schnittlauch

Eine Handvoll Spinatblätter mit wenig Wasser dämpfen. 1 Essl. der entstehenden Flüssigkeit (oder gehackte Kräuter) mit der Mayonnaise und allen übrigen Zutaten zu einer glatten Sauce anrühren.

Aurora-Sauce

Zutaten: 8-10 Essl. Mayonnaise,
selbst hergestellt oder aus der Tube
1-2 Essl. Tomatenketchup

1-2 Essl. Cognac
einige Spritzer Worcestersauce

Alle Zutaten zu einer sämigen Sauce verrühren, die nach Bedarf noch mit etwas Salz und Pfeffer abgeschmeckt wird.

Andalusische Sauce

Zutaten: 6-8 Essl. Mayonnaise,
selbst hergestellt oder aus der Tube
2 Essl. Tomatenketchup
6-8 Oliven, entsteint und fein gehackt

½ kleine grüne Peperoni,
entkernt und fein gehackt
Salz, Pfeffer, Paprika

Alle Zutaten zusammen vermischen, mit Salz und Pfeffer würzen und, wenn die Sauce angerichtet ist, mit Paprika überstäuben.

Gurkensauce

Zutaten: 1 Becher Sauerrahm
¼ frische Salatgurke, geschält
1 Teel. Senf

1 Teel. Zitronensaft
etwas Dillkraut, fein gehackt
Salz, Pfeffer

Gurke auf der Bircherraffel fein reiben und unter den mit Zitronensaft und Senf verrührten Sauerrahm mischen. Mit Dillkraut, Salz und Pfeffer würzen.

RACLETTE

Eine Käse-Spezialität aus dem Wallis, die wie gemacht ist für ein geselliges Beisammensein. Es muss jedoch immer jemand bereitstehen, um den schmelzenden Käse zu überwachen und auf die Teller abzustreifen.

Zutaten: ½ Raclettekäse
Salz, Pfeffer
pro Person 3-4 kleine Pellkartoffeln
(Geschwellte)

Beilagen:
Cornichons
Silberzwiebelchen
Mixed Pickles
Pariser Stangenbrot

Für Raclette wird ein Käse verwendet, der gut schmilzt. Am besten ist natürlich ein Walliser Käse aus dem Goms oder dem Val de Bagne. Manchmal ist es jedoch schwierig, diese Sorten zu finden, so dass man sich mit Fontina oder anderen für Raclette geeigneten Qualitäten behelfen muss.

Für die Zubereitung am zweckmässigsten ist ein spezieller Raclette-Ofen, bei dem die Schnittfläche des halbierten Käses so lange in unmittelbare Nähe der Infrarot-Grillstange gehalten wird, bis der Käse schmilzt. Er wird dann mit einem breiten Messer auf einen vorgewärmten Teller abgestrichen. Für jede weitere Portion wird der Käse wieder neu erhitzt.

Zum Raclette werden Pellkartoffeln, Cornichons, Silberzwiebelchen und anderes angeboten.

▷ Der Käse kann auch in feuerfesten Portionentellerchen unter der Infrarot-Schlange eines Raclette-Tischofens oder am offenen Kaminfeuer geschmolzen werden. Wird der Käse in Portionen geschmolzen, berechnet man pro Person 200 g Käse.

GRILLIEREN AM TISCH

Zutaten: Pro Person:
1 Cipollata
(kleines Kalbsbratwürstchen)
1 Scheibe Kalbsfilet
1 Scheibe Schweinsfilet
1 Scheibe Rindsfilet
(klein, vom Filetspitz) oder
1 kleines Huftplätzchen
1 Scheibe Magerspeck
1 Scheibe Kalbsniere

Weitere Fleischvariationen:
1 Scheibe Fleischkäse
1 Scheibe Schinkenspeck
1 kleines Putenschnitzel
1 kleines Hacksteak
einige Scampis

Vegetarisches:
Tomatenscheiben
Auberginenscheiben
Peperonistücke

Beilagen:
Kartoffel- oder Reissalat
Pommes chips
Pariser Stangenbrot
Salate und Saucen
Kräuterbutter
Gewürze, z. B. Paprika,
italienische Kräutermischung,
Zitronenpfeffer, Steakgewürz
Salz, Pfeffer

Fleisch und Gemüse werden appetitlich auf einer grossen Servierplatte arrangiert. Auf dem Tisch steht ein Tischgrill, auf dem jeder Gast die kleinen Fleischstücke in beliebiger Reihenfolge beidseitig grilliert, mit Gewürzen abschmeckt und zusammen mit verschiedenen Beilagen verzehrt. Auch Kochungeübte zeigen plötzlich Interesse beim Ausprobieren verschiedener Gewürzmischungen und unterschiedlicher Grillzeiten, und Hobbyköche sind gerne mit Rat und Tat behilflich. So entsteht in kürzester Zeit eine vergnügliche, lockere Stimmung.

⤳ Für 10 Personen werden 2 Tischgrills benötigt.

Hacksteaks zum Grillieren am Tisch

Zutaten: 500 g Hackfleisch vom Rind
1 Ei
1 Zwiebel, fein gehackt

Paprika, Oregano
Salz, Pfeffer, Steakgewürz

Alle Zutaten gut zusammen vermischen, zu einer länglichen Rolle formen und fest zusammenpressen. In zehn Scheiben schneiden, die Hacksteaks flachdrücken. Durchschnittliche Grillierzeit: ca. 3 Min.

Senfsauce

Zutaten: 100 g Rahmquark
1 Eigelb, hart gekocht
2 Essl. Senf

1-2 Teel. Zitronensaft
Salz, Pfeffer

Eigelb mit einer Gabel zerdrücken, Senf beifügen und rühren, bis eine glatte Masse entsteht. Rahmquark und Zitronensaft dazugeben, alles gut vermischen und mit Salz und Pfeffer würzen.

Kräuterbutter

Zutaten: 100 g Butter
2 Essl. Petersilie, fein gehackt,
oder andere frische Käuter

1 Essl. Zitronensaft
einige Spritzer Worcestersauce
Salz, Pfeffer

Butter schaumig rühren und alle übrigen Zutaten damit gut vermischen. Im Kühlschrank fest werden lassen.

ALKOHOLISCHE GETRÄNKE

Da es allgemein üblich ist, bei einer Einladung Alkohol anzubieten, sei hier in den Grundzügen einiges dazu erwähnt.

APERITIF

Aperitifs sind Getränke, die vor dem Essen angeboten werden. Sie sollten deshalb stimulieren, den Appetit nicht verderben und weder zu süss noch zu dickflüssig sein. Tips zum Mixen von Cocktails zu geben, würde die Grenzen dieses Buches sprengen. Ich beschränke mich auf den Hinweis, dass Ihre Hausbar einen Grundstock der gebräuchlichsten Aperitifs aufweisen sollte, so zum Beispiel:

Martini oder Vermouth, rot und weiss
Whisky
Gin (dazu gehört Sodawasser)
Cynar
Campari
Sherry, trocken
Porto, rot und weiss
Kräuterbitter
Pernod

Viele Gäste bevorzugen gleich von Anfang an Sekt oder Wein. Aber auch nichtalkoholische Getränke wie Säfte, Mineralwasser und Tonic Water sollten Sie zur Hand haben.

Bei einer Einladung zum Abendessen wird der Aperitif höchstens zweimal angeboten. Viele schätzen dazu auch eine Kleinigkeit zum Knabbern, etwa Salzmandeln, kleines Käsegebäck, Cocktailbissen oder Oliven.

WEINE

Wenn Sie oder Ihr Gatte sich zum guten Weinkenner entwickeln wollen, müssen Sie sich vor allen Dingen am Anfang von einem guten, vertrauenswürdigen Weinhändler beraten lassen, einschlägige Literatur studieren und immer wieder selbst ein Gläschen probieren. Sie werden bald merken, dass Frankreich nicht das einzige Land ist, welches gute Weine produziert. Auch die Schweiz, Deutschland, Italien und Spanien können Schritt halten. Zudem finden sich in letzter Zeit vermehrt auch Weine aus Jugoslawien, Griechenland, Portugal und Algerien, ja sogar aus Kalifornien auf dem Markt. Es handelt sich beim Weinkauf wirklich um die Qual der Wahl, so dass Sie gut beraten sind, sich am Anfang von einem wirklichen Kenner leiten zu lassen.

Die folgenden Angaben treffen ganz allgemein für Flaschenweine zu.

Nicht jeder Wein gewinnt durch Lagerung an Qualität. Diese sollte schon beim Ankauf vorhanden sein. Weisse Weine, ausgenommen die etwas süssen Dessertweine (z. B. Sauternes, Graves, Malvoisie, Chablis, Mersault) sollten getrunken werden, bevor sie sechs Jahre alt sind. Rote Weine von guter Qualität hingegen, in einem guten Keller gelagert, gewinnen mit den Jahren.

Weine sollten liegend lagern, damit der Korken feucht bleibt und einen luftdichten Abschluss sichert. Geben Sie dem Wein mindestens sechs bis acht Wochen Zeit zum Lagern, bevor Sie ihn anbieten. Behandeln Sie Ihre Flaschenweine behutsam; sie sind zu empfindlich und kostbar, als dass sie ein Durchrütteln ertrügen. Entkorken Sie rote Weine einige Stunden bevor sie getrunken werden.

Weisswein soll allgemein kühl, d. h. zwischen 8 und 10°, Rotwein je nach Sorte zwischen 14 und 20° serviert werden. Champagner und Sekt muss gut auf Eis durchgekühlt sein, bevor die Flasche geöffnet wird, sonst erleben Sie eine kleine Explosion anstatt des charakteristischen «Plop». Beim Öffnen der Champagner- oder Sektflasche wird der Draht aufgedreht und entfernt, die Flasche alsdann leicht schräg gehalten und der Korken durch sorgfältiges Drehen herausgehoben.

Zum Eingiessen kann die Weinflasche mit einer Serviette umwickelt werden, die vor unnötiger Handwärme schützt und allfällige Tropfen auffängt. Es kann auch ein Wein-Ausgiesser benützt werden, oder man gibt der Flasche nach beendigtem Eingiessen eine leichte Drehung.

DINIEREN MIT WEIN

Wein wird am Tisch immer von rechts eingegossen. Die rechte Hand hält die Flasche. Das Glas wird beim Einschenken nicht vom Tisch hochgehoben.

Im allgemeinen wird zu einer *kalten Vorspeise* ein trockener Weisswein serviert, etwa ein Yvorne, Aigle, Mosel Kabinett oder Rheinwein Kabinett.

Will man zu einer feinen Suppe ein Gläschen Wein kredenzen, eignen sich vor allem ein trockener Sherry oder Madeirawein.

Zu einer *warmen Vorspeise,* bestehend aus Fisch oder Käse, bieten sich leichte bis mittelschwere Weissweine an, beispielsweise Waadtländer und Walliser Weissweine, Kabinettweine der Mosel, Frankenwein.

Zum *Hauptgang,* bestehend aus *rotem Fleisch,* werden kräftige Rotweine eingeschenkt, so z. B. Dôle, Burgunder- oder Bordeauxweine; zu *weissem Fleisch oder Geflügel* leichte bis mittelschwere Beaujolais- und Burgunderweine; zu *Wildgerichten* kräftige, volle Spitzenweine (Burgunder, Spätburgunder, Bordeaux).

Zur *Käseplatte* werden Dôle, Châteauneuf-du-Pape, rote Burgunder- oder Bordeauxweine offeriert.

Zu *Süssspeisen* sind die feinen Dessertweine wie Malvoisie, Ermitage, Sauternes oder natürlich Champagner reserviert.

Zum *schwarzen Kaffee* werden Liköre angeboten, etwa Cognac, Calvados, Marc, Kirsch, Pflümli, Williamine, Grand Marnier, Cointreau, Chartreuse, Drambuie.

Gekühlter Champagner oder Sekt passt zu jedem Gang und kann zudem schon vor dem Essen und auch danach immer angeboten werden.

GLÄSER

Die Skizzen zeigen die verschiedenen Gläser mit der jeweils üblichen Menge des Getränks beim erstmaligen Eingiessen. Bei den Champagner- oder Sektgläsern ist der Kelch der Schale vorzuziehen. Er hält kühler und bewahrt die perlenden Bläschen besser. Alle Stielgläser werden beim Trinken am Stiel gehalten, ausgenommen der Cognacschwenker. Dessen gewölbter Boden wird mit der Handfläche erwärmt, damit sich das Aroma des Cognacs besser entfaltet.

Champagner-
oder Sektkelch

Champagner-
oder Sektschale

Cocktailglas

Sherryglas

Weissweingläser

Rotweinglas

Bierstange

Wasserglas,
auch für Whisky mit Wasser

Glas für
Whisky pur

Cognacschwenker

Kirschgläschen, auch für
andere harte Spirituosen

DIE KAFFEE- ODER TEE-EINLADUNG

Diese Art der Einladung ist besonders geeignet, um ohne grosse Vorbereitungen auch mit Damen aus neuen Bekanntenkreisen Kontakt aufzunehmen und sie besser kennenzulernen. Zudem ist es überaus angenehm und entspannend, bei einer Tasse Tee oder Kaffee und Selbstgebackenem bei sich zu Hause einen Gedankenaustausch zu pflegen. Alles kann im voraus vor- und zubereitet werden. Mit Hilfe der Tiefkühltruhe, in der Gebackenes sorgfältig verpackt verwahrt wird, können auch grössere Tee- und Kaffee-Einladungen geplant werden. Die elektrischen Hilfsgeräte (z. B. Knet- und Teigmaschinen, Handmixer usw.) und die mit allen Schikanen ausgerüsteten Backöfen machen die Herstellung von verführerischen Torten, Kuchen und Kleingebäck zu einem Vergnügen. So wird es auch einer Backanfängerin leicht gemacht, gutes Gebäck in kurzer Zeit herzustellen.

Beginnen Sie, erproben und experimentieren Sie! Lassen Sie sich nicht entmutigen, wenn am Anfang nicht gleich alles perfekt gelingt. Schon bald wird Ihr Repertoire an Backwerk derart gross, dass Ihnen die Wahl manchmal schwerfällt. Um vor unangenehmen Überraschungen gefeit zu sein, sollte aber nicht improvisiert werden. Halten Sie sich genau an die Mengenangaben in den Backrezepten, ebenso an die Anleitungen über das Vorheizen und die Einstellung der Temperaturen des Backofens.

Die langjährigen Aufenthalte im Ausland und ein Ehemann, der für sein Leben gern Süsses verspeist, trugen dazu bei, dass ich von Anfang an versuchte, Schweizer Spezialitäten zu backen. Mit der Zeit wagte ich immer kompliziertere Kreationen, wie die Zuger Kirschtorte, die Solothurner Torte oder die Engadiner Nusstorte. Doch auch die in der Schweiz eher alltäglichen Früchte- und anderen Kuchen fanden durchwegs Zuspruch. Da selbstgemachtes Kleingebäck schon in meiner Kindheit Tradition war, konnte ich mich in fernen Ländern auch in dieser Hinsicht auf bewährte und erprobte Rezepte stützen. Heute macht es die Tiefkühltruhe möglich, dass man selbst unerwarteten Gästen stets köstliches Gebäck anbieten kann.

Die Auswahl der Rezepte ist natürlich subjektiv. Ich habe vor allem darauf geachtet, einerseits sehr einfache, andererseits originelle, nicht alltägliche und dennoch narrensichere, bewährte Rezepte zusammenzustellen.

TORTEN

Die nachfolgenden Rezepte sind für eine Springform von 26-28 cm Durchmesser berechnet.

Torten sind so delikate Gebäcke, dass sie sanft behandelt werden wollen. Vor dem Backen wird die Tortenform wie folgt vorbereitet: auf den Boden legt man Alufolie, den Rand fettet man ein.

Bevor die Torte nach dem Backen aus dem Ofen genommen wird, macht man die Backprobe, indem man mit einem spitzen Hölzchen (eine Stricknadel bewährt sich auch) in die Mitte des Biskuits sticht. Klebt kein Teig mehr am Hölzchen, ist der Backvorgang beendet.

Nachdem der Rand der Springform gelöst ist, kann das gebackene Biskuit zum Auskühlen ohne Schwierigkeiten auf ein Gitter gestürzt werden. Die Alufolie klebt dabei noch am Biskuitboden. Mit einem in kaltes Wasser getauchten Pinsel oder Lappen fährt man über die Alufolie, die man anschliessend mühelos vom noch warmen Biskuit wegziehen kann. Lassen Sie die Torte nicht zu lange auf dem Gitter auskühlen, sonst bleibt sie daran haften. Stürzen Sie die Torte nach ungefähr einer halben Stunde auf eine Platte und wischen Sie das Gitter rein. Erst jetzt schieben Sie die Torte zum vollständigen Auskühlen sorgfältig wieder auf das Gitter zurück. Auf diese Weise wird sie nicht mehr ankleben können.

Um beim Anschneiden der Torte die schönen Silberplatten zu schonen, ist es von Vorteil, aus altem Karton in der Grösse der Kuchen- oder Springform einen Boden zu fertigen (solche Kartonböden gibt es auch fertig zu kaufen, allerdings nicht in jeder Grösse). Diesen Boden belegt man mit Alufolie und streicht allfällig vorstehende Ränder und Ecken satt dem Rand entlang unter den Boden. Das Ganze wird auf die Servierplatte gelegt, darüber kommt ein Papierspitzendeckchen und darauf die fertige Torte. Beim nächsten Mal wird der Kartonboden wieder mit einer neuen Alufolie belegt.

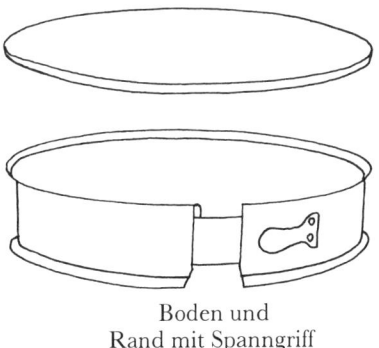

Boden und
Rand mit Spanngriff

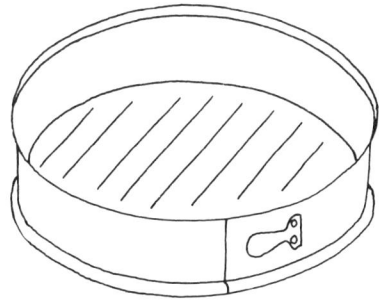

Zusammengesetzte Springform

FEINE SCHOKOLADENTORTE

Zutaten: 190 g Butter   50 g Haselnüsse, ungeschält, gerieben
375 g Zucker   6 Eigelb
2 Päckchen Vanillezucker   190 g Mehl, gesiebt
190 g dunkle Schokolade   6 Eiweiss, mit einer Prise Salz
2 Essl. Wasser   steif geschlagen

Eigelb und Zucker mit dem Handmixer einige Minuten lang schaumig rühren. Die Masse sollte wie dicke Mayonnaise aussehen. Schokolade zerbröckeln, mit dem Wasser zusammen bei kleiner Hitze schmelzen lassen. Butter weich rühren, die etwas abgekühlte Schokolade daruntermischen, Haselnüsse, Vanillezucker und die Eigelb-Zucker-Masse dazugeben, Mehl einstreuen und gut durchmischen. Zuletzt das Eiweiss sorgfältig darunterheben. Den Teig in die vorbereitete Tortenform füllen, mit dem Teigschaber verstreichen, damit die Torte beim Ausbacken flach bleibt. Im vorgeheizten Ofen während 50-60 Min. bei 175° backen (nach 30 Min. die Oberfläche mit Alufolie abdecken).

☞ Experten raten, die Schokolade im Wasserbad zu schmelzen. Dieser Prozess kann aber auch direkt in der Pfanne über der Hitzequelle erfolgen, wenn darauf geachtet wird, die Hitze wirklich klein zu halten. Dieses Vorgehen ist einfacher und zeitsparend.

SACHERTORTE

Dieses Rezept stammt von einer echten Wienerin. Sie erhielt es von einem Küchenchef, dem es Frau Anna Sacher vom berühmten Hotel Sacher in Wien persönlich preisgegeben haben soll.

Zutaten: 140 g Butter   Für den Guss:
160 g Zucker   200 g dunkle Schokolade
180 g dunkle Schokolade   200 g Würfelzucker
8 Eigelb   6-8 Essl. Wasser
120 g Mehl, gesiebt   50 g Butter nach Belieben
10 Eiweiss, mit einer Prise Salz
steif geschlagen
50 g Aprikosenmarmelade

Butter mit dem Handmixer schaumig rühren. Nach und nach abwechslungsweise Zucker und Eigelb dazugeben, wobei jede Zutat immer wieder vollständig mit der Butter vermischt wird. Die im Wasserbad geschmolzene, abgekühlte Schokolade löffelweise zufügen. Eiweiss abwechslungsweise mit Mehl unter die Schokolademischung geben und den gleichmässig vermischten Teig in eine mit Alufolie ausgelegte Tortenform füllen. Im vorgeheizten Ofen 45 Min. bei 175° backen. Sobald die Torte sich oben etwas vom Rand löst, mit spitzem Hölzchen die Backprobe machen. Wenn nichts mehr daran kleben bleibt, die Torte sofort aus dem

Ofen nehmen und in der Form mindestens 15 Min. auskühlen lassen, bevor sie zum völligen Erkalten auf ein Tortengitter gestürzt wird. Die Unterseite der Torte zur Oberfläche bestimmen. Diese nun mit der etwas erwärmten Aprikosenmarmelade bestreichen (allfällige Fruchtstückchen daraus entfernen, damit die Oberfläche gleichmässig wird). Danach auch die Seiten mit Marmelade bestreichen.

Für den Guss die Schokolade im Wasserbad schmelzen. In eine zweite Pfanne den Würfelzucker und das Wasser geben. Sobald sich der Zucker aufgelöst hat, den Sirup aufkochen und unter Rühren der weichen Schokolade beigeben. Wird die Glasur glänzend gewünscht, kann 50 g Butter zugefügt werden. Den Guss, solange er noch warm ist, von der Mitte aus über die Torte giessen, bis diese gleichmässig mit Schokolade bedeckt ist. Damit auch die Seiten vollständig mit Glasur überzogen werden, muss evtl. mit einem in warmes Wasser getauchten Spachtel etwas nachgeholfen werden. Die Torte auf die Servierplatte heben, bevor der Guss fest wird, da er sonst Risse bekommt.

SCHNELLE SCHOKOLADENTORTE

Zutaten: 160 g Schokolade   160 g Zucker
100 g Margarine oder Butter   1 Päckchen Vanillezucker
6 Eigelb   4 Eiweiss, mit einer Prise Salz
3 Essl. Mehl   steif geschlagen

Schokolade und Margarine oder Butter in einer Pfanne schmelzen. Vom Feuer nehmen, Zucker, Vanillezucker, Mehl und Eigelb dazugeben und alles gut miteinander vermischen. Zuletzt das Eiweiss sorgfältig darunterheben. In eine mit Alufolie ausgelegte Tortenform von 22 cm Ø geben und im vorgeheizten Ofen bei 150° während 50-60 Min. backen.

Apart wirkt diese Torte mit einer Puderzucker-Verzierung, die mit Hilfe eines Papier-Scherenschnitts angebracht wird.

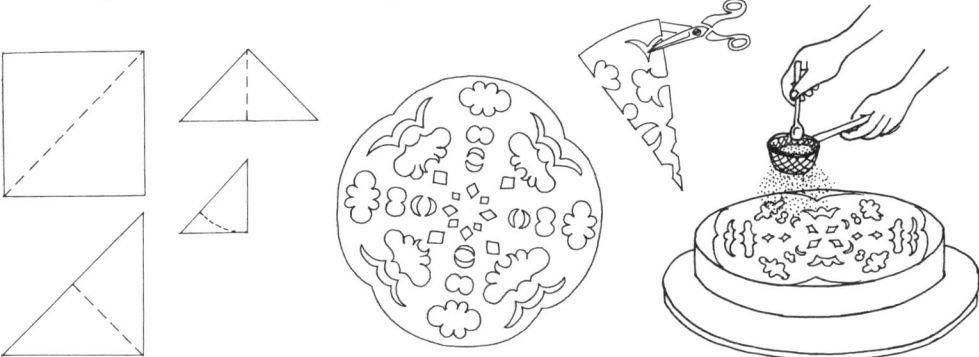

Papierquadrat gemäss gestrichelten Linien dreimal falten und Rand mit der Schere rund schneiden

In das so vorbereitete Papier Verzierungen schneiden. Den fertigen, auseinandergefalteten Scherenschnitt auf die Tortenoberfläche legen, durch ein kleines Sieb Puderzucker darauf streuen, Scherenschnitt vorsichtig entfernen

BÜNDNER SCHOKOLADENTORTE

Zutaten: 150 g dunkle Schokolade
150 g Mandeln, ungeschält, gerieben
200 g Zucker
6 Eigelb
6 Eiweiss, mit einer Prise Salz
sehr steif geschlagen

2 Essl. Wasser
2 mittelgrosse Pellkartoffeln
(Geschwellte)
50 g Mehl
80 g Butter, geschmolzen

Die Schokolade mit dem Wasser auf kleinem Feuer schmelzen. Die Pellkartoffeln schälen und auf der Bircherraffel reiben. Eigelb und Zucker mit dem Handmixer zu einer weissschaumigen Masse rühren. Mandeln, Kartoffeln und flüssige Butter dazurühren. Schokolade und Mehl beigeben und zuletzt das Eiweiss locker unterheben. In die vorbereitete Tortenform füllen und im vorgeheizten Ofen bei 175° während 60 Min. backen. Aus dem Backofen nehmen und ca. 10 Min. in der Form belassen, bevor die Torte zum Auskühlen auf ein Gitter gestürzt wird.

SCHWARZWÄLDER TORTE

Zutaten: 140 g Butter
140 g Zucker
1 Päckchen Vanillezucker
140 g Mandeln, ungeschält, gerieben
140 g dunkle Schokolade, gerieben
140 g Mehl, gesiebt
1 Teel. Backpulver
7 Eigelb
7 Eiweiss, mit einer Prise Salz
steif geschlagen

Für die Füllung:
4 dl Rahm
1½ Päckchen Rahmfestiger
3-4 Essl. Zucker
1 Dose Weichselkirschen,
entsteint (ca. 400 g)

Für die Garnitur:
50 g dunkle Schokolade

Butter weich rühren, Zucker und Vanillezucker zugeben und alles zu einer schaumigen Masse schlagen, Eigelbe einzeln unterrühren, danach Mandeln, Schokolade, Mehl und Backpulver und zuletzt das Eiweiss sorgfältig und leicht beimischen. Den Teig in die vorbereitete Tortenform füllen und die Torte im vorgeheizten Ofen während 45 Min. bei 175° backen. In der Form etwas auskühlen lassen, dann auf ein Gitter stürzen. Nach dem Erkalten das Biskuit einmal quer durchschneiden. Den Rahm mit dem Rahmfestiger nach Vorschrift steif schlagen. Eine Schicht Schlagrahm auf die untere Hälfte der Torte streichen, die Weichselkirschen, gut abgetropft, darauf verteilen, Biskuitdeckel darüberlegen und Oberfläche und Seiten der Torte mit dem restlichen Rahm bestreichen. Für die Garnitur dunkle Schokolade mit einem Kartoffelschäler in gleichmässige Späne hobeln und die Torte damit bestreuen. Bis zum Servieren kühl stellen.

▷ Das Biskuit kann schon am Vortag gebacken werden. Gefüllt und verziert sollte die Torte jedoch erst kurz vor Gebrauch werden.

FEINE MOKKATORTE

Ein altes Familienrezept und eine richtige Geburtstagstorte!

Zutaten: 5 Eigelb
125 g Zucker
½ Zitrone (abgeriebene gelbe Schale)
125 g Mehl, gesiebt
1 Teel. Backpulver
40 g Butter, geschmolzen
5 Eiweiss, mit einer Prise Salz
steif geschlagen

Für die Füllung:
1 dl Wasser
2 Teel. Sofortkaffee-Pulver
120 g Zucker
2-3 Eigelb
180 g Butter

Für die Garnitur:
50-80 g Mandeln,
blättrig geschnitten, geröstet

Eigelb und Zucker mit dem Handmixer so lange schlagen, bis keine Zuckerkörnchen mehr sichtbar sind und die Masse schaumig und dicklich ist. Zitronenschale, Mehl und Backpulver einstreuen, die flüssige Butter daruntermischen und zuletzt das Eiweiss sorgfältig unterheben. Den Teig in die vorbereitete Tortenform füllen. Im vorgeheizten Ofen bei 175° während 35-40 Min. backen. Nach 30 Min. mit einem dünnen Holzstäbchen die Backprobe machen. Falls nichts daran kleben bleibt, die Torte schon jetzt aus dem Ofen nehmen. In der Form ca. 10 Min. auskühlen lassen und dann auf ein Gitter stürzen.

Für die Füllung Wasser und Zucker aufkochen, das Kaffeepulver einstreuen und unter Rühren während ca. 5 Min. zu Sirup einkochen. Kochendheiss und unter tüchtigem Schwingen zu den gut verklopften Eigelben giessen. Mokkamischung bei Zimmertemperatur erkalten lassen (nicht in den Kühlschrank stellen). Zwischendurch immer wieder aufschlagen. Butter weich rühren, Mokkamischung löffelweise dazurühren, wobei jede Portion mit der Butter verarbeitet wird. Zum Schluss entsteht eine schwach milchkaffeebraune, streichfähige Mokkabuttercreme. Nun das Biskuit ein- bis zweimal quer durchschneiden. Gut ein Drittel der Mokkacreme als Füllung zwischen die Schichten streichen, ein Drittel mit einem Spachtel auf Oberfläche und Seiten der Torte verteilen, den Rest in einen Dressiersack mit Garniertülle einfüllen und die Torte damit garnieren. Die Seiten rundum mit den gerösteten Mandelblättchen verzieren, die mit leichter Hand angedrückt werden.

Varianten

Die Füllung kann verändert werden, indem das Kaffeepulver weggelassen, also nur Wasser und Zucker zu Sirup eingekocht und über das Eigelb gegossen wird. Dann die Masse portionenweise in die weich gerührte Butter klopfen und 50-100 g geschmolzene dunkle Schokolade dazugeben (Schokoladencreme-Torte).

Die gelbe Buttercreme kann am Schluss auch lediglich mit 1 Essl. Rum, Kirsch oder 1 Teel. Vanille-Extrakt parfümiert werden (Buttercreme-Torte).

FEINE HASELNUSSTORTE

Zutaten: 6 Eigelb
250 g Zucker
1 Zitrone (Saft und abgeriebene gelbe Schale)
125 g Haselnüsse, ungeschält, gerieben
125 g Mandeln, ungeschält, gerieben

1 Teel. Backpulver
1 Essl. Rum oder Kirsch
6 Eiweiss, mit einer Prise Salz
steif geschlagen

Eigelb und Zucker schaumig rühren, bis eine weissliche Masse entsteht, Zitronensaft und -schale, Alkohol, Nüsse und Backpulver dazurühren. Zuletzt das Eiweiss sorgfältig und leicht darunterziehen. Masse in die vorbereitete Tortenform füllen und im vorgeheizten Ofen bei 175° während 45-60 Min. backen.

Nach Belieben kann diese Haselnusstorte mit folgender Glasur überzogen werden:

Zutaten: 250 g Puderzucker
4-5 Essl. Wasser oder Zitronensaft

Puderzucker sieben und mit Wasser oder Zitronensaft zu einer glatten, dickflüssigen Masse anrühren. Diese im Wasserbad leicht erwärmen, bis sie noch etwas flüssiger wird, und sofort über die Torte giessen. Biskuit schräg kreisend bewegen, damit auch der Rand überzogen wird.

▷ Diese Glasur eignet sich für alle Biskuit- und Nusstorten.

LINZER TORTE

Zutaten: 250 g Mehl
125 g Butter
150 g Zucker
150 g Haselnüsse oder Mandeln,
ungeschält, gerieben

1 Eigelb
1 Eiweiss
3-4 Essl. Milch oder Rahm
80-100 g Johannisbeergelée

Mehl und Butter in einer Schüssel krümelig verreiben. In der Mitte eine Mulde formen, Zucker, Eiweiss und Milch oder Rahm hineingeben und zusammen vermischen. Haselnüsse oder Mandeln darüberstreuen und von der Mitte aus alles zusammen rasch zu einem geschmeidigen Teig verarbeiten. Sollte der Teig zu trocken werden, evtl. mit etwas Milch oder Rahm befeuchten. Zugedeckt 30 Min. kühl stellen. Die Hälfte des Teigs auswallen und den mit Alufolie bedeckten Boden einer Springform damit belegen. Aus der Hälfte des restlichen Teigs eine lange Rolle formen und diese als Rand auf dem Boden andrücken. Den Teigboden gleichmässig mit Johannisbeergelée bestreichen. Den übrigen Teig auswallen und in ca. 1 cm breite Streifen schneiden. Diese gitterförmig über den Konfitürenbelag legen. Die Teigoberflächen mit Eigelb bestreichen und die Torte im vorgeheizten Ofen während 45 Min. bei 175° backen.

▷ Diese Torte gelingt auch Anfängerinnen immer. Sie hält sich einige Tage frisch, kann aber auch eingefroren werden.

HOLLÄNDER TORTE

Zutaten: Für den Teig:
1 Teel. Backpulver
75 g Zucker
5 Essl. (0,6 dl) Milch
125 g Butter

Für die Füllung:
4 Eigelb
120 g Zucker
1 Päckchen Vanillezucker
4 Eiweiss, mit einer Prise Salz
steif geschlagen
60 g Mehl, gesiebt
150 g Mandeln, geschält, gerieben
75 g Butter, geschmolzen
$\frac{1}{2}$ Teel. Backpulver
6-7 Essl. Aprikosenkonfitüre

Mehl, Backpulver und Butter zusammen krümelig verreiben. In der Mitte eine Mulde formen, Milch und Zucker hineingeben und beides rasch zu einem glatten Teig verkneten. 30 Min. zugedeckt kühl stellen. Für die Füllung Eigelb, Zucker und Vanillezucker mit dem Handmixer zu einer dickschaumigen Masse schlagen, Mandeln, Butter, Mehl und Backpulver dazugeben und zuletzt das Eiweiss locker darunterheben. Den Boden einer Tortenform mit Alufolie auskleiden. Die Hälfte des Teigs auswallen und den Boden damit belegen. Aus $\frac{2}{3}$ des restlichen Teigs eine fingerdicke Rolle formen und auf dem Rand des Teigbodens ringsum gut andrücken. Boden mit Konfitüre bestreichen und darüber die Füllung geben. Teigrest auswallen, in ca. 1 cm breite Streifen schneiden und diese gitterartig auf die Füllung legen. Die Torte im vorgeheizten Ofen bei 180° während 50 Min. backen. Herausnehmen und 10 Min. in der Form belassen, dann sorgfältig aus der Form lösen und auf einem Gitter auskühlen lassen.

ENGADINER NUSSTORTE

Familienrezept einer Engadinerin aus Zernez

Zutaten: Für die Fuatcha (Teig):
300 g Mehl
250 g Butter, in Stücke geschnitten
150 g Zucker
1 Ei
1 Prise Salz

Für die Füllung:
300 g Zucker
250 g Baumnüsse, grob gehackt
2 dl Rahm
1 Essl. Honig

Butter und Mehl in eine grosse Schüssel geben und mit den Händen zu einer krümeligen Masse verreiben. In der Mitte eine Mulde formen, Ei, Zucker und Salz hineingeben, zusammen verrühren und alles rasch zu einem mürben Teig verkneten. 30 Min. zugedeckt kühl stellen.

Für die Füllung den Zucker in einer Pfanne schwach hellbraun rösten, die Nüsse dazugeben und 2 Min. weiterrösten. Vom Feuer nehmen, Rahm und Honig beifügen und etwas auskühlen lassen. Den Boden einer Springform mit Alufolie auskleiden, $^2/_3$ des Teigs ca. 4 mm dick auswallen und den Boden der Form damit belegen, dabei am Rand gleichmässig ca. 3-4 cm hochziehen. Füllung hineingeben. Restlichen Teig zu einem Deckel auswallen. Teigrand leicht über die Füllung einschlagen, mit wenig Wasser bepinseln, den Deckel darauf legen und etwas andrücken. Mit einer Gabel gleichmässig einstechen, dann im vorgeheizten Ofen bei 175° während knapp 45 Min. backen. Die Torte soll beim Backen hell bleiben. Nach 30 Min. Backzeit die Farbe kontrollieren, nötigenfalls während der restlichen Backzeit die Torte mit Alufolie abdecken.

☞ Die Engadiner Nusstorte schmeckt am besten, wenn sie einige Tage im voraus gebacken wurde. Das Quantum kann verdoppelt werden; so können Sie eine Torte als Vorrat einfrieren. Zum Tiefkühlen eignet sie sich hervorragend und braucht nur etwa zwei Stunden zum Auftauen.

ZUGER KIRSCHTORTE

Zutaten: Für das Biskuit:
125 g Mehl, gesiebt
100 g Zucker
3 Eigelb
3 Eiweiss
40 g Butter, geschmolzen
1 Päckchen Vanillezucker

Für die Japonaisböden:
3 Eiweiss
150 g Puderzucker
100 g Mandeln, ungeschält, gerieben

Für die Füllung:
200 g Butter
120 g Puderzucker
2 Eigelb
2 Essl. Kirsch
einige Tropfen rote Lebensmittelfarbe
(kann in Drogerien gekauft werden)

Flüssigkeit zum Tränken des Biskuits:
$^1/_2$ dl Wasser
60 g Zucker
1 dl Kirsch

Für die Garnitur:
75 g blättrig geschnittene Mandeln, leicht geröstet
50 g Puderzucker

Zuerst das Biskuit herstellen. Eigelb, Zucker und Vanillezucker mit dem Handmixer zu einer schaumigen, weisslichen Masse rühren, das Eiweiss zu sehr steifem Schnee schlagen, auf die Masse geben, das Mehl darübersieben, die flüssige, aber schon etwas abgekühlte Butter dazugiessen und alles sorgfältig zusammen vermischen. Die Teigmasse in die vorbereitete Springform füllen und im vorgeheizten Ofen bei 175° während 25-35 Min. backen (Backprobe mit einem spitzen Hölzchen vornehmen). Das Biskuit aus der Form nehmen und auf einem Gitter auskühlen lassen.

Für die Japonaisböden aus Alufolie zwei Kreise in der Grösse der Tortenform zuschneiden, mit Butter bepinseln und auf ein Backblech legen. Eiweiss zu sehr steifem Schnee schlagen, die Hälfte des Zuckers dazugeben und weiterschlagen, bis die Masse glänzt und ganz feinporig wird. Die restlichen Zutaten untermischen und die Masse in einen Dressiersack mit glatter Tülle einfüllen. Auf die beiden

Alufolienkreise spiralförmig von der Mitte aus zwei Böden aufspritzen und bei ca. 190° während 10 Min. backen. Sofort vorsichtig auf ein Tortengitter stürzen, Alufolie mit nasskaltem Lappen abwischen und entfernen. Darauf achten, dass die zarten Japonaisböden nicht zerbrechen.

Für die Füllung die Butter weich rühren, alle übrigen Zutaten beifügen und alles gut vermischen. Zum späteren Tränken des Biskuits das Wasser mit dem Zucker aufkochen und nach dem Erkalten den Kirsch dazugiessen. Nun ist alles bereit, um die Torte zusammenzufügen.

Begonnen wird mit einem Japonaisboden. Darauf ein Viertel der Füllung streichen und darauf das Biskuit setzen. Dieses mit der Zucker-Kirsch-Flüssigkeit tränken und mit dem zweiten Viertel Buttercreme bestreichen. Nun den zweiten Japonaisboden aufsetzen und das dritte Viertel Buttercreme auftragen. Den Rand mit dem letzten Viertel der Creme bestreichen und mit den Mandeln verzieren, welche von Hand rundum leicht angedrückt werden. Die Oberfläche der Torte dicht mit Puderzucker bestreuen und mit dem Rücken eines langen Messers ein Rautenmuster aus verschobenen Vierecken einritzen.

▷ Diese Torte sollte nicht in den Kühlschrank gestellt werden, da sich sonst die Buttercreme verändert.

SOLOTHURNER NUSSTORTE

Schon als Kind kannte ich diese herrliche Spezialität, durften wir doch jeweils bei einem Besuch in der Ambassadorenstadt ein Stück davon verzehren. Später lernte ich, die Solothurner Nusstorte selbst herzustellen.

Zutaten: Für das Biskuit:
3 Eigelb
100 g Zucker
100 g Mehl, gesiebt
50 g Haselnüsse, ungeschält, gerieben
3 Eiweiss
1 Prise Salz

Für die Japonaisböden:
3 Eiweiss
100 g Zucker
100 g Haselnüsse, ungeschält, gerieben
1 Essl. Maizena

Für die Buttercreme:
150 g Butter
120 g Puderzucker
3 Eigelb
50 g Haselnüsse, ungeschält,
gerieben und geröstet

Für das Biskuit Eigelb und Zucker zu einer schaumigen Masse schlagen, Haselnüsse, Mehl und zuletzt das mit einer Prise Salz steif geschlagene Eiweiss dazugeben. Im vorgeheizten Ofen bei 175° während ca. 30 Min. backen.

Für die Japonaisböden aus Alufolie zwei Kreise in der Grösse der Tortenform zuschneiden, leicht einfetten und auf ein Backblech legen. Das Eiweiss zu sehr steifem Schnee schlagen, den Zucker zugeben und weiterschlagen, bis eine glänzende, feinporige Masse entsteht. Diese mit dem Maizena und den Haselnüssen vermischen und in einen Dressiersack mit glatter Tülle einfüllen. Die Masse von der

Mitte ausgehend spiralförmig auf die Alufolienkreise spritzen. Bei 190° während 10 Min. backen. Sofort auf ein Tortengitter stürzen, Alufolie mit nasskaltem Lappen abwischen und sorgfältig von den Japonaisböden wegziehen.

Für die Buttercreme die geriebenen Haselnüsse während 15 Min. auf einem Kuchenblech bei 120° im Ofen rösten. Die Butter schaumig rühren, Eigelb und Puderzucker dazugeben, die abgekühlten Haselnüsse beifügen und alles gut zusammen vermischen. Nun kann die Torte zusammengefügt werden: zuunterst einen Japonaisboden legen, darauf die Hälfte der Buttercreme verstreichen, das Biskuit aufsetzen, die restliche Buttercreme auftragen und als Abschluss den zweiten Japonaisboden aufsetzen.

THURGAUER APFELTORTE

Zutaten: 125 g Butter | 1 Teel. Backpulver
150 g Zucker | 5 Eiweiss
5 Eigelb | 1 Prise Salz
1 Zitrone (Saft und | 4 weichkochende Äpfel (z. B. Boskop)
abgeriebene gelbe Schale) | etwas Puderzucker zum Bestreuen
200 g Mehl, gesiebt

Butter weich rühren, Eigelb und Zucker dazugeben und so lange weiterrühren, bis sich die Zuckerkristalle aufgelöst haben und die Masse hell und schaumig wird. Zitronensaft und -schale, Mehl und Backpulver dazugeben und zuletzt das mit einer Prise Salz steif geschlagene Eiweiss sorgfältig darunterheben. In eine vorbereitete Tortenform einfüllen und glattstreichen. Äpfel schälen, halbieren, vom Kerngehäuse befreien und auf der gewölbten Seite mehrmals so einschneiden, dass die Apfelhälften noch zusammenhängen. Die Äpfel mit der Rundung nach oben gleichmässig auf dem Teig verteilen und darauf achten, dass sie den Rand der Form nicht berühren. Die Torte in den vorgeheizten Ofen schieben und bei 175° während 40 Min. backen. Vor dem Servieren mit Puderzucker bestreuen.

ZÜRCHER PFARRHAUSTORTE

Zutaten: Für den Teig: | Für die Füllung:
250 g Mehl, gesiebt | 150 g Mandeln, ungeschält, gerieben
150 g Butter, geschmolzen | 3 Essl. Rahm
3 Essl. Rahm | 1 Teel. Zimt
1 Ei | 120 g Zucker
½ Teel. Salz | 6-8 weichkochende Äpfel (z. B. Boskop)
3 Essl. Zucker | 5 Essl. Johannisbeergelée oder
abgeriebene gelbe Schale | 2-3 Teel. Himbeeraroma
von ½ Zitrone | (gibt's in Fläschchen zu kaufen)

Mehl in eine Schüssel sieben, in der Mitte eine Mulde formen, Butter, Rahm, Ei, Salz, Zucker und Zitronenschale hineingeben und alles rasch zu einem gleichmässigen Teig verarbeiten. Eine Springform mit Alufolie auskleiden. Den Teig auswallen, in die Tortenform legen, am Rand ca. 3 cm hochziehen. Für die Füllung die Hälfte der Äpfel schälen, entkernen, grob raffeln und mit Zucker, Mandeln, Rahm und Zimt gut vermischen. Auf dem Teigboden verteilen. Nun die restlichen Äpfel schälen, entkernen, halbieren und die gewölbte Seite mehrmals so einschneiden, dass die Hälften noch zusammenhängen. Mit der Rundung nach oben leicht in die Füllung pressen. Die Apfelhälften mit Johannisbeergelée oder Himbeeraroma bestreichen. Die Torte in den vorgeheizten Ofen schieben und bei 180° während 50 Min. backen. Nach 30 Min. Backzeit die Äpfel nochmals mit Gelée bestreichen, so dass dieses in die Einschnitte sickert. Die Torte zum Auskühlen auf ein Gitter stellen, aus Alufolie kleine Kreise ausschneiden und über die Äpfel legen, die Torte mit Puderzucker bestäuben, danach die Alufolie sorgfältig entfernen.

GEMÜSETORTEN

Gemüsetorten können unmöglich gut schmecken! mögen viele Leute denken. Nachstehend einige Rezepte, die alle ausgezeichnete Resultate bringen. Machen Sie einen Versuch und verraten Sie den Gästen nichts über die Zusammensetzung der Torte. So werden die Geladenen dem Gebäck gegenüber kein Vorurteil haben.

RÜEBLITORTE

Zutaten: 300 g Karotten, geschält und roh gerieben
300 g Mandeln oder Haselnüsse, ungeschält, gerieben
300 g Zucker
6 Eigelb
6 Eiweiss, mit einer Prise Salz steif geschlagen
1 Zitrone (Saft und abgeriebene gelbe Schale)
50 g Mehl, gesiebt

Für die Glasur:
200 g Puderzucker
½ dl Kirsch
evtl. 1-2 Essl. Wasser

Als Garnitur:
8 kleine Marzipankarotten

Eigelb und Zucker zu einer luftigen, schaumigen Masse rühren, Mandeln, Zitronensaft und -schale, Karotten und Mehl beifügen und zuletzt das steif geschlagene Eiweiss sorgfältig und leicht darunterheben. Den Teig in die mit Alufolie belegte Tortenform einfüllen und die Torte im vorgeheizten Backofen während 50 Min. bei 175° backen. Danach zunächst 10 Min. in der Form belassen, dann auf ein Tortengitter stürzen und auskühlen lassen.

Für die Glasur Puderzucker und Kirsch oder Zitronensaft zu einer glatten Masse rühren, wenig Wasser beifügen und im Wasserbad leicht erwärmen. Sofort von der Mitte aus über die Rüeblitorte giessen, die Torte dabei nach allen Seiten bewegen, damit sie ganz von Glasur bedeckt wird. Rund um den Rand der Oberfläche die Marzipankarotten verteilen.

☞ Marzipankarotten können in jedem grösseren Lebensmittelgeschäft das ganze Jahr über fertig gekauft werden.

Diese Torte sollte nicht gleich verzehrt werden. Sie wird durch das Lagern schön feucht. Kühl und trocken aufbewahrt hält sie sich über eine Woche frisch.

KARTOFFELTORTE

Zutaten: 250 g Pellkartoffeln (Geschwellte)
6 Eigelb
150 g Zucker
abgeriebene gelbe Schale einer Zitrone

100 g Mandeln oder Haselnüsse,
ungeschält, gerieben
6 Eiweiss, mit einer Prise Salz steif geschlagen
2-3 Essl. Puderzucker zum Bestäuben

Pellkartoffeln schälen und fein reiben. Eigelb mit Zucker zu einer luftigen Masse rühren, Kartoffeln, Mandeln, Zitronenschale und zuletzt das Eiweiss sorgfältig darunterziehen. In die vorbereitete Tortenform füllen und im vorgeheizten Ofen bei 180° während 50-60 Min. backen. 10 Min. in der Form belassen, dann zum Auskühlen auf ein Tortengitter stürzen. Vor dem Servieren mit Puderzucker überstäuben, evtl. vorher mit einem Scherenschnitt belegen (Skizzen Seite 227).

ZUCCHETTITORTE

Zutaten: 210 g Zucker
100 g Butter oder Margarine, geschmolzen
3 Eigelb
350 g Mehl, gesiebt
1 Teel. Backpulver
1 Teel. Zimt
210 g Zucchetti
80 g Haselnüsse, ungeschält, gerieben
1 Päckchen Vanillezucker
3 Eiweiss, mit einer Prise Salz steif geschlagen

Für die Glasur:
150 g Puderzucker
1-2 Essl. Rum

Zucchetti schälen und auf der Bircherraffel fein reiben. Eigelb mit Zucker und Vanillezucker zu einer luftigen Masse verrühren, Zucchetti, Haselnüsse, Zimt, Butter oder Margarine und Mehl beigeben und zuletzt das Eiweiss sorgfältig darunterheben. Im vorgeheizten Ofen bei 170° während 55-60 Min. backen. 10 Min. in der Form belassen, dann zum Auskühlen auf ein Tortengitter stürzen.

Für die Glasur Puderzucker mit Rum glattrühren und von der Mitte aus über die ausgekühlte Torte giessen. Diese dabei nach allen Seiten bewegen, bis die ganze Oberfläche mit Glasur bedeckt ist.

Mit einem sehr originellen Rezept aus Polen möchte ich die Tortenrezepte abschliessen. Diese Torte besteht aus zwei farblich und geschmacklich unterschiedlichen Schichten.

MAZUREK

Zutaten: Für die untere Schicht:
8 Eigelb
250 g Puderzucker, gesiebt
1 Päckchen Vanillezucker
2 Essl. Kakaopulver
2 Essl. Milch
250 g Walnüsse, gerieben

Für die obere Schicht:
8 Eiweiss, mit einer Prise Salz steif geschlagen
250 g Puderzucker, gesiebt
250 g Mandeln, geschält, gerieben
Saft und abgeriebene gelbe Schale von $\frac{1}{2}$ Zitrone
3 Essl. Petit-Beurre-Biskuits, gerieben

Für die untere Schicht Eigelb mit Puderzucker und Vanillezucker zu einer luftigen Masse schlagen. Das Kakaopulver mit der Milch verrühren und mit der Masse vermengen. Die Walnüsse dazugeben, alles gut mischen und in eine mit Alufolie ausgekleidete Tortenform füllen. Für die obere Schicht zuerst den Puderzucker, dann die übrigen Zutaten sorgfältig unter das geschlagene Eiweiss heben. Das Ganze nun über die Walnussmasse geben. Der Teig darf in der Mitte etwas höher sein, da die Torte während des Backens leicht einsinkt. Im vorgeheizten Ofen bei 180° während 50-55 Min. backen. 10 Min. in der Form belassen und zum Auskühlen auf ein Tortengitter stürzen.

Diese Torte kann glasiert werden.

Glasurzutaten: 80 g Aprikosenmarmelade
1 Essl. Wasser
100 g dunkle Schokolade
1 Essl. Kokosfett
150 g Puderzucker
$\frac{1}{2}$ Eiweiss

Aprikosenmarmelade mit Wasser in einem Pfännchen erwärmen, bis sie flüssig wird. Die Torte damit bepinseln, allfällige Fruchtstückchen entfernen. Schokolade und Kokosfett in einer Pfanne bei mässiger Hitze langsam schmelzen lassen. Puderzucker und Eiweiss dazurühren. Sollte die Glasur zu flüssig sein, etwas Puderzucker, im umgekehrten Fall etwas Wasser beigeben. Die Glasur von der Mitte aus über die Torte giessen. Diese nach allen Seiten bewegen, damit sie gleichmässig überzogen wird. Die Torte sofort auf eine Servierplatte geben, um Risse in der Glasur zu vermeiden.

Mazurek kann auch in einer viereckigen Form gebacken werden. Will man köstlichen Konfekt herstellen, wird die Torte nach dem Backen in kleine Vierecke geschnitten, die man mit Schokoladeglasur überzieht.

APFELKUCHEN

Abbildung Seite 180

Zutaten: Gesalzener Kuchenteig:
(für ein rundes Kuchenblech von 28 cm Ø)
250 g Mehl
125 g Butter oder Margarine
1 Teel. Salz
4-6 Essl. Wasser

Für den Belag:
1 kg leicht säuerliche Äpfel
(z. B. Boskop)
2 dl Milch
2 Eier

Mehl in eine Schüssel sieben, die in Stücke geschnittene Butter oder Margarine beifügen und beides mit den Händen zu einer feinkrümeligen Masse verreiben. In der Mitte eine Vertiefung formen, Salz und Wasser hineingeben und alles rasch zu einem Teig zusammenfügen. Bis zur Verwendung mindestens eine halbe Stunde zugedeckt kühl stellen. Teig alsdann auf schwach bemehlter Unterlage ca. 3 mm dick auswallen und ein eingefettetes Kuchenblech damit belegen. Den Teigboden mit einer Gabel gleichmässig einstechen. Die Äpfel schälen, halbieren, entkernen und in feine Schnitze schneiden. Diese kranzförmig auf dem Teig anordnen. Den Kuchen in den vorgeheizten Ofen schieben und bei 200° während ca. 40 Min. backen. Die Eier mit der Milch zusammen gut verquirlen und nach 10 Min. Backzeit über den Kuchen giessen. Nach dem Backen den Apfelkuchen sofort mit Zimt und einem Hauch Zucker bestreuen und auf einem Kuchengitter auskühlen lassen. Nach Belieben mit geschlagenem Rahm servieren.

Variation: Anstelle von gesalzenem Kuchenteig kann auch süsser Mürbeteig verwendet werden.

Süsser Mürbeteig

Zutaten: 250 g Mehl
120 g Butter oder Margarine
60 g Zucker

1 Ei
1 Prise Salz
1-2 Essl. Milch

Mehl in eine Schüssel sieben, die in Stücke geschnittene Butter oder Margarine beifügen und beides mit den Händen zu einer feinkrümeligen Masse verreiben. In der Mitte eine Mulde formen. Zucker, Ei, Salz und Milch hineingeben und alles rasch zu einem Teig zusammenfügen. Den Teig mindestens eine halbe Stunde zugedeckt kühl stellen, dann zwischen zwei Klarsichtfolien auswallen. Die obere Folie entfernen und den Teig mit Hilfe der unteren Folie auf das Kuchenblech stürzen, am Rand etwas hochziehen. Da dieser Mürbeteig sehr brüchig ist, kann mit dem Auswallen auf Folie ein Auseinanderfallen vermieden werden.

Belag-Variationen: Anstatt die Äpfel in Schnitze zu schneiden, können sie auf der Röstiraffel gerieben und gleichmässig auf dem Teig verteilt werden.

Auch andere Saisonfrüchte eignen sich als Belag, z. B. Birnen, Trauben, Rhabarber, Zwetschgen, Pflaumen, Aprikosen und Kirschen. Besonders Kirschen, Aprikosen und Zwetschgen ergeben aromareiche, gehaltvolle Früchtekuchen.

➣ Früchtekuchen gehören zu den populärsten Erzeugnissen der helvetischen Küche. Ihre Herstellung ist so einfach, dass auch eine Backanfängerin keine Probleme hat. In der Regel wird für den Kuchenboden gesalzener Kuchenteig verwendet. Dieser kann überall fertig gekauft werden, falls Sie ihn nicht selbst herstellen wollen. Mit Mürbeteig wird der Kuchen feiner und zarter, meiner Ansicht nach wird ihm allerdings etwas von seiner urtümlichen Einfachheit genommen, die heute bei den Gästen wieder so gefragt ist.

FEINER MOHNKUCHEN

Nach einem Düsseldorfer Rezept

Zutaten: Für den Mürbeteig:
250 g Mehl
1 Ei
70 g Zucker
1 Päckchen Vanillezucker
175 g Butter oder Margarine
1 Essl. Rahm

Für die Füllung:
250 g Mohnsamen
125 g Zucker
$1\frac{1}{4}$ dl Rahm
75 g Butter, geschmolzen
4 Eigelb
50 g Mandeln, ungeschält, gerieben
$\frac{1}{2}$ Teel. Zimt
4 Eiweiss, mit einer Prise Salz
steif geschlagen

Für den Teig das Mehl in eine Schüssel sieben, die in Stücke geschnittene Butter oder Margarine darauf verteilen und beides mit den Händen zu einer feinkrümeligen Masse verreiben. In der Mitte eine Vertiefung formen, Zucker, Vanillezucker, Ei und Rahm hineingeben und alles rasch zu einem zarten Teig zusammenfügen. Zugedeckt während einer halben Stunde kühl stellen. Knapp $\frac{2}{3}$ des Teigs als Boden auswallen und damit die vorbereitete Springform belegen, den Rest zu einer Rolle formen und als Rand anbringen. Sehr gut am Teigboden andrücken, damit die Füllung beim Backen nicht durchsickern kann. Den Teig während 10 Min. bei 180° blind backen.

Der Mohnsamen für die Füllung kann gemahlen gekauft werden, wobei sehr darauf zu achten ist, dass er wirklich frisch gemahlen wurde, da er wegen des grossen Fettgehalts sehr schnell ranzig schmeckt. Wird der Mohn selbst gemahlen, sollte er zuerst 2 Std. ins Tiefkühlfach gegeben werden. Anschliessend wird er zusammen mit dem Zucker im Mixer fein gemahlen.

Für die Füllung die Mohn-Zucker-Mischung mit Rahm, Butter und Eigelb gut verrühren. Mandeln und Zimt beigeben und zuletzt das Eiweiss sorgfältig unterheben. Die Füllung gleichmässig auf dem angebackenen Mürbeteigboden verteilen, dann während weiteren 30 Min. bei 180° fertigbacken. Der fertige Mohnkuchen kann wahlweise mit Puderzucker bestreut oder mit einer Zitronenglasur versehen werden (ca.150 g Puderzucker mit 1-$1\frac{1}{2}$ Essl. Zitronensaft anrühren und diese Glasur sofort über den noch warmen Mohnkuchen pinseln).

KANDISZUCKERKUCHEN

Ein altes Berner Rezept

Zutaten: 250 g Kuchen- oder Mürbeteig
(Rezepte Seite 238)
250 g Kandiszucker
3 Essl. Wasser
250 g Haselnüsse, ungeschält,
gerieben
1 Ei
1 dl Rahm

Den Teig auswallen und ein Kuchenblech damit belegen. Den Teigboden mit einer Gabel gleichmässig einstechen. Kandiszucker und Wasser zusammen stehenlassen, bis sich der Zucker aufgelöst hat. Alle übrigen Zutaten beifügen und die Füllung gleichmässig auf den Teig verteilen. Den Kuchen im vorgeheizten Ofen bei 200° während 30-40 Min. backen. Vor dem Servieren mit Puderzucker bestreuen.

▷ Dieser Kuchen macht sehr wenig Arbeit, gelingt immer und schmeckt ausgezeichnet.

PLUMCAKE England

Für eine Cakeform von 26 cm Länge

Zutaten: 100 g Butter
100 g Zucker
2 Eier
2 Essl. Rahm oder Milch
2 Essl. Kirsch oder Rum
150 g Mehl, gesiebt

1 Teel. Backpulver
100 g Sultaninen oder
100 g Orangeat, Zitronat und
gemischte kandierte Früchte,
klein geschnitten
1 Prise Salz

Vorbereitung: Sultaninen waschen, trocknen und im Mehl wenden, damit sie später im Teig nicht versinken. Cakeform mit Alufolie auskleiden.

Zubereitung: Butter schaumig rühren, Zucker und Salz zufügen und mit dem Handmixer so lange mischen, bis sich die Zuckerkristalle aufgelöst haben. Die Eier einzeln dazugeben, Rahm oder Milch und Alkohol dazugiessen, Mehl und Backpulver einstreuen und zuletzt die Sultaninen bzw. die kandierten Früchte gut unter den Teig arbeiten. In die Cakeform einfüllen und im vorgeheizten Ofen bei 170° während 50-60 Min. backen (nach 50 Min. mit einem spitzen Hölzchen die Backprobe machen). Den Plumcake auf einem Gitter auskühlen lassen.

▷ Dieser Cake hält sich in Folie verpackt und kühl aufbewahrt während mindestens einer Woche. Er lässt sich auch gut tiefkühlen. Einmal aufgetaut, sollte er jedoch schnell verzehrt werden.

ORANGEN-DATTEL-NUSSCAKE *Amerika*

Für eine Cakeform von 28-30 cm Länge

Zutaten: 200 g Zucker
220 g Butter oder Margarine
2½ dl Buttermilch
2 Eier
125 g Datteln, entsteint
und klein geschnitten
350 g Mehl, gesiebt

2 Teel. Backpulver
½ Teel. Salz
125 g Haselnüsse, ungeschält,
grob gehackt
2 Orangen (Saft und
abgeriebene orange Schale)
80 g Zucker

Vorbereitung: Den Zucker im Orangensaft auflösen. Die Cakeform mit Alufolie auskleiden.

Zubereitung: Butter schaumig rühren, Zucker zugeben und weiterrühren, bis sich die Kristalle ganz aufgelöst haben. Die Eier einzeln, dann Salz, Buttermilch, Datteln, Haselnüsse, Orangenschale, Mehl und Backpulver beigeben und alles gut miteinander vermischen. In die Cakeform einfüllen und im vorgeheizten Ofen bei 160° während 1-1¼ Std. backen (nach 1 Std. Backprobe mit einem spitzen Hölzchen machen). Cake in der Form mit dem gezuckerten Orangensaft beträufeln und auskühlen lassen. Nach Belieben mit geschlagenem Rahm servieren.

↪ In Folie eingepackt kann dieser Cake bis zu einer Woche im Kühlschrank aufbewahrt werden.

OSTERFLADEN

Zutaten: 250 g Kuchen- oder Mürbeteig
(Rezepte Seite 238)
6 dl Milch
120 g Griess
2 Eier

1 Päckchen Vanillezucker
abgeriebene gelbe Schale einer Zitrone
50 g Sultaninen
100 g Mandeln oder Haselnüsse,
ungeschält, gerieben

Teig auswallen und ein Kuchenblech damit belegen. Den Teigboden mit einer Gabel gleichmässig einstechen. Milch aufkochen, Griess einlaufen lassen und unter ständigem Rühren zu einem dicken Brei kochen. Vom Feuer nehmen, Eier, Zucker, Vanillezucker, Zitronenschale, Sultaninen und Nüsse unterrühren und die Masse auf den Teigboden verteilen. Den Osterfladen im vorgeheizten Ofen bei 200° während 30-35 Min. backen und nach dem Erkalten mit Puderzucker gleichmässig bestreuen.

↪ Dieser Kuchen wird vor allem in der Osterzeit zubereitet. Mit seiner zarten, delikaten Füllung schmeckt er ausgezeichnet; er ist zudem äusserst einfach in der Herstellung und gelingt immer.

EINFACHER GUGELHOPF

Zutaten: 160 g Butter oder Margarine
200 g Zucker
4 Eier
abgeriebene gelbe Schale einer Zitrone
130 g Rosinen oder Sultaninen

2 dl Milch
350 g Mehl, gesiebt
½ Päckchen Backpulver
2-3 Essl. Puderzucker zum Bestreuen

Butter in einer leicht erwärmten Teigschüssel schaumig rühren, Zucker zufügen und weiterrühren, bis er sich ganz aufgelöst hat. Die Eier einzeln beimischen, Zitronenschale, die Hälfte der Milch, dann Mehl und Backpulver zugeben und erst zum Schluss die restliche Milch dazugiessen. Alles gut vermischen und zuletzt die gewaschenen, getrockneten und im Mehl gewendeten Rosinen oder Sultaninen unter die Masse heben. In eine ausgefettete, mit Mehl bestäubte Gugelhopfform verteilen und im vorgeheizten Ofen bei 180° während 60-70 Min. backen. Auf einem Kuchengitter auskühlen lassen und mit Puderzucker bestreuen.

FEINER GUGELHOPF MIT MARZIPAN UND ANANAS

Abbildung Seite 179
Ein Rezept aus dem Bergischen Land bei Wuppertal

Zutaten: 1 Dose Ananasstückchen (400 g)
200 g weisse Marzipanmasse
(kann man fertig kaufen)
175 g Butter
175 g Zucker
1 Päckchen Vanillezucker
6 Eigelb
6 Eiweiss, mit einer Prise Salz
steif geschlagen
300 g Mehl, gesiebt
3 Teel. Backpulver
2-3 Essl. Puderzucker zum Bestreuen

Ananas aus der Dose nehmen, sehr gut abtropfen lassen und in ganz kleine Stücke schneiden. Marzipan ebenfalls in kleine Stücke schneiden. Butter mit Zucker und Vanillezucker schaumig rühren, Marzipan und Eigelbe (einzeln) darunterrühren, Ananas, Mehl und Backpulver dazugeben und zuletzt das Eiweiss locker unter den Teig heben. In eine gut eingefettete, mit Mehl bestäubte Gugelhopfform verteilen und im vorgeheizten Backofen bei 190° während 60 Min. backen. Den Gugelhopf falls nötig nach 30 Min. mit Pergamentpapier oder Alufolie abdecken, um ein zu starkes Bräunen zu verhindern. Auf dem Kuchengitter auskühlen lassen und vor dem Servieren mit Puderzucker bestreuen.

CHRISTSTOLLEN

In Deutschland wird dieser Stollen vor allem zur Weihnachtszeit hergestellt.
Er eignet sich aber ebenfalls für grössere Tee-Einladungen während des Jahres.

Zutaten: 500 g Mehl, gesiebt
1 Päckchen Backpulver
1 Teel. gemahlener Kardamom
1 Prise Salz
abgeriebene gelbe Schale einer Zitrone
50 g Orangeat
50 g Zitronat
125 g Rosinen

125 g Korinthen
200 g Zucker
250 g Speisequark
175 g Butter oder Margarine
2 Essl. Rum
2 Eier
50 g Butter zum Bepinseln
3-4 Essl. Puderzucker zum Bestäuben

Mehl und Backpulver in eine grosse Teigschüssel sieben, alle übrigen Zutaten
ausser Rum und Eier zufügen, alles gut zusammenkneten und durcharbeiten.
Zuletzt die mit dem Rum verquirlten Eier daruntermischen. Den Teig auf leicht
bemehlter Unterlage zu einem Rechteck von ca. 40×30 cm ausrollen. Beide Längsseiten etwas einschlagen, dann den Teig einmal längs zusammenfalten und die
Ränder andrücken. Auf ein mit Backfolie ausgelegtes Kuchenblech geben und im
vorgeheizten Ofen bei 200° während 60 Min. backen. Herausnehmen, den noch
heissen Stollen mit flüssiger Butter bepinseln und dick mit Puderzucker bestreuen.

☞ Der Stollen bleibt besser in Form, wenn er auf ein Stück gefaltete Alufolie
gelegt wird, welches den Längsseiten des Stollens entlang etwas hochgebogen wird.
Dieses Gebäck gelingt auch Anfängerinnen auf Anhieb.

Als Variation und Verfeinerung kann vor dem Zusammenfalten in die Mitte des
Stollens Marzipanmasse gelegt werden (160 g Marzipan, in fingerdicke Streifen
geschnitten). Christstollen hält sich in Folie verpackt mehrere Wochen lang frisch.

BISKUITROULADE

Zutaten: 4 Eigelb
125 g Zucker
1 Päckchen Vanillezucker
125 g Mehl, gesiebt
1 Messerspitze Backpulver

4 Eiweiss, mit einer Prise Salz
steif geschlagen
40 g Butter, geschmolzen
2 Essl. Puderzucker zum Bestreuen

Ein Backblech von 30×40 cm mit Alufolie auskleiden. Eigelb mit Zucker und
Vanillezucker schaumig rühren. Mehl und Backpulver zusammen zweimal sieben,
die Hälfte davon unter die Eigelbmasse mischen, die flüssige Butter beifügen und
erst jetzt den Rest des Mehls dazugeben. Zuletzt das Eiweiss sorgfältig und locker
darunterheben. Den Teig etwa 1 cm dick auf das Backblech streichen und im vorgeheizten Ofen bei 175° während 12 Min. backen. Inzwischen Alufolie oder Pergamentpapier in der Grösse des Biskuits vorbereiten und mit gesiebtem Puderzucker

bestreuen. Nach dem Backen das Biskuit am Rand sorgfältig vom Blech lösen und samt Backfolie sofort auf die vorbereitete gezuckerte Folie stürzen. Die Backfolie mit einem in kaltes Wasser getauchten Lappen bestreichen und vom Gebäck lösen. Das Biskuit samt gezuckerter Folie von der Längsseite her einrollen und auf einem Kuchengitter auskühlen lassen. Auf diese Weise bricht die Roulade nicht und kann nach dem Auskühlen entrollt und gefüllt werden (siehe Skizzen).

Die einfachste Füllung für eine Roulade ist Konfitüre. Sie wird gleich nach dem Backen auf das Biskuit gestrichen und dieses durch leichtes Hochheben der Folie sofort aufgerollt. Vor dem Servieren mit Puderzucker bestreuen.

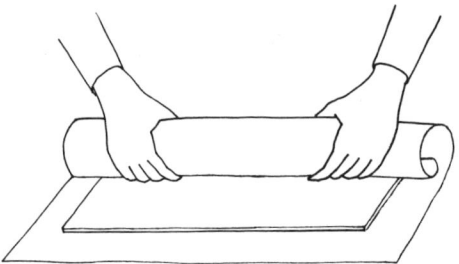

Das Einrollen der Roulade nach dem Backen.
Nach dem Auskühlen entrollen und mit
Füllung bestreichen

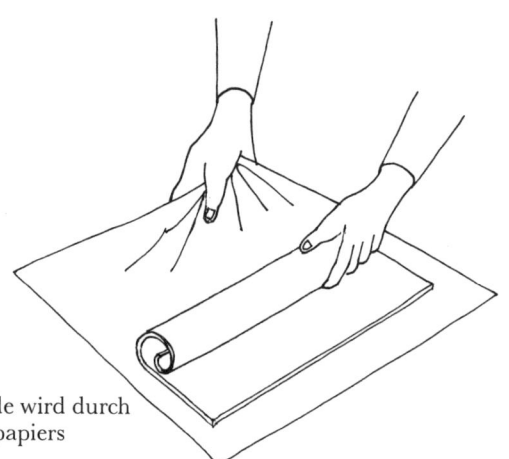

Die mit Füllung bestrichene Roulade wird durch
leichtes Hochheben des Pergamentpapiers
oder der Alufolie wieder aufgerollt

Schokoladefüllung für Rouladen

Zutaten: 200 g Butter
150 g Puderzucker
100 g dunkle Schokolade
1 Teel. Sofortkaffee-Pulver
2 Essl. Wasser

Schokolade mit Kaffeepulver und Wasser bei geringer Hitze in der Pfanne schmelzen lassen und den Puderzucker damit vermischen. Die Butter schaumig rühren und löffelweise die abgekühlte Schokolade darunterheben. Zwei Drittel der Füllung auf das Biskuit streichen, aufrollen und den Rest der Füllung auf der Roulade verteilen. Mit einer Gabel Längsrillen als Verzierung anbringen.

Mokkafüllung für Rouladen

Die gleiche Füllung wie für Mokkatorte (Rezept Seite 229) zubereiten und die Roulade damit füllen und bestreichen.

SCHOKOLADENTEIG-ROULADE

Zutaten: 100 g Puderzucker
4 Eigelb
1 Päckchen Vanillezucker
5 Essl. Kakaopulver
2 Essl. Mehl
1 Messerspitze Backpulver
4 Eiweiss, mit einer Prise Salz
steif geschlagen

Eigelb mit Puderzucker und Vanillezucker zu einer luftigen, schaumigen Masse schlagen. Kakao, Mehl und Backpulver dazusieben und zuletzt das Eiweiss sorgfältig darunterziehen. 1 cm dick auf das mit einer Backfolie belegte Kuchenblech streichen und im vorgeheizten Ofen bei 175° während 12-15 Min. backen. Nach dem Backen sofort auf ein mit gesiebtem Puderzucker bestreutes Pergamentpapier stürzen, mit einem feuchten Lappen über die Backfolie streichen und diese sorgfältig entfernen. Die Roulade samt Pergamentpapier von der Längsseite her einrollen und auf einem Kuchengitter auskühlen lassen. Danach mit einer Rahmfüllung versehen.

Rahmfüllung

Zutaten: 3 dl Rahm
1 Päckchen Rahmfestiger
3 Essl. Puderzucker
evtl. 2-3 Essl. Schokoladestreusel
als Garnitur

Rahm steif schlagen, Rahmfestiger nach Vorschrift daruntermischen und den Puderzucker dazusieben. Das Biskuit mit zwei Dritteln der Füllung bestreichen, den Rest über die aufgerollte Roulade verteilen. Nach Wunsch mit Schokoladestreuseln garnieren.

Zur Abwechslung können der Rahmfüllung 100 g grob gehackte Baumnüsse beigefügt werden.

▷ Rouladen sind ein zartes Gebäck. Da die Backzeit äusserst kurz ist, sind sie zudem sehr schnell hergestellt.

HEFEGEBÄCK

Viele nehmen selbstverständlich an, dass Hefegebäck beim Bäcker gekauft werden muss, denn sie wagen es nicht, Hefeteig selber herzustellen. Doch wer es einmal versucht, wird feststellen, dass es gar keine so grosse Kunst ist. Damit das Hefegebäck schön aufgeht, müssen jedoch einige Regeln beachtet werden.

1. Sowohl trockene als auch frische Hefe sollte stets mit lauwarmer Milch oder lauwarmem Wasser angerührt werden.

2. Hefeteig muss immer zweimal aufgehen, das erste Mal als ganzer Teigkloss, das zweite Mal als fertig geformter Teig. Räumen Sie dem Teig für diese wichtige Phase des Aufgehens reichlich Zeit ein. Unterdessen kann allerlei erledigt oder unternommen werden.

3. Während des Aufgehens ist der Teig vor Zugluft zu schützen, indem die Fenster geschlossen bleiben und die Teigschüssel zugedeckt wird.

Meine ersten Gehversuche in der Hefeteigherstellung unternahm ich in Indien unter Anleitung einer Amerikanerin. Vielleicht lag es daran, dass es dort nur Trockenhefe zu kaufen gab, jedenfalls vermochte mich das Resultat nie restlos zu befriedigen. In die Schweiz zurückgekehrt, wurde mir später von einer Simmentaler Bäuerin mit einfachen Handgriffen demonstriert, wie kinderleicht es eigentlich ist, einen guten Hefeteig herzustellen. Seither gehöre auch ich zu den begeisterten «Hefebäckerinnen».

Hefegebäck lässt sich übrigens ohne Qualitätseinbusse tiefkühlen. Es lohnt sich also, jeweils gleich die doppelte Menge herzustellen.

BERNER ZÜPFE ODER HEFEZOPF

Abbildung Seite 64

Jeder Berner weiss, was ein Hefezopf ist: ein goldgelb glänzendes, nicht süsses Butterbrot, welches zu einem Zopf geflochten wird. Vor allem in Emmentaler Landgasthöfen wird die «Züpfe» sogar anstelle von Brötchen oder Brot zu den Mahlzeiten gereicht. Wenn Sie einige Male einen Butterzopf gebacken haben, werden Sie sicherlich auch dazu übergehen, diesen bei Einladungen anzubieten. Ein Zopf reicht immer für eine grössere Anzahl von Gästen. Hier das Rezept:

Zutaten: 1 kg Mehl, evtl. etwas mehr	40 g Hefe (wenn nicht erhältlich,
2-3 Teel. Salz	2 Päckchen Trockenhefe)
125 g Butter	1 Essl. Zucker
5-6 dl Milch	1 Eigelb zum Bestreichen

Vorbereitung: Hefe in 1 dl lauwarme Milch zerbröckeln bzw. einstreuen (mit dem Finger kontrollieren, ob die Milch wirklich nur lauwarm ist, da sonst die Hefebakterien zerstört werden). Zucker darüberstreuen und etwas stehenlassen. Nach einiger Zeit bilden sich Luftbläschen auf der Milch, die anzeigen, dass die Hefe frisch ist und gute Treibkraft hat. Inzwischen die Butter in einer Pfanne schmelzen lassen (darauf achten, dass sie nicht braun wird), dann die restliche Milch dazugiessen. Diese Mischung, die jetzt lauwarm sein sollte, mit dem Finger prüfen.

Zubereitung: Das Mehl in eine grosse Schüssel sieben. In der Mitte eine Vertiefung formen, Salz, Butter-Milch und Hefe-Milch hineingiessen und von der Mitte aus mit einer Holzkelle den Teig anrühren, wobei immer etwas mehr Mehl dazugerührt wird. Wenn alle Flüssigkeit aufgenommen ist, etwas Mehl auf die Tischfläche streuen, den Inhalt der Teigschüssel darauf geben und den Teig nun einige Minuten mit beiden Händen kneten und bearbeiten, bis er schön glatt, geschmeidig und elastisch ist. Die Hände immer wieder leicht bemehlen, solange der Teig noch daran und an der Tischfläche kleben bleibt. Zuletzt den Teig hochheben und ihn zehnmal wuchtig auf den Tisch klatschen. Dadurch wird er noch zarter, und im gleichen Arbeitsgang können Sie allfällige innere Aggressionen auf ganz einfache Weise loswerden! Den Teig in die Schüssel zurückgeben und zugedeckt an einem warmen Ort (Zimmerwärme genügt) stehenlassen. Wenn das Teigvolumen sich fast verdoppelt hat (es dauert je nach Wärme 1½-2 Std.), den Teig zu zwei ca. 80 cm langen Rollen formen und zu einem vierteiligen, hohen Zopf formen (siehe Skizzen Seite 248). Den Zopf auf ein mit Backfolie belegtes Blech heben und während mindestens 10 Min. kühl stellen. Alsdann mit verquirltem Eigelb bestreichen und im *nicht vorgeheizten* Ofen bei 180° während 50-60 Min. backen. Während der ersten halben Stunde darf die Backofentüre auf keinen Fall geöffnet werden.

▷ Der fertige Hefeteig kann auch zu drei Rollen geformt und wie ein gewöhnlicher Haarzopf geflochten werden; er wird dann allerdings eher flach als hoch. Der Hefezopf kann tiefgekühlt werden.

Das Flechten eines Hefezopfes

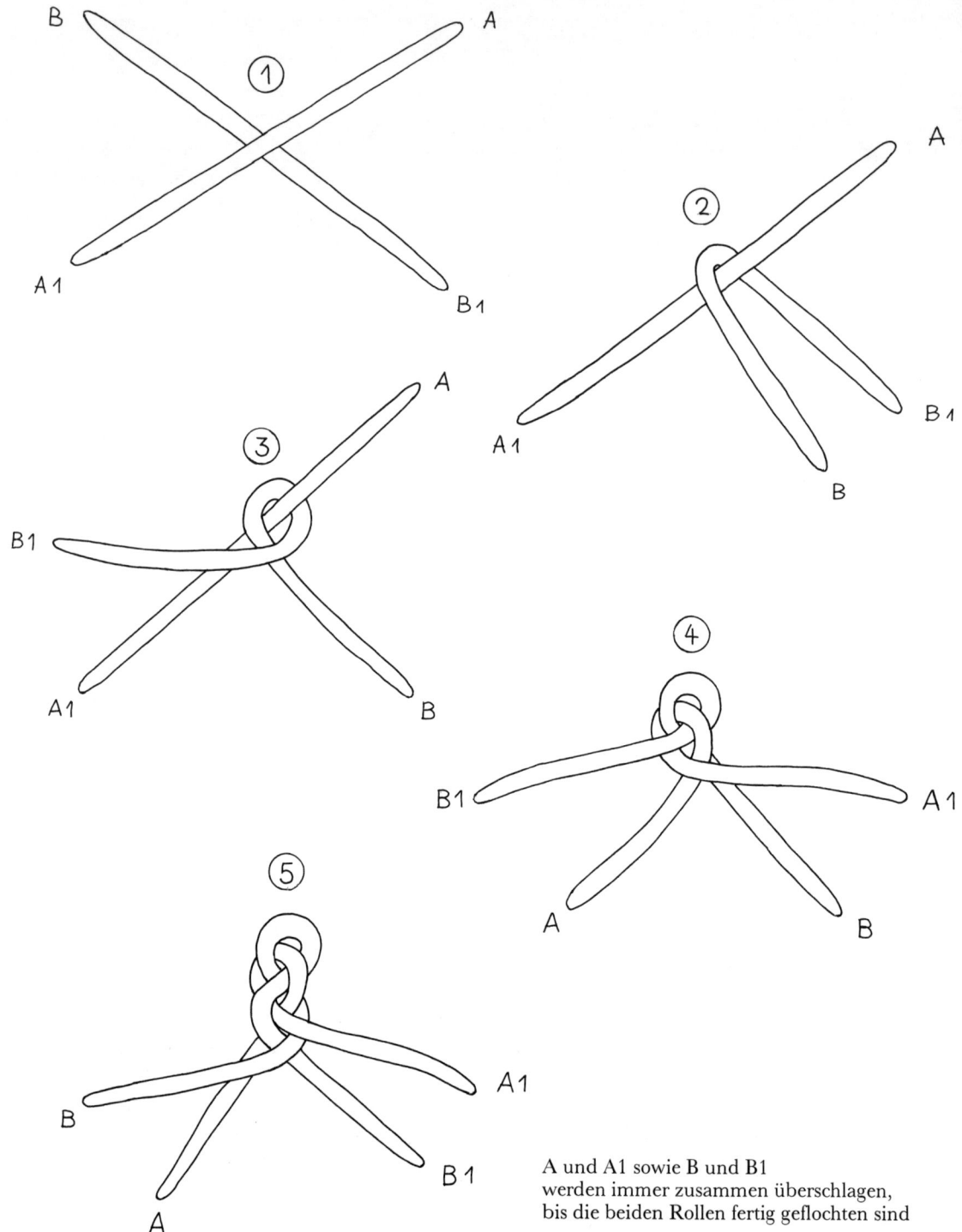

A und A1 sowie B und B1
werden immer zusammen überschlagen,
bis die beiden Rollen fertig geflochten sind

248

KLEEBLATT-BRÖTCHEN

Zutaten: 1 Essl. Kokosfett $\frac{1}{2}$ dl lauwarmes Wasser
1 Essl. Butter   375 g Mehl, gesiebt
$1\frac{1}{2}$ Essl. Zucker $1\frac{1}{4}$ Teel. Salz
2 dl Milch   1 Essl. Butter, geschmolzen,
20 g Hefe   zum Bestreichen

Ergibt ca. 2 Dutzend Brötchen

Die Hefe zerbröckelt ins Wasser geben und etwas stehenlassen. Kokosfett und Butter in einem Pfännchen schmelzen, Milch, Salz und Zucker beigeben und alles miteinander verrühren, bis sich der Zucker ganz aufgelöst hat. Mit dem Finger prüfen, ob die Mischung nicht mehr als handwarm ist, dann die aufgelöste Hefe und die Hälfte des Mehls beifügen und alles zusammen verarbeiten. Den Teig in eine Schüssel geben und zugedeckt so lange an der Wärme stehen lassen, bis sich das Teigvolumen fast verdoppelt hat. Nun den Rest des Mehls dazugeben und den Teig von Hand gut durchkneten und schlagen. In eine mit Butter ausgestrichene Schüssel geben, den Teig drehen und wenden, bis die ganze Oberfläche leicht eingefettet ist. Nochmals zudecken und etwas aufgehen lassen. Aus dem Teig kleine Kugeln formen, immer drei davon in kleine, mit Butter ausgepinselte Backförmchen geben, mit Butter bestreichen, 10 Min. kühl stellen und dann bei 210° im *nicht vorgeheizten* Ofen während 15 Min. backen.

KÜHLSCHRANK-BRÖTCHEN

Ein amerikanisches Rezept

Zutaten: 1 Ei   1 dl lauwarmes Wasser
120 g Zucker $1\frac{1}{2}$-2 dl Milch
120 g Butter oder Margarine   500 g Mehl, gesiebt
1 Teel. Salz   1 Eigelb zum Bestreichen
30 g Hefe

Ergibt ca. 20 Stück von 6 cm Ø

Die Hefe zerbröckelt ins Wasser geben und etwas stehenlassen. Butter oder Margarine in einem Pfännchen schmelzen lassen, vom Feuer nehmen, Zucker und Milch beifügen und rühren, bis sich der Zucker aufgelöst hat. Mit dem Finger prüfen, ob das Gemisch nur noch lauwarm ist, dann Ei, Salz und aufgelöste Hefe dazugeben. Die Hälfte des Mehls dazusieben und den Teig mit einer Holzkelle während ca. 2 Min. kräftig durchwirken. Restliches Mehl einarbeiten und den Teig kneten und schlagen, bis er glatt und elastisch ist. Zu einem Kloss formen und in einen Plastiksack geben, der gross genug ist, dass der Teig darin auf das Doppelte aufgehen kann. In den Kühlschrank stellen, bis das gewünschte Volumen erreicht ist.

Herausnehmen und während 30 Min. im Plastiksack liegenlassen. Nun den Teig zusammendrücken und daraus längliche oder runde Brötchen formen. Diese, vor Zugluft geschützt, ungefähr 3 Std. aufgehen lassen. Danach mit Eigelb bestreichen und im vorgeheizten Ofen bei 200° während 15 Min. backen.

▷ Dieser mit Milch hergestellte Teig kann im Kühlschrank drei Tage aufbewahrt werden. Wird anstelle von Milch Wasser verwendet, kann der Teig fünf Tage aufbewahrt werden. So ist es möglich, dem Plastiksack jeden Tag lediglich die benötigte Menge Teig zu entnehmen. Zur Abwechslung können die Brötchen mit Kümmel, schwach geröstetem Sesamsamen oder Mohnsamen bestreut werden.

KARTOFFELBRÖTCHEN

Zutaten: 170 g Mehl, gesiebt
$\frac{1}{2}$ Teel. Salz
20 g Hefe
$\frac{1}{2}$ Teel. Zucker
$\frac{1}{2}$ dl Milch
$\frac{1}{2}$ dl Wasser, lauwarm
40 g Butter
170 g Kartoffeln,
in der Schale gekocht, geschält
2 Essl. Milch
1 Essl. Kümmel, nach Belieben

Ergibt ca. 14 Brötchen

Vorbereitung: Die Hefe zerbröckelt ins Wasser geben, Zucker darüberstreuen und etwas stehenlassen. Butter in einem Pfännchen schmelzen, vom Feuer nehmen, Milch dazugiessen und Salz einstreuen. Prüfen, ob die Flüssigkeit nur lauwarm ist, dann die aufgelöste Hefe dazugeben und alles zusammen vermischen.

Zubereitung: Mehl in eine Schüssel sieben, in der Mitte eine Vertiefung formen, die Hefemischung hineingiessen und mit einer Holzkelle von der Mitte aus den Teig anrühren, dabei immer etwas mehr Mehl dazunehmen. Die Kartoffeln durch ein feines Sieb streichen und dem Teig beifügen. Nun alles von Hand gut durchkneten, bis der Teig elastisch wird und nicht mehr an den Händen klebt. Zugedeckt an der Wärme auf das doppelte Volumen aufgehen lassen, was ungefähr $1\frac{1}{2}$ Std. dauert. Alsdann kleine, runde Brötchen formen, mit genügend Abstand nebeneinander auf ein gebuttertes Kuchenblech setzen, mit Milch bestreichen, nach Belieben mit Kümmel bestreuen und bei 180° im *nicht vorgeheizten* Ofen während 25 Min. backen.

▷ Übriggebliebene Brötchen können nochmals aufgebacken werden, indem sie leicht mit Wasser benetzt und für 5 Min. in den vorgeheizten Ofen (200°) gegeben werden. Sie schmecken genausogut wie frisch zubereitete Brötchen.

HEFE-NUSSRING

Zutaten: Für den Teig: Für die Füllung:
350 g Mehl, gesiebt   150 g Zucker
20 g Hefe   180 g Haselnüsse, ungeschält, gerieben
1 dl Milch   1 dl Wasser
50 g Butter oder Margarine   1 Eiweiss, steif geschlagen
50 g Zucker
1 Prise Salz
1 Ei
1 Eigelb

Für den Teig die Hefe mit 1 Teel. Zucker und 2 Essl. Milch flüssig rühren, dann stehenlassen. Butter in einem Pfännchen schmelzen, vom Feuer nehmen, Rest des Zuckers und der Milch beifügen, gut mischen, Ei, Eigelb und Salz darunterrühren. Die Mischung darf nur lauwarm sein, nötigenfalls etwas abkühlen lassen. Dann die aufgelöste Hefe dazugiessen. Das Mehl in eine grosse Teigschüssel sieben, in der Mitte eine Mulde formen und die Hefemischung hineingiessen. Mit einer Holz-kelle von der Mitte aus rühren, bis alle Flüssigkeit vom Mehl aufgenommen ist. Zuletzt von Hand rasch zu einem glatten, zarten Hefeteig zusammenkneten. Zuge-deckt an der Wärme auf das doppelte Volumen aufgehen lassen.

Für die Füllung Wasser und Zucker aufkochen und während ca. 3 Min. zu Sirup einkochen, Haselnüsse und Eiweiss daruntermischen, Pfanne beiseite stel-len. Den Teig, nachdem er aufgegangen ist, auf schwach bemehlter Unterlage zu einem 3 mm dicken Rechteck von ca. 35×70 cm auswallen. Mit Füllung bestrei-chen, wobei ringsum ein mindestens 2 cm breiter Rand frei gelassen wird. Die Ränder mit Wasser bepinseln, den Teig von der Längsseite her aufrollen und durch Ineinanderschieben der Enden (gut aufeinanderpressen!) zu einem Ring zusam-menfügen. Ein Backblech mit Backfolie auslegen, den losen Rand einer Spring-form von 28 cm ⌀ darauf stellen und den Hefering hineinlegen. Darauf achten, dass die Teignaht nach unten zu liegen kommt. 10 Min. kühl stellen und anschliessend im vorgeheizten Ofen bei 175° während 35 Min. backen. Noch warm mit folgender Glasur bestreichen:

Glasurzutaten: 50 g Puderzucker
2 Teel. Wasser
20 g Mandeln,
blättrig geschnitten, geröstet

Puderzucker und Wasser zu einer dickflüssigen, glatten Masse verrühren. Mit dem Pinsel auf die Oberfläche des Hefe-Nussrings streichen und die noch feuchte Glasur mit den Mandelblättchen bestreuen.

⇨ Wenn Sie die Zutaten verdoppeln, können ohne grosse Mehrarbeit gleich zwei Hefe-Nussringe hergestellt werden. Der eine wird eingefroren und ist ohne Mühe griffbereit, wenn unerwartet Gäste zum Tee eintreffen.

ROSENKUCHEN

Zutaten und Zubereitung sind bis und mit Herstellung der gefüllten Teigrolle gleich wie im vorangehenden Rezept. Dann werden von der Rolle 4 cm lange Stücke abgeschnitten und — auf der Schnittfläche stehend — in einer mit Backfolie ausgelegten Springform angeordnet (siehe Skizze). 10 Min. kühl stellen und dann im vorgeheizten Ofen bei 175° während 35-40 Min. backen.

Die Teigrollenstücke werden locker in die Springform gestellt. Die Stücke dehnen sich beim Backen, so dass ein kompakter Kuchen entsteht

NUSSGIPFEL

Teig, Füllung und Glasur wie für Hefe-Nussring (Rezept Seite 251). Sobald der Teig aufgegangen ist, diesen auf schwach bemehlter Unterlage 3 mm dick auswallen, in Dreiecke von 15 cm Seitenlänge schneiden und auf jedes Dreieck einen gehäuften Teelöffel Füllung verstreichen. Die Teigenden mit Wasser bepinseln und die Gipfel aufrollen (Spitze gut andrücken!) und formen (siehe Skizzen). Auf ein gefettetes oder mit Backfolie belegtes Kuchenblech geben, nochmals 15 Min. aufgehen lassen und bei 175° im vorgeheizten Ofen während 20 Min. backen. Die Nussgipfel noch warm mit der Zuckerglasur bestreichen.

☞ Nussgipfel sind ein sehr beliebtes Hefegebäck. Sie lassen sich gut tiefkühlen und sind bei Zimmertemperatur in einer Stunde aufgetaut.

Schneiden und Formen von Nussgipfeln

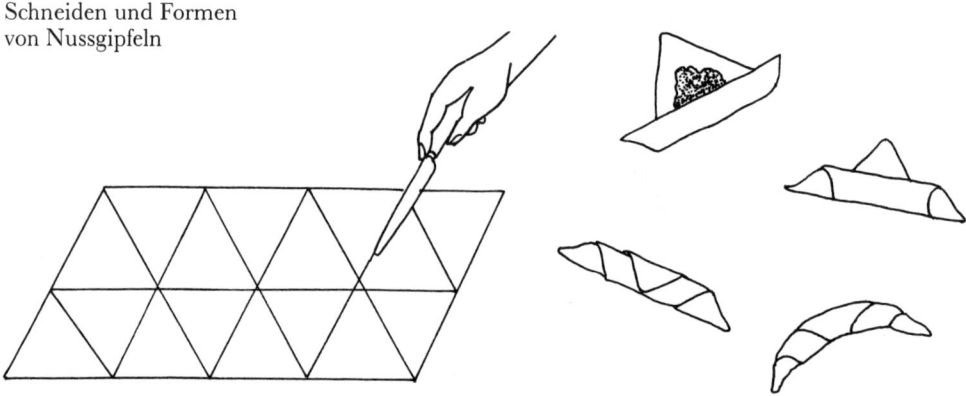

BIENENSTICH

Ein deutscher Hefekuchen, der ausgezeichnet schmeckt

Zutaten: Für den Teig:
350 g Mehl, gesiebt
20 g Hefe
50 g Butter
50 g Zucker
1 Prise Salz
2 Eier
1 dl Milch

Für den Belag:
100 g Butter
150 g Mandeln, geschält,
blättrig geschnitten
100 g Zucker
2 Essl. Milch

Für die Füllung:
1 Päckchen Vanille-Puddingpulver
5 dl Milch
2 Eigelb
100 g Zucker
2 Eiweiss, mit einer Prise Salz
steif geschlagen
2 Essl. Rum
125 g Butter

Für den Teig die Hefe mit 1 Essl. Zucker und 2 Essl. Milch flüssig rühren, dann stehenlassen. Die Butter in einem Pfännchen schmelzen, vom Feuer nehmen, restliche Milch, restlichen Zucker und das Salz beifügen, die Eier dazuschlagen und alles gut verklopfen. Das Mehl in eine Schüssel sieben, in der Mitte eine Vertiefung formen, die Eiermischung hineingeben (prüfen, ob sie nicht zu warm ist) und die aufgelöste Hefe dazugiessen. Mit einer Holzkelle von der Mitte aus den Teig anrühren, dabei immer etwas mehr Mehl in die Flüssigkeit hineinrühren und zuletzt mit leicht bemehlten Händen alles zu einem glatten, zarten Hefeteig zusammenkneten. Eine Springform (Ø 26 cm) mit Alufolie auskleiden, den Teig hineingeben und zugedeckt an der Wärme auf fast das doppelte Volumen aufgehen lassen.

Für den Belag die Butter schmelzen, Mandeln und Zucker dazugeben und mit Milch verrühren. Die Mischung abkühlen lassen, bis sie lauwarm ist (auf keinen Fall wärmer!), dann über den aufgegangenen Teig in der Springform verteilen, die Form wieder zudecken und warten, bis sich der Teig nochmals verdoppelt hat. Anschliessend im vorgeheizten Ofen bei 200° während ca. 25 Min. backen. Herausnehmen und auf einem Kuchengitter auskühlen lassen.

Für die Füllung das Puddingpulver mit 4 Essl. Milch und dem Eigelb verrühren. Restliche Milch mit dem Zucker aufkochen, über das angerührte Puddingpulver giessen, alles nochmals zurück in die Pfanne geben und bis *vors* Kochen bringen, dann vom Feuer nehmen. Das Eiweiss unter die noch warme Vanillecreme heben. Abkühlen lassen. Die Butter schaumig rühren und mit dem Rum löffelweise unter die erkaltete Vanillecreme rühren. Den Bienenstich in der Mitte quer durchschneiden und mit der Creme füllen.

BÜNDNER FRÜCHTEBROT

Ein Rezept meiner Grossmutter

Zutaten: Für den Teig:

1 kg Mehl
100 g Butter
2 Eier
1 Teel. Salz
3 Essl. Zucker
3-4 dl Milch
40 g Hefe

Falls Sie den Teig nicht
selber herstellen wollen,
kaufen Sie beim Bäcker
1¼ kg Weissbrotteig

Ergibt 5 kleine Brote

Für die Füllung:

750 g gedörrte Birnen
500 g gedörrte, entsteinte Backpflaumen
250 g getrocknete Feigen
250 g Mandeln oder Baumnüsse, grob gehackt
125 g Weinbeeren
50 g Orangeat
50 g Zitronat
200 g Zucker
2 Teel. Zimt
1 Teel. Anis
½ Teel. Nelkenpulver
etwas geriebene Muskatnuss
1 dl Kirsch
2 Eigelb und 2 Essl. Milch zum Bestreichen

Vorbereitung: Am Vortag Birnen, Pflaumen und Feigen in lauwarmes Wasser einlegen und bis am Abend zugedeckt stehenlassen. Dann alle Früchte herausnehmen, kleinwürfelig schneiden, im Einweichwasser aufkochen und über Nacht zugedeckt auskühlen lassen.

Zubereitung: Für den Teig die Hefe mit dem Zucker und ½ dl Milch flüssig anrühren, dann stehenlassen. Butter schmelzen, vom Feuer nehmen, restliche Milch, Eier und Salz zugeben und alles gut vermischen. Das Mehl in eine grosse Schüssel sieben, in der Mitte eine Mulde formen und die lauwarme Flüssigkeit und die aufgelöste Hefe hineingiessen. Den Teig von der Mitte aus anrühren und, wenn die Flüssigkeit aufgesogen ist, von Hand zu einem glatten, zarten Hefeteig kneten. Zugedeckt an der Wärme auf fast das doppelte Volumen aufgehen lassen.

Inzwischen die Füllung vorbereiten. Früchte in ein Sieb giessen, gut abtropfen lassen. Das Einweichwasser auffangen und beiseite stellen. Nun alle Zutaten für die Füllung zusammen gut vermischen, den Kirsch und 2 dl Einweichbrühe zuletzt dazugeben. Die Masse sollte sehr dick und zähflüssig sein.

Den Hefeteig nach dem Aufgehen in fünf Portionen teilen und jede auf bemehlter Unterlage zu einem Rechteck von 20×30 cm knapp ½ cm dick auswallen. Die Füllung in Form einer dicken Wurst darauf verteilen, den Teig darüberschlagen, so dass die Füllung gut eingehüllt wird (Teignaht und eingeschlagene Teigenden nach unten). 10 Min. kühl stellen, dann die Brote mit verdünntem Eigelb bestreichen und im vorgeheizten Ofen bei 220° während 50-60 Min. backen.

↪ Die Herstellung dieser Früchtebrote nimmt etwas Zeit in Anspruch. Der Aufwand lohnt sich aber, da sich die Brote während mehrerer Wochen halten. Hübsch eingepackt, kann ein solches Brot auch verschenkt werden. Dünn aufgeschnitten, mit etwas Butter bestrichen, schmecken Früchtebrotscheiben überaus köstlich.

KLEINGEBÄCK

MAILÄNDERLI

Zutaten: 500 g Mehl   abgeriebene gelbe Schale
250 g Butter   einer Zitrone
250 g Zucker   2 Eier, verklopft,
2 Eier   zum Bestreichen

Ergibt je nach Grösse der Ausstechformen 80-100 Stück

Butter weich und glatt rühren, mit dem Zucker vermischen, die Eier einzeln tüchtig mit der Masse verklopfen, Zitronenschale einstreuen, Mehl darunterarbeiten und den Teig mindestens 30 Min. zugedeckt kühl stellen. Auf leicht bemehlter Unterlage knapp $\frac{1}{2}$ cm dick auswallen, kleine Formen ausstechen und auf ein mit Backfolie belegtes Blech legen. Mit Ei bestreichen und im vorgeheizten Ofen bei 180° während 15 Min. backen. Auf einem Kuchengitter auskühlen lassen.

HASELNUSS-MAILÄNDERLI

Zutaten: 200 g Butter oder Margarine $1\frac{1}{2}$ Essl. Zimt
350 g Zucker   400 g Mehl
4 Eiweiss   4 Eigelb zum Bestreichen
250 g Haselnüsse, ungeschält, gerieben

Ergibt je nach Grösse der Ausstechformen 80-100 Stück

Butter schaumig rühren, Zucker, Eiweiss, Zimt und Mehl dazugeben und zu einem glatten Teig verarbeiten. Mindestens 30 Min. zugedeckt kühl stellen. Auf schwach bemehlter Unterlage knapp $\frac{1}{2}$ cm dick auswallen, kleine Formen ausstechen und auf ein mit Backfolie belegtes Blech setzen. Mit Eigelb bestreichen und im vorgeheizten Ofen bei 180° während 15 Min. backen.

SPITZBUBEN

Zutaten: 125 g Zucker   375 g Mehl
250 g Butter   80 g Johannisbeergelée
1 Prise Salz   ca. 3 Essl. Puderzucker zum Bestreuen
1 Päckchen Vanillezucker

Ergibt ca. 50 Stück

Mehl in eine Schüssel sieben, Butter in Stücken darauf verteilen, Zucker, Vanillezucker und Salz beifügen und alles zusammen verreiben und kneten, bis ein kompakter Teig entsteht. Zugedeckt 30 Min. kühl stellen. Zur Verarbeitung den

Teig, der ziemlich brüchig ist, in zwei Portionen teilen. Zuerst die eine Portion auf schwach bemehlter Unterlage ca. 4 mm dick auswallen, runde Plätzchen von 4 cm Ø ausstechen, bei der Hälfte der Plätzchen in der Mitte mit einem Ausstecher von 2 cm Ø ein Loch ausstechen, so dass ein Ring entsteht. Die Plätzchen und Ringe auf ein mit Backfolie belegtes Backblech geben und im vorgeheizten Ofen bei 170° während 10 Min. schwach hellbraun backen. Die Plätzchen noch warm mit Johannisbeergelée bestreichen und die Ringe darauf setzen. Sofort mit Puderzucker überstreuen (siehe Skizzen). Die Teigreste zu der zweiten Portion kneten, alles gut zusammendrücken und ebenfalls zu Spitzbuben verarbeiten.

Die Herstellung von Spitzbuben

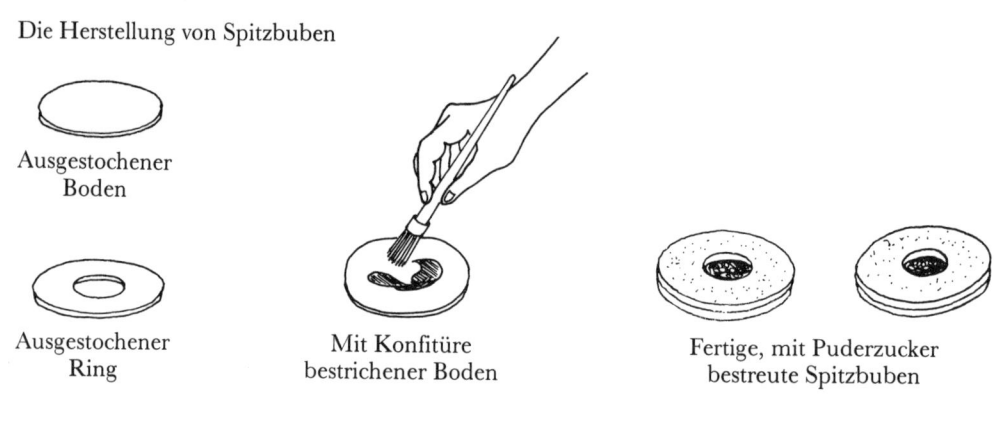

Ausgestochener
Boden

Ausgestochener
Ring

Mit Konfitüre
bestrichener Boden

Fertige, mit Puderzucker
bestreute Spitzbuben

VANILLE-GIPFELCHEN

Zutaten: 160 g Mehl
60 g Mandeln, geschält und gerieben
100 g Zucker
1 Päckchen Vanillezucker
125 g Butter
3-4 Essl. Puderzucker

Ergibt 30-40 Stück

Mehl in eine Schüssel sieben, Butter in Stücken darauf verteilen, die übrigen Zutaten beifügen und alles zusammen verreiben und kneten, bis ein kompakter Teig entsteht. Daraus kleine Würstchen formen, zu Gipfelchen biegen, auf ein mit Backfolie belegtes Blech legen und im vorgeheizten Ofen bei 175° während 14-17 Min. backen. Noch warm sorgfältig in Puderzucker wenden. Nach dem Erkalten nochmals in Puderzucker wenden.

☞ Aus dem gleichen Teig können statt Gipfelchen kleine Kugeln geformt werden. Nach dem Backen werden sie ebenfalls in Puderzucker gewendet. Dieses Gebäck nennt sich «russische Teekuchen».

BROWNIES *Amerika*

Zutaten: 100 g Butter oder Margarine
150 g Zucker
100 g dunkle Schokolade
100 g Mehl
$\frac{1}{2}$ Teel. Backpulver
2 Eier
1 Päckchen Vanillezucker
100 g Baumnüsse, grob gehackt

Ergibt ca. 25 Stück

Butter und Schokolade bei niedriger Temperatur schmelzen, anschliessend etwas abkühlen lassen. Eier schaumig schlagen, Zucker und Vanillezucker dazumischen, geschmolzene Schokolade und Nüsse beifügen, zuletzt Mehl und Backpulver dazusieben und alles gut miteinander verarbeiten. Den Boden eines Backbleches von 22×33 cm mit Alufolie belegen, die Ränder einfetten. Den Brownie-Teig hineingeben und glattstreichen. Im vorgeheizten Ofen bei 175° während 30-35 Min. backen. In der Form etwas auskühlen lassen, herausheben und in viereckige Stücke schneiden.

CHOCOLATE CHIP COOKIES *Amerika*

Zutaten: 50 g Butter oder Margarine
100 g brauner Zucker
100 g weisser Zucker
1 Päckchen Vanillezucker
100 g Mehl
$\frac{1}{2}$ Teel. Backpulver
2 Eier
100 g Haselnüsse, ungeschält, gerieben
180 g Chocolate Chips oder, wenn nicht erhältlich,
dunkle Schokolade, in ganz kleine Stücke geschnitten
$\frac{1}{4}$ Teel. Salz

Ergibt 25-30 Stück

Butter weich und glatt rühren, Zucker, Vanillezucker, Salz und Eier (einzeln) dazugeben und weiterrühren, bis eine schaumige, luftige Masse entsteht. Mehl und Backpulver dazusieben, zuletzt Haselnüsse und Schokolade daruntermischen. Jetzt sollte der Teig schwer von der Kelle fallen. Ein Backblech mit Backfolie belegen. Mit einem Teelöffel kleine, runde Höckchen vom Teig abstechen und in Abständen von 3 cm aufs Blech setzen. Im vorgeheizten Ofen bei 175° während 10 Min. backen.

WITWENKÜSSE

Zutaten: 250 g Mandeln, geschält und
stiftig geschnitten
60 g Zucker
250 g dunkle Schokolade, gerieben
4 Eiweiss, mit 200 g Zucker
sehr steif geschlagen

Ergibt 35-40 Stück

Mandeln mit Zucker überstreuen und auf einem Kuchenblech im Ofen bei 140° schwach anrösten. Herausnehmen und mit einer Gabel unter die Schokolade mischen. Die Mandel-Schokolademischung sorgfältig unter das Eiweiss heben. Kleine Häufchen auf ein mit Backfolie ausgelegtes Blech setzen. Bei schwacher Ofenhitze (140°) während 10 Min. mehr trocknen als backen.

SCHEITERHAUFEN

Zutaten: 250 g Mandeln, geschält und
stiftig geschnitten
50 g Zucker
abgeriebene gelbe Schale einer Zitrone

$\frac{1}{2}$ Muskatnuss, gerieben
2 Eiweiss, mit 200 g Zucker
steif geschlagen

Ergibt ca. 30 Stück

Mandeln mit Zucker überstreuen und im Ofen bei 140° leicht anrösten. Zitronenschale, Muskatnuss und Mandeln unter das Eiweiss mischen. Ein Backblech mit Backfolie belegen, mit einem Teelöffel in Abständen von 2 cm kleine Teighäufchen aufs Blech setzen. Im vorgeheizten Ofen bei 150° während 10 Min. backen.

ZIMTSTERNE

Zutaten: 300 g Mandeln, ungeschält, gerieben
250 g Zucker
1 Essl. Zimt
3 Eiweiss, steif geschlagen

Für die Glasur:
1 Tasse Puderzucker, gesiebt
$\frac{1}{2}$ Eiweiss, evtl. etwas mehr

Ergibt 30-40 Stück

Mandeln, Zucker und Zimt unter das Eiweiss mischen. Diesen Teig auf etwas Zucker knapp $\frac{1}{2}$ cm dick auswallen, Sterne ausstechen und auf ein mit Backfolie belegtes Blech setzen. Im vorgeheizten Ofen bei 120° während 20 Min. mehr trocknen als backen und noch warm mit Zuckerglasur bestreichen. Für die Glasur Puderzucker mit soviel Eiweiss verrühren, dass eine glatte, dickflüssige Masse entsteht.

ZITRONENHERZCHEN

Zutaten: 250 g Zucker
250 g Haselnüsse, ungeschält, gerieben
1 Päckchen Vanillezucker
3 Eigelb
50-80 g Haselnüsse, ungeschält,
gerieben, zum Auswallen

Ergibt ca. 50 Stück

Für die Glasur:
1 Tasse Puderzucker, gesiebt
2-3 Essl. Zitronensaft

Zucker, Vanillezucker und Eigelb so lange schlagen, bis eine luftige, mayonnaiseartige Masse entsteht. Darunter soviel Haselnüsse mischen, dass sich ein feuchter, fester Teig ergibt. Diesen auf geriebenen Haselnüssen knapp $\frac{1}{2}$ cm dick auswallen, Herzchen ausstechen und auf ein mit Backfolie belegtes Blech setzen. Im vorgeheizten Ofen bei 150° während 15-20 Min. backen. Noch warm mit Zuckerglasur bestreichen.

Für die Glasur Puderzucker mit soviel Zitronensaft anrühren, dass eine dickflüssige, glatte Masse entsteht.

HONIGLECKERLI

Zutaten: 500 g Mehl
$\frac{1}{2}$ Teel. Backpulver
400 g Zucker
350 g Honig
120 g Mandeln, ungeschält, gerieben
120 g Mandeln, ungeschält, grob gehackt
60 g Orangeat und Zitronat,
gemischt, gehackt

Ergibt 70-90 Stück

1 Teel. Zimt
1 Teel. Lebkuchengewürz
(wenn nicht erhältlich, als Ersatz
$\frac{1}{2}$ Teel. Nelkenpulver)
2 Eier
2 Essl. Wasser

Für die Glasur:
1 Eiweiss
150 g Puderzucker

Die Hälfte des Zuckers mit dem Wasser in einer Pfanne auflösen. Honig beifügen und die Mischung erwärmen, bis der Honig flüssig geworden ist. Beiseite stellen und etwas abkühlen lassen. Den restlichen Zucker mit den Eiern schaumig schlagen, Mehl und alle andern Zutaten, auch den flüssigen Honig, abwechslungsweise zugeben. Den nun entstandenen zähflüssigen Teig gleichmässig auf ein mit Backfolie belegtes Kuchenblech von 33×43 cm Grösse verteilen. Da der Teig sehr klebrig ist, kann diese Arbeit am besten mit der immer wieder leicht bemehlten Handfläche ausgeführt werden. Die Teigschicht im Blech sollte knapp $1\frac{1}{2}$ cm hoch sein. Das Blech in den vorgeheizten Backofen schieben und den Leckerliteig bei 170° während 20-25 Min. backen. Noch warm mit der Zuckerglasur bestreichen, die aus Eiweiss und Puderzucker zu einer glatten, streichfähigen Masse angerührt wurde. Nun ringsum die Ränder 1 cm breit wegschneiden, dann zunächst 6 cm breite Streifen und von diesen kleine, längliche Leckerli schneiden.

BERNER HASELNUSSLECKERLI

Zutaten: 2 Eiweiss, steif geschlagen
250 g Zucker
150 g Haselnüsse | ungeschält, gerieben
150 g Mandeln | und leicht geröstet
75 g Orangeat, sehr fein gehackt
1 Essl. Mehl
1 Essl. Honig, flüssig

Ergibt 2 Dutzend Leckerli

Eiweiss mit den übrigen Zutaten zu einem knetfähigen Teig verarbeiten und auf einer leicht mit Zucker bestreuten Unterlage ca. ¾ cm dick zu einem Rechteck auswallen. Den Teig mit Hilfe eines Hohlmodels (hineindrücken, den Linien entlang ausschneiden) zu Leckerli formen oder in kleine Rechtecke schneiden. Diese auf ein mit Backfolie belegtes Blech setzen und 3-4 Std. antrocknen lassen. Anschliessend im vorgeheizten Ofen bei 200° während 5-7 Min. backen. Noch heiss mit einer der nachstehend aufgeführten Glasuren bestreichen.

Zuckerglasur I

3 gehäufte Essl. Zucker mit 3 Essl. Wasser aufkochen und so lange bei Mittelhitze einkochen lassen, bis der Zuckersirup in dicken Tropfen von der Kelle fällt. Sofort verwenden.

Zuckerglasur II

80 g Puderzucker mit 2 Essl. Kirsch oder Zwetschgenschnaps glattrühren und das noch heisse Gebäck damit bestreichen.

BASLER BRUNSLI

Zutaten: 250 g Zucker
3 Eiweiss
250 g Mandeln, ungeschält, gerieben
250 g dunkle Schokolade, gerieben

½ Teel. Zimt
1 Messerspitze Nelkenpulver
2 Essl. Kirsch

Ergibt ca. 60 Stück

Zucker und Eiweiss so lange zusammen verklopfen, bis der Zucker sich aufgelöst hat, alle übrigen Zutaten beifügen und zu einem festen Teig verarbeiten. Portionenweise auf Zucker ½ cm dick auswallen, mit Backförmchen ausstechen und auf ein mit Backfolie belegtes Blech setzen. Im vorgeheizten Ofen bei 120° während ca. 25 Min. mehr trocknen als backen. Die Brunsli sollen innen noch etwas feucht sein.

HASELNUSSTÖRTCHEN

Abbildung Seite 179

Zutaten: 300 g Kuchenteig oder Mürbeteig
(Rezepte Seite 238)
80 g Butter
160 g Zucker
4 Eier

2 Essl. Milch
200 g Haselnüsse, ungeschält, gerieben
2 Essl. Puderzucker
ganze Haselnüsse als Garnitur

Ergibt 25-30 Törtchen

Kleine, runde Förmchen mit hohem Rand mit ca. 3 mm dick ausgewalltem Teig belegen, Teigböden mit einer Gabel zwei- bis dreimal einstechen. Butter in leicht erwärmter Schüssel weich rühren, Zucker, Eier, Milch und Haselnüsse dazurühren. Diese Masse in die Förmchen verteilen, im vorgeheizten Ofen während 25-30 Min. bei 190° hellbraun backen. Vor dem Servieren mit Puderzucker bestreuen und nach Belieben mit einer ganzen Haselnuss verzieren.

NUSS-ECKEN

Zutaten: Für den Teigboden:
150 g Mehl
1 Teel. Backpulver
70 g Zucker
1 Prise Salz
1 Ei
50 g Butter oder Margarine
3 Essl. Aprikosenmarmelade

Für den Belag:
100 g Butter
100 g Zucker
1 Päckchen Vanillezucker
2 Essl. Wasser
100 g Haselnüsse, ungeschält, gerieben
100 g Haselnüsse, ungeschält, grob gehackt
1 Packung Schokoladeglasur

Ergibt ca. 40 Stück

Für den Teigboden Mehl und Backpulver in eine Schüssel sieben, in der Mitte eine Mulde formen, Zucker, Salz und Ei hineingeben und mit einem Teil des Mehls verrühren. Butter in Stücken darauf verteilen, alles rasch zu einem Kloss zusammendrücken und zu einem glatten Teig kneten. Zugedeckt 30 Min. kühl stellen.

Für den Belag Butter mit Zucker, Vanillezucker und Wasser schmelzen lassen, einmal aufkochen, vom Feuer nehmen und die Haselnüsse dazurühren. Danach abkühlen lassen.

Den Teig auf schwach bemehlter Unterlage $\frac{1}{2}$ cm dick zu einem Rechteck von ca. 30×24 cm auswallen, auf ein mit Backfolie belegtes Blech heben und mit Marmelade bestreichen. Den abgekühlten Belag gleichmässig darauf verteilen und im vorgeheizten Ofen bei 180° während 25 Min. backen. Auf einem Kuchengitter auskühlen lassen, dann in ca. 6 cm grosse Vierecke schneiden und diese diagonal halbieren, so dass Dreiecke entstehen. Schokoladeglasur nach Vorschrift (in der Packung) erwärmen und die Ecken der Dreiecke damit bestreichen.

TOTENBEINCHEN

Zutaten: 150 g Butter 100 g Haselnüsse, ungeschält, grob gehackt
300 g Zucker 100 g Haselnüsse, ungeschält, ganz
3 Eier 500 g Mehl, gesiebt
1 Teel. Zimt

Ergibt ca. 80 Stück

Butter weich rühren, Zucker beifügen und beides zu einer luftigen Masse schlagen. Mit den übrigen Zutaten zu einem Teig zusammenkneten. Sollte der Teig kleben, noch etwas Mehl beifügen. Anschliessend 30 Min. kühl stellen. Auf schwach bemehlter Unterlage 1 cm dick auswallen, auf ein mit Backfolie belegtes Blech geben und im vorgeheizten Ofen bei 180° während 20 Min. backen. Herausnehmen, die Ränder ringsum ca. $\frac{1}{2}$ cm breit wegschneiden und das Gebäck zunächst in 10 cm breite Streifen und diese quer in $1\frac{1}{2}$ cm breite Stengel schneiden. Die Totenbeinchen nebeneinander zurück auf das Backblech legen und nochmals während 10 Min. bei 180° hellbraun und knusprig backen.

GLACÉSTENGEL

Zutaten: 250 g Blätterteig $1\frac{1}{2}$ Teel. Mehl
100 g Puderzucker knapp 1 Eiweiss

Ergibt 16-20 Stück

Blätterteig zu einem Streifen von 1 cm Dicke auswallen. Puderzucker, Mehl und Eiweiss zu einer sehr dickflüssigen Masse verrühren und auf den Blätterteig streichen. Mit einem scharfen Messer ca. 8 cm lange und 2 cm breite Stengel schneiden und auf ein nicht eingefettetes Kuchenblech legen. Im vorgeheizten Ofen bei 200° während 20 Min. schwach hellbraun backen.

▷ Stengel auf der untersten Stufe backen, damit die Glasur nicht zu schnell Farbe annimmt.

BLITZKUCHEN

Zutaten: 175 g Butter $\frac{1}{2}$ Zitrone (Saft und abgeriebene
175 g Zucker gelbe Schale)
3 Eier 3-4 Essl. Hagelzucker
175 g Mehl 50 g blättrig geschnittene Mandeln
1 Teel. Backpulver

Ergibt 55-60 Stück

Butter und Zucker schaumig rühren. Eier einzeln dazurühren, Zitronensaft und -schale sowie Mehl und Backpulver beifügen und alles zu einem lockeren Teig verarbeiten. $\frac{1}{2}$ cm dick auf ein mit Backfolie ausgelegtes Blech streichen, mit Mandeln und Hagelzucker bestreuen und im vorgeheizten Ofen während 15 Min. bei 215° backen. Nach dem Erkalten in mundgerechte Vierecke schneiden.

▷ Diese Blitzkuchen sind, wie der Name sagt, im Handumdrehen hergestellt und daher wie gemacht, um auch kurzfristig angesagtem Besuch etwas Selbstgebackenes anbieten zu können.

BERNER MUTZEMANDELN

Zutaten: 125 g Butter
250 g Zucker
3 Eier
abgeriebene gelbe Schale einer Zitrone
1 Prise Salz

Ergibt 140-150 Stück

2 Essl. Sauerrahm oder
1 Essl. Kirsch
500 g Mehl, gesiebt
Fett oder Öl zum Ausbacken

Butter weich rühren, mit Zucker zu einer luftigen Masse schlagen, die Eier einzeln darunterrühren und Zitronenschale, Salz und Sauerrahm oder Kirsch beimischen. Nach und nach das Mehl dazusieben, so dass ein fester, aber dennoch zarter Teig entsteht. Mindestens 30 Min. kühl stellen. Nun den Teig in 8 Stücke teilen, jedes Stück zu einer fingerdicken Rolle drehen und davon Stücke von 2-3 cm Länge schneiden. In einer tiefen Pfanne Backfett oder Öl erhitzen und immer 10 Teigwürstchen hineingeben. Die Mutzemandeln backen, bis sie an die Oberfläche steigen, schön aufgehen und hellbraun sind. Mit der Drahtkelle herausheben und zum Abtropfen auf ein mit Haushaltpapier belegtes Gitter geben.

▷ Damit das Ausbacken gelingt, sollte die Temperatur von Fett oder Öl hoch genug sein. Nur so dringt das Fett nicht in den Teig ein und schmeckt das Gebäck nicht nach Fettgebackenem. Also prüfen, ob die Temperatur hoch genug ist, und zwar indem zuerst nur eine Mutzemandel in die Fritierpfanne gegeben wird. Wird sie sofort bräunlich, kann mit dem Ausbacken begonnen werden.

Die Berner nennen einen Bären «Mutz». So sind die Mutzemandeln eigentlich Bärenmandeln.

WINDBEUTEL ODER OFENKKÜCHLEIN

Zutaten: 2½ dl Wasser
50 g Butter
1 Prise Salz

2 Essl. Zucker
175 g Mehl, gesiebt
4-6 Eier

Ergibt ca. 20 Stück

Wasser, Butter, Zucker und Salz zum Kochen bringen. Pfanne vom Feuer nehmen und das Mehl auf einmal hineingeben. Tüchtig rühren, wieder auf die Heizquelle setzen und bei kleiner Hitze so lange rühren, bis sich der Teig von den

Pfannenwänden löst und sich zu einem Kloss formt. Diesen in eine Schüssel geben und die Eier einzeln darunterrühren. Mit der Eizugabe aufhören, sobald der Teig stark glänzt und so fest ist, dass an der Kelle lange Spitzen hängenbleiben. Nun zugedeckt etwa 20 Min. in den Kühlschrank stellen. Dann vom Teig Kugeln in der Grösse einer kleinen Mandarine abstechen und in genügenden Abständen auf ein bebuttertes, bemehltes Backblech setzen. Ofen auf 180° vorheizen. Nach 10 Min. zurückschalten auf 160° und die Ofenküchlein während 35-40 Min. hellgelb backen. Ofentüre während der ersten 20 Min. auf keinen Fall öffnen, sonst fällt das Gebäck zusammen. Auf einem Drahtgitter auskühlen lassen, dann das obere Drittel der Küchlein wegschneiden und die Windbeutel mit Schlagrahm oder einer der nachfolgenden Füllungen füllen.

SÜSSE FÜLLUNGEN FÜR WINDBEUTEL

Ananasfüllung

Zutaten: 1 kleine Dose Ananasstückchen (ca. 400 g)
4 Essl. Puderzucker
1 Päckchen Vanillezucker
1-2 Essl. Rum
6 dl Rahm, steif geschlagen
1 Päckchen Rahmfestiger
3-4 Essl. Puderzucker zum Bestäuben

Puderzucker, Vanillezucker und Rum zusammen verrühren, Ananasstückchen, gut abgetropft, dazugeben und mit dem nach Vorschrift mit Rahmfestiger steif geschlagenen Rahm vermischen. Windbeutel füllen, Deckel wieder aufsetzen und mit Puderzucker bestäuben.

Mokkafüllung

Zutaten: 1 Paket Schokolade-Puddingpulver, gezuckert
2 Essl. Sofortkaffee-Pulver
2 Essl. Zucker
5 dl Milch
2 dl Rahm, steif geschlagen
3-4 Essl. Puderzucker zum Bestäuben

Puddingpulver, Kaffeepulver und Zucker in 5 dl kalte Milch einrühren und unter ständigem Rühren mit dem Schneebesen aufkochen. Bei kleiner Hitze unter Rühren 1-2 Min. weiterkochen lassen. In eine kalt ausgespülte Schüssel anrichten, ab und zu aufrühren und nach dem Erkalten mit dem Rahm vermischen. Windbeutel füllen, Deckel wieder aufsetzen und mit Puderzucker bestäuben.

TEA SCONES England

Zutaten: 500 g Mehl, gesiebt   1½ dl Milch oder Sauermilch
1 Päckchen Backpulver   1 Teel. Salz
125 g Butter

Ergibt 12-14 Stück

Mehl mit Backpulver in eine Schüssel sieben, Butter in kleinen Stücken darauf verteilen. Mit den Händen zu einer gleichmässig krümeligen Masse verreiben. In der Mitte eine Mulde formen, Salz und Milch hineingeben und von der Mitte aus mit einer Holzkelle anrühren, wobei nach und nach immer etwas mehr Mehl eingerührt wird. Zuletzt mit den Händen zu einem zarten Teig zusammenkneten. Auf schwach bemehlter Unterlage 1 cm dick auswallen und mit einer runden Ausstechform Plätzchen von 5-6 cm Ø ausstechen. Auf ein mit Backfolie belegtes Blech setzen und im vorgeheizten Ofen bei 240° während 10 Min. backen. Sie sollten leicht bräunlich werden.

▷ In England werden diese Scones zusammen mit Crème de Gruyère und Brombeermarmelade zum Fünfuhrtee angeboten. Sie können im voraus gebacken, vor dem Servieren entzweigeschnitten und kurz unter dem Grill getoastet werden. Sie schmecken ebenfalls ausgezeichnet mit Schlagrahm und frischen Erdbeeren.

Das Rezept kann variiert werden, indem unter den Teig 60 g Sultaninen und ein Ei gerührt und dafür 2 Essl. Milch weggelassen werden.

GOSINACH Kaukasus

Zutaten: 250 g Baumnüsse, fein gehackt
225 g Honig
50 g Zucker

Ergibt 50-60 Stück

Backofen auf 175° vorheizen. Nüsse auf einem Backblech ausbreiten und 8-10 Min. im Ofen rösten, dabei von Zeit zu Zeit mit einem Löffel wenden, damit sie nicht zu dunkel werden. Honig und Zucker in einer Pfanne unter ständigem Rühren zum Kochen bringen. Wenn die Mischung geschmolzen ist, Nüsse zufügen und unter häufigem Rühren bei nicht zu starker Hitze während 15 Min. kochen lassen. Eine Springform von ca. 22 cm Ø mit kaltem Wasser ausspülen, die Nussmischung hineingiessen und die Oberfläche glattstreichen. Die Form unbedeckt zum Auskühlen beiseite stellen. Wenn die Mischung fest geworden ist, den Rand vorsichtig von der Form lösen und den Konfekt mit einem scharfen Messer in rhombenförmige Stückchen von ca. 2½ cm Seitenlänge schneiden.

▷ Gosinach ist eher ein Konfekt als ein Gebäck und hält sich bei Zimmertemperatur mindestens 10 Tage.

BRICELETS MIT RAHM

Zutaten: 300 g Mehl
200 g Zucker
2$\frac{1}{2}$ dl Milch
1 dl Rahm
$\frac{1}{2}$ Teel. Salz
abgeriebene gelbe Schale
einer Zitrone
1 Ei
125 g Butter, geschmolzen

Ergibt ca. 130 Stück

Milch, Zucker, Rahm, Salz und Zitronenrinde zusammen verrühren und nach und nach das Mehl portionenweise dazugeben. Zuletzt die etwas abgekühlte Butter daruntermischen. Den Teig 1-2 Std. ruhen lassen. Immer 4 Teel. Teig auf ein Bretzeleisen geben und daraus 4 Bricelets schwach braun backen. Die Bricelets wegheben und flach auf einem Kuchengitter auskühlen lassen oder jedes Bretzeli noch warm um den Stiel einer Holzkelle rollen (siehe Skizzen Seite 267).

▷ Für die Herstellung von Bricelets wird ein Bretzeleisen benötigt. Solche sind überall in Haushalt- oder Elektrofachgeschäften zu kaufen. Die Innenflächen eines Bretzeleisens sind beschichtet, so dass sie nicht mehr eingefettet werden müssen. Wenn das Eisen nach dem Backvorgang geöffnet wird, können die Bretzeli mit einem Messer mühelos weggehoben werden.

Bricelets sind eine feine Beigabe zu jedem Dessert.

BRICELETS MIT WEIN

Zutaten: 250 g Zucker
300 g Mehl
3 dl Sauerrahm
2$\frac{1}{2}$ dl trockener Weisswein
2 Essl. Kirsch
$\frac{1}{2}$ Teel. Salz

Ergibt ca. 130 Stück

Wein, Rahm, Zucker und Salz vermischen und nach und nach das Mehl portionenweise dazurühren. Zuletzt mit Kirsch parfümieren und den Teig mindestens 30 Min. ruhen lassen. Immer 4 Teel. Teig auf ein Bretzeleisen geben und daraus 4 Bricelets schwach braun backen. Die Bricelets mit einem Messer lösen und flach wegheben. Auf einem Kuchengitter auskühlen lassen. Je nach Belieben können sie noch warm um den Stiel einer Holzkelle gerollt werden (siehe Skizzen Seite 267).

▷ Diese Bricelets sind eine feine Beigabe zu einem Gläschen Wein.

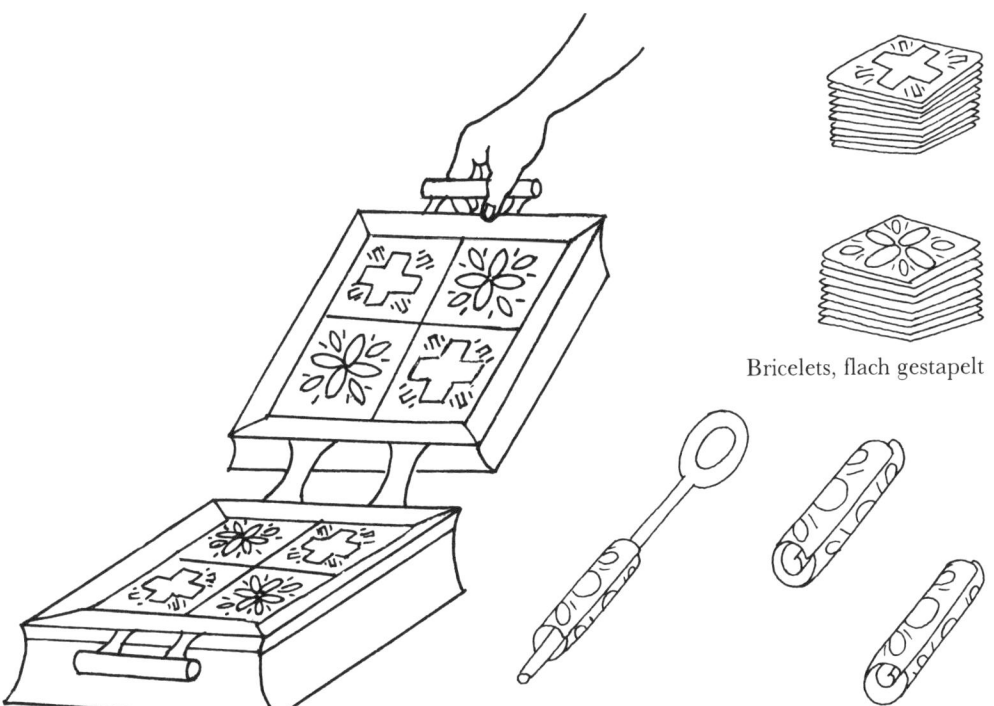

Bricelets, flach gestapelt

Bretzeleisen zur Herstellung von Bricelets

Bricelets, um den Stiel einer Holzkelle gerollt

ETWAS ÜBER MASSE, GEWICHTE UND TEMPERATUREN

In Europa ist die Waage das gebräuchlichste Hilfsmittel zum Abmessen von Zutaten. Die Amerikanerinnen gehen da anders vor. Sie besitzen Standardmasse von Tassen (1, $\frac{1}{2}$, $\frac{3}{4}$ und $\frac{1}{4}$ cup) und Löffeln (1 Esslöffel, 1, $\frac{1}{2}$ und $\frac{1}{4}$ Teelöffel), mit denen man ohne Waage exakt abmessen kann. Fehlt in Ihrem Haushalt eine Waage, können Sie das amerikanische System übernehmen. Allerdings müssen Sie dann zuerst mit der Waage einer Nachbarin oder Bekannten den Inhalt und das Gewicht einer Tasse oder eines Löffels genau bestimmen, damit Sie anschliessend rasch und sicher mit Messtasse und -löffel umgehen können.

Masse

1 Tasse	= $2\frac{1}{2}$ dl oder 16 Essl.
$\frac{1}{2}$ Tasse	= 8 Essl.
$\frac{1}{4}$ Tasse	= 4 Essl.
1 Esslöffel	= 3 Teel.
1 Teelöffel	= $\frac{3}{4}$ Essl. oder 60 Tropfen

Gewichte

1 gestrichene Tasse		1 gestrichener Esslöffel		1 Teelöffel	
Mehl	= 160 g	Mehl	= 15 g	Salz	= 5 g
Zucker	= 200 g	Zucker	= 20 g	Mehl	= 5 g
Griess	= 180 g	Griess	= 15 g	Butter	= 10 g
Mais	= 180 g	Mais	= 15 g	Zucker	= 5 g
Reis	= 200 g	Käse, gerieben	= 10 g		
Haselnüsse, gemahlen	= 90 g	Butter	= 20 g		
		Haselnüsse, gerieben	= 5 g		

Die folgenden Gegenüberstellungen können erfahrungsgemäss ebenfalls von Nutzen sein:

Flüssigkeiten

in Europa	in Amerika
$\frac{1}{2}$ dl	3 Essl. + 1 Teel.
1 dl	6 Essl. + 2 Teel.
$\frac{1}{8}$ l	$\frac{1}{2}$ Tasse + 1 Teel.
2 dl	$\frac{3}{4}$ Tasse + 4 Teel. oder 13 Essl. + 1 Teel.
$\frac{1}{4}$ l	1 Tasse + 2 Teel.
$\frac{1}{2}$ l	2 Tassen + 4 Teel.
1 l	4 Tassen + 3 Essl.

Gewichte

in Europa	in Amerika
30 g	ca. 1 ounce
100 g	ca. $3\frac{1}{2}$ ounce
500 g oder 1 Pfund	ca. 1 pound + $1\frac{1}{2}$ ounce
1 kg oder 2 Pfund	ca. 2 pounds + 3 ounces
454 g	1 pound

Vorgeheizt wird der Ofen bei der gleichen Temperatur, die anschliessend zum Braten oder Backen benötigt wird, falls nicht ausdrücklich etwas anderes erwähnt ist. Vorheizzeit: 10-15 Min. oder nach Angabe.

Die nachfolgende Aufstellung mag Ihnen eine Hilfe sein, wenn Sie in ein fremdes Land versetzt werden, wo statt mit Celsius mit Fahrenheit gerechnet wird.

	Celsius	Fahrenheit
Sehr schwache Hitze	100-140°	225-275°
Schwache Hitze	150-160°	300-325°
Mittlere Hitze	180-190°	350-375°
Grosse Hitze	200-220°	400-425°
Sehr grosse Hitze	230-260°	450-500°
Grillierhitze von oben	280-300°	525-550°

Um Celsius in Fahrenheit umzurechnen, werden die Grade mit 9 multipliziert, dann durch 5 dividiert, und am Schluss werden 32 Grad dazugezählt.

Beispiel:

$$100° \text{ Celsius} \times 9 = 900°$$
$$900° : 5 = 180°$$
$$180° + 32° = 212° \text{ Fahrenheit}$$

KLEINES KÜCHENLEXIKON
FÜR DEUTSCHE LESERINNEN UND LESER

Man sagt:

In der Schweiz	*In der Bundesrepublik Deutschland*
auswallen	ausrollen (von Teig)
Baumnüsse	Walnüsse
Béchamelsauce	weisse Sauce
Biskuits	Plätzchen
Blaukohl, Rotkabis	Rotkohl, Rotkraut
Bouillon	Fleischbrühe
Bratpfanne	Kasserolle, Bratpfanne
Bratenkasserolle	Bräter
Choux, Ofenküchlein	Windbeutel
Cognac	Französischer Weinbrand
Cornichons	Essiggürkchen
Crêpes, Omeletten	Pfannkuchen
Crevetten	Krabben
Dessert	Nachspeise, Dessert
dippen (in Sauce)	eintauchen (in Sosse)
Dressiersack	Spritzbeutel
Eierschwamm	Pfifferling (Pilzart)
Eierstich	Eierschwämmchen (Suppeneinlage)
Eiscreme	Eis, Speiseeis
Filet	Lende
Fleischsuppe	Fleischbrühe
Fleischvögel	Rouladen
Friturepfanne	Friteuse
Gelee	Sülze
Geräucherter Speck	Räucherspeck
Geräuchertes Rippli	Kasseler Rippenspeer
Gerste	Graupen
Geschwellte Kartoffeln	Pellkartoffeln
Glace	Eis, Speiseeis
Grapefruit	Pampelmuse
Gratin	Auflauf
gratinieren	überbacken, garen
Gugelhopf	Napfkuchen
Hackbeefsteak, Hacksteak	Frikadelle
Jus	Sosse
Kabis	Weisskohl, Weisskraut
Karotte	Möhre
Kartoffelmehl, Kartoffelstärke	Speisestärke

Schweiz	Bundesrepublik Deutschland
Kartoffelstock	Kartoffelpüree
Kirsch	Kirschwasser
Knöpfli, Spätzli	Spätzle
Kohl	Wirsingkohl
Konfitüre	Marmelade
Lammgigot	Lammkeule
Lauch	Porree
Lyonerwurst	Kalbfleischwurst, Fleischwurst
Maizena, Maisstärke	Speisestärke
Marinade	Beize
Marroni, Kastanien	Esskastanien
Meringue	Baiser, Sahnebaiser
Milken	Kalbsbries
Nüsslisalat	Feldsalat
Ofenküchlein, Choux	Windbeutel
Omeletten, Crêpes	Pfannkuchen
Orangen	Apfelsinen
Pain	Streichwurst
Passevite	Passiergerät, Passiersieb mit Quirl
Peperoni	Paprika, Paprikaschote
Pflümli	Zwetschgenwasser
Plätzli	Schnitzel
Poulet	Hähnchen, Brathähnchen
Rahm	Süsse Sahne
Rahmfestiger	Sahnesteif
Randen	Rote Beete
Rindfleisch	Ochsenfleisch, Rindfleisch
Rippli	Rippchen
Roulade	Biskuit-Rolle
Rüebli	Karotten, Möhren
Rübkohl	Kohlrabi
Sauce	Sosse, Tunke
Sauerrahm	Saure Sahne
Schlagrahm	Schlagsahne
Schwingbesen	Schneebesen
Spätzli, Knöpfli	Spätzle
Sulze	Aspik
Tomatenpüree	Tomatenmark
Tranche	Scheibe
Truthahn	Puter
Wähe	Kuchen
Zucchetti	Zucchini
Züpfe	Hefezopf

REZEPTVERZEICHNIS